改革开放40年我国高校政策的变化路径研究

李文兵

江西高校出版社

JIANGXI UNIVERSITIES AND COLLEGES PRESS

图书在版编目（CIP）数据

改革开放 40 年我国高校政策的变化路径研究 / 李文兵著 . -- 南昌：江西高校出版社，2020.6

ISBN 978-7-5493-9563-7

Ⅰ . ①改… Ⅱ . ①李… Ⅲ . ①高等学校—教育政策—研究—中国 Ⅳ . ① G649.20

中国版本图书馆 CIP 数据核字 (2020) 第 108814 号

出版发行：江西高校出版社
地　　址：江西省南昌市东湖区洪都北大道 96 号
总编室电话：（0791）88504319
网　　址：www.juacp.com
经　　销：全国新华书店
印　　刷：定州启航印刷有限公司
开　　本：710mm×1000mm 1/16
印　　数：1200
字　　数：208 千字
版　　次：2020 年 6 月第 1 版
　　　　　2020 年 6 月第 1 次印刷
印　　张：11.75
书　　号：ISBN 978-7-5493-9563-7
定　　价：49.00 元

赣版权登字 -07-2020-566

前　言

一个国家的高等教育政策是其文化教育政策不可或缺的组成部分，而文化教育政策又是整个国家政策的组成部分。新中国成立以来，我国高等教育的政策是随着党的政策及文化教育政策的变迁而发展的，对政府政策大环境具有一定的依赖性。

从新中国成立到 1976 年改革开放的前夜，新中国的高等教育体系已经完全形成。改革开放以后，高等教育领域的改革的对象是已经形成的、具有社会主义性质的高等教育政策，党和国家努力对其进行改革。所以我们简要阐述与分析了新中国高等教育体系的发展及特点，并按照改革开放以后党和国家教育政策的变迁与发展，把我国高等教育政策的发展分为改革开放初期（1976—1984）、中前期（1985—1989）、中期（1989—1992）、中后期（1993—1998）以及全面深化高等教育管理体制改革时期（1998—2018）等五个时期，全面和详细地阐述各个时期高等教育政策的演变及特点，希望从中总结出我国高等教育政策发展过程中的问题、经验与教训，对今后新时代中国特色社会主义高等教育的发展起到一定的参考作用。

目 录

第一章 绪 论

一、问题的提出

新中国成立以来，我国的高等教育政策是随着政治经济制度的建设、改革与完善而变迁和发展的。新中国初建之时，政府的首要政治任务就是稳定政权，对原有的私立高校进行了全面的社会主义改造，首先从与美国相关的教会大学入手。当时，刚刚诞生的新中国政府被以美国为代表的西方国家群体视为敌对国，刚刚掌握了政权的中国共产党与新中国政府在外交政策上别无选择，也只能加强与苏联、东欧国家、朝鲜等社会主义国家的关系，从而以美国为敌对国。所以，高等教育界的社会主义改造就是从美国教会支持的教会大学开始的，20世纪50年代初，新政府将所有教会大学收归国有，随后实行了全国范围内的高等学校院系调整，全面向苏联学习，对中国的高等教育体系进行了彻底变革，完成了对高等学校的社会主义改造。这次高校的彻底变革完全是在政府行政力量的主导之下完成的。从此，政府成了高等学校唯一举办者的同时，高校也成了各级政府教育行政管理机构的下属部门。经过"文化大革命"等一系列政治运动，高校逐渐失去了办学自主权，办学体制趋于僵化。改革开放30年来，随着我国经济体制改革的不断深化，社会主义市场经济体制的逐步建立和完善，政府职能的转变既是我国全面改革的主要内容，又是我国政治体制改革的主要目标。而我国高等教育政策及大学与政府关系的重建就是伴随着政府职能的转变而展开的，或者说是以政府职能的转变为条件的。从新中国成立到改革开放前，我国政府与大学的关系是纯粹的行政式的上下级关系，政府主要采取行政命令的方式对各级高等院校实施直接管理。中外高等教育的实践证明，大学与政府的这种依附与管制之间的关系，既不能充分发挥政府的管理效能，又阻碍了高校引领文化，推动社会发展的作用的发挥。我国从改革开放起，特别是1985年《中共中央关于教育体制改革的决定》、1993年《中国教育改革和发展纲要》、1998年《高等教育法》等文件的发布，一直到党的十七大，政府转变管理职能，实行宏观管理，从而加强高等学校办学自主权的思路，始终贯穿于我国高等教育管理体制改革的事业当中。

（一）建立新型的大学与政府关系的必要性分析

对新中国成立以来的我国高等教育政策进行实践考量和理论梳理非常必要，而高等教育政策的改革与发展又和大学及政府的关系变迁息息相关，所以在探讨我国高等教育政策演变时必须以大学与政府的关系作为入手点。计划经济体制下形成的大学与政府的关系不但不能适应现代社会发展的需要，而且严重阻碍了现代社会经济科技的发展和大学推动社会发展的作用的充分发挥，重建与优化新型大学与政府的关系成为我国新时期社会历史发展的必然，具体来说，其必然性表现在以下几个方面：

1. 社会主义市场经济体制的建立与完善要求建立新型的大学与政府关系。市场经济要求政府改变全能型政府的角色，用市场这只"看不见的手"去调整政府与社会其他部门的关系，弥补政府失灵。市场经济要求社会各个组成部分自由、自主发展，充分运用法律手段、经济手段，且不排除行政手段来调节各自的关系，各个机构各行其是，政府只发挥"守夜人"的职能。这就要求我们必须建立新型的大学与政府的关系，改变过去政府负责发布政策，大学只负责执行的状况，充分发挥大学与政府各自的社会职能与作用。

2. 大学的学术机构的特点必然要求建立新型的大学与政府的关系。大学与政府之间的上下级式的、依附式的行政关系的弊端之一，就是过分忽视大学作为学术机构的特点，大学属于文化领域，与作为政治领域集中代表的政府和经济领域集中代表的企业有着不同的机构特点。学术机构要求学术自由，要求拥有充分的办学自主权和学术自治权。新中国成立 60 多年以来，我们忽视了大学的这些特点，把大学视作政府的附属机构，过多地依赖行政手段直接管理大学，干预大学的学术事务，形成了僵化、统一、单一的大学管理体制，严重束缚了大学学术的发展。值得注意的是近十几年来在市场经济大潮的冲击之下，大学发展的政治化特色有所减轻的同时，却有向经济化发展的趋势，这同样对大学的发展是有害无利的。大学自治、学术自由要求政府对大学实行宏观管理，减少对大学发展的直接干预，从而加强高校的办学自主权。

3. 政府职能的转变必然要求建立新型的大学与政府关系。从 20 世纪 80 年代中期开始，我国体制改革的核心内容和主要目标之一就是实现政府职能的转变。在"全能主义"的指导思想之下形成的政府包揽一切的管理方式越来越不能适应社会主义市场经济发展的需要。在我国高等教育体制改革的过程中，为了充分实现政府宏观控制的职能，充分给予高等学校办学自主权，我们必须从全能政府向有限政府转变，明晰政府的管理权限与大学的自主权限，否则，实现政府管理职能由直接控制转向宏观管理就成了一句空话。

（二）建立新型大学与政府关系的可能性分析

20 世纪 70 年代末以来，我国在政治、经济、文化教育等方面的全面改革及其不断深入，为大学与政府关系的实践考量与理论梳理提供了巨大的可能性，具体表现在：

1. 自上而下的改革开放战略为建立新型的大学与政府关系提供了政策条件

自 20 世纪 70 年代末我国搭上了国际改革末班车以来，改革始终是我国社会生活的主旋律。我们体制改革的方向是建立和完善社会主义市场经济体制，转变政府的管理职能，充分发挥市场的调节作用，以经济手段、法律手段、行政手段来实现政府的宏观管理职能，改变以前那种直接控制的管理方式。政府的改革战略为重建大学与政府的关系提供了有利的政策条件。

2. 依法治国的指导思想为建立新型的大学与政府关系提供了法律条件

依法治国是我国改革开放以来的基本方略。到现在，尽管我国法律体系还不是很完备，有些法律条文还有待修改、完善，但从发展的角度来看，我们的法制建设还是得到了长足的发展，每年都有一批法律法规得以颁布实施，《教师法》《教育法》《高等教育法》《民办教育促进法》等有关教育的法律相继颁布。政府宏观调控，大学面向社会自主办学，赋予大学法人地位等法律规定成为处理大学与政府关系的依据，法律体系的建构与完善为重建我国大学与政府的关系提供了法律条件，使大学与政府的关系由上下级的行政依附关系转变为由相关法律条文规定的法律关系成为可能，为建立新型的大学与政府关系提供了法律条件。

3. 大学内部体制改革为建立新型的大学与政府关系提供了现实条件

从 1985 年《中共中央关于教育体制改革的决定》颁布以后，我国大学内部体制改革走上了曲折发展的道路，近 20 年来大学内部管理体制、教学体制、科研体制、后勤服务体制、人事制度等方面的改革已经全面展开并取得了长足的发展，《教育法》《高等教育法》等法律法规的相继颁布实施在法律上确定了大学的办学自主权，大学成为面向社会的法人实体所发生的各种内部变革为重建我国大学与政府的关系提供了现实条件。

4. 对大学的本质与文化特质的进一步认识为建立新型的大学与政府关系提供了思想条件

大学自治与学术自由是西方近代大学与生俱来的特征，只有具备了这两个特征，大学才有可能发挥其引领社会发展的重要职能。近年来，我国高等教育研究领域对大学本质、大学精神、大学文化特质等方面的深入探讨使得高等教育的理论研究者和实践工作者对于重建大学与政府的关系产生了极大的兴趣，为建立新型的大学与政府的关系提供了思想条件。

5. 各种行政管理理论的引入与深化为建立新型的大学与政府的关系提供理论基础

西方的有限政府理论、政府角色理论、三重螺旋模型理论及制度变迁理论逐渐为高等教育的理论研究者与实践者所接受。我国著名哲学家涂又光先生的"三个领域"的系统理论认为，政府属于政治领域，大学属于文化领域，不同领域的价值追求或者说是"游戏规则"是不同的，用政府的游戏规则去要求大学，或者用大学的游戏规则去要求政府，由此来处理大学与政府之间的关系，不但在理论上讲不通，而且在实践中也行不通。新中国成立以来，我们的实践已经充分说明了这一点。这些理论的引入与深化为重建我国大学与政府的关系提供了坚实的理论依据。

二、研究的意义

从新中国成立到改革开放前，我国政府与大学的关系一直是行政式的上下级关系，政府主要采取行政命令的方式对各级高等院校实施直接管理，高校充当着行政下级的角色，只能执行上级的指令，没有任何自主权，最终形成了统一、僵化、毫无个性的办学体制，这严重阻碍了大学知识、思想创新和引领社会发展等职能的发挥。改革开放以后，政府转变管理职能，加强高校办学自主权的思路始终贯穿于我国高等教育改革事业当中，这种自上而下的改革思路必然要求在现实中需要重构新型的大学与政府的关系。

新中国成立至今，我国大学与政府的关系随着政治领域的变革而发生了巨大变化，每一个历史时期都有着各自不同的特点，对这种变迁过程进行理论上的细致梳理，不仅有利于高等学校在新时期的发展，也有利于我们以历史的眼光正确地看待处理大学与政府的关系，同时还有利于重构我国大学与政府的新型关系。无论在理论上还是在实践中，对其进行的梳理都有着重要的意义。

三、相关概念

本课题的核心概念是：大学与政府的关系、变迁、发展趋势。

大学与政府的关系包括理论上的应然关系和实践中的实然关系。理论上的应然关系是指在当今时代，作为学术研究机构的大学和作为社会管理部门的政府在权利、义务、责任、利益等方面应该扮演的角色和发挥的作用；而实践中的实然关系则是指具体到某一个国家，因为受政治、经济、文化、民族、历史等因素的影响与制约，其大学与政府在权利、义务、责任、利益等方面实际扮演的角色和发挥的作用。

变迁指的是新中国成立以来，我国高等教育政策及大学与政府的关系曾发生或正在发生着的巨大变化，这种变化与 40 年来的政治观念、治国理念、思想方法、经济体制、文化传统、大学精神等各方面的因素都有着深刻的、千丝万缕的、盘根错节的关系，我们的（历史）变迁研究就是希望将这些因素及其关系从时间的维度上进行理论梳理，使之清晰化。

四、研究方法

本课题采用的研究方法包括文献研究法、历史研究法、比较研究法和访谈调查法。其中文献研究法主要用于对西方各种政府理论及现有相关文献的研究；历史研究法主要是用来探究我国古代高等教育机构与当时政府的关系，西方中世纪以来的大学与其政府的关系；比较研究法主要用来比较当前西方各国大学与其政府之间的关系；访谈调查法主要是对我国一些大学的校长、教育行政机构的管理人员、从事高等教育研究的专家学者进行访谈。

第二章　国际视野中高等教育政策的历史考察

　　学界一致认为现代意义上的大学产生于 11 世纪，距今仅仅一千年的历史，但是具有研究高深学问职能的，类似于现代大学的教育机构的历史却是很长的。无论是在中国（五帝时的成均、西周时的国学、春秋时的私学、汉时的太学），还是古希腊（学园）、古罗马（修辞学校）及古阿拉伯世界（智慧宫），类似于现代大学的高等教育机构都曾存在过。我们认为在探讨"大学与政府的关系"的问题时，可以从近代意义上的大学诞生之时开始切入研究主题。

一、诞生之初的大学（学者行会）与王权、神权的关系

　　一般认为，在漫长的中世纪，宗教神学禁锢了人们的思想，制约了人类文化的发展，所以被称为"黑暗的中世纪"。但是到了 11 世纪，文化开始复兴，十字军东征将保存在东欧和阿拉伯世界的古希腊、古罗马的文化遗产带回了西欧，长期被古板的基督教教义束缚的人们深深地被丰富、浩瀚的古代文化所吸引与折服，加之政治相对稳定，经济相对繁荣，城市及社团行会组织的兴起，为现代大学的产生提供了可能。中世纪大学产生的方式主要有三种：一是自然形成的大学，即学者或师生自发聚集在一起研究学问，后来逐渐发展成大学；二是衍生型大学，即通过迁徙或分裂方式在异地按原来的模式创立的新大学；三是由世俗王权或教皇通过颁发特许状的方式直接创立。[1]

　　前两种方式产生的大学（学者行会）是新兴的、自发性的组织，当时世俗王权和宗教神权对各种行会（主要是商业行会）还没有多大的影响力和管辖权，大学和其他行会一样，都具有一定的独立性与自主权。而在 14 世纪以前，以第三种方式成立的大学只占当时大学的极少数，世俗王权和教会神权在权力斗争中也希望将大学这种新兴的学术机构纳入自己的势力范围。所以总的来说，当时的大学还是独立于王权和神权之间的学术组织，具有较大的自主权。

　　近代意义上的大学是一种具有专业性质的行会组织，如意大利南部的萨莱诺

大学是医学行会，意大利北部的博洛尼亚大学是律师行会，巴黎大学则是当时法国最热门的职业——牧师的行会。在中世纪，教会神权和世俗王权之间总是保持着一种张力，随着这些行会实力的日益壮大，教会和世俗王权为了拉拢这部分新兴势力，利用手中的权力给他们特许权，如罗马教廷赋予大学教学权、游学权、考试权和学位授予权，而世俗王权又赋予大学自治权、租赋税收兵役的豁免权、独立审判权及罢课迁移等权力。我们可以看出大学（学者行会）在建立之初是享有很大的自主权与自治权的。地方政府对大学的影响力极其有限，如果这些学者行会认为自己的权力受到了侵犯，他们就会采取罢课甚至迁移的方式进行抗争，由于一所大学对新兴城市的商业贸易等有着较大的影响，所以罢课和迁移总能达到保护行会利益的目的。

所以我们说，在近代大学诞生之初，政府与大学的关系不是管理与被管理，控制与被控制的关系，而是一种平等的关系，有些大学甚至还为世俗王权和教会之间的争端充当过调停者和评判者。

这种学者行会的另一个特点就是具有典型的国际化特征，这种国际化特征与当今国家化视野中的国际化是完全不同的，现今各个国家的大学都提倡走国际化的道路，通过聘请国际专家学者、招收留学生及加强与其他国家大学的校际往来等途径提升各自高校的国际化程度。而处于学者行会时期的大学虽然也属于某个城市、某个国家，但它更属于整个世界，当时的大学通行拉丁文与拉丁语，学生来自欧洲甚至世界各个角落，所以说学者行会时期的大学国际化是真正意义上的国际化。

14 世纪以后，大学在世俗王权和教会的斗争与冲突中发挥着越来越大的作用，由世俗王权或教会颁发特许状而创立的大学越来越多。根据史料，从 1300 年到 1378 年间，欧洲新建立的大学大部分为世俗王权和教会所创建 [2]，而自发形成的和衍生的大学却很少出现，大学越来越多地受到王权或教会的控制。而随着欧洲封建庄园经济的逐渐崩溃、资本主义经济的逐渐建立、世俗王权国家化及欧洲宗教改革运动的兴起，教会权力日渐削弱，世俗王权进一步扩大，大学一方面向着国家化、民族化发展，另一方面越来越多地受到来自强大的国家政权的控制，自主权逐渐削弱。特别是到了 16 世纪以后，许多欧洲大陆国家明确规定了一些体现国家化、民族化的法令和条例，例如禁止本国学生到别国留学，某些职位必须由特定大学的毕业生担当等 [3]，有些国家还派遣官吏对大学进行视察，根据发现的问题，制订相应的大学管理条例或法规。许多国家通过创办世俗的国家大学或其他类型的高等教育机构来加强对大学的控制，如法国国王弗朗索瓦一世于 1530 年创办皇家学院，学院的教师领取国家薪金。国家权力的强化使得大学的自主权逐渐削弱，首先是司法裁判权的丧失，有些欧洲大陆国家的大学甚至在聘用教师、任命校长和选举学部长方面的权力也开始弱化甚至丧失。中世纪后期，世俗王权对大学的干预主要是通过制订法令和条例等行政手段来进行的。

法国资产阶级革命以后，大学的国家化、民族化特征更加明显，欧洲各个国家大学的发展呈现出个性化、特色化的趋势，而各国对大学的控制方式也各具特色。随着科学技术的发展和科学内容更多地进入大学，大学对国家建设、当地经济与社会发展的作用日益凸显，而各国经济、科技的状况又有着明显的差异，所以各国政府与大学的关系也日益复杂和各具特色，大学诞生之初所具备的国际化特征也日渐弱化。

二、工业革命以后欧美大学与政府的关系变迁

1. 法国大学与政府关系的历史变迁

1789 年，法国资产阶级革命高举自由、平等、博爱的大旗，反对神权对大学的控制，加强国家对大学的领导权。1793 年颁布《达鲁法案》(《公共教育组织法》)，关闭了当时的 22 所大学，建立了各类专门学院，专门学院基本上是根据一两门主要学科或专业设立的，这些专门学院就是后来的大学校，它们分属不同的政府部门管辖，专门学院所开设的课程不同于中世纪的大学，多为近代新兴的实用型学科。同时还创立了综合理工学院，理工学院则在实用课程的基础上添加了近代科学的内容（偏重于实用）。这个时期的大学还有一个特色，即教学与研究相分离，研究职能由专门的研究机构承担，如法兰西研究院、自然历史博物馆、科学研究院、医学研究院、国立文理研究所等。这就形成了近代具有法国特色的高等教育中央集权管理体制的雏形。拿破仑上台以后，采取帝国大学制，使这种管理体制趋于成熟，帝国大学不是一个高等教育机构，而是全国所有公立教育机构的总称，帝国大学以下设立的学部（faculty）属于高等教育机构，学部相当于各类独立学院或单科大学，包括神学、法学、医学、理学和文学 5 个学部。为了便于管理，将全国划分为若干个大学区，每个学区设总长一人，由皇帝任命，大学区总长是学区最高教育行政长官，统管学区内所有学校。为了加强政府对教育的控制，法国还建立了督学制，督学由总长任命，随时根据总长的指示视察各级各类学校，对学校进行监督。[4] 尽管如此，政府与教会在控制大学方面的斗争却并未停止，如 1801 年，在与教皇的宗教协定中，政府承认天主教是法国的主要宗教，又允许基督教下属的兄弟会开办学校。1814 年波旁王朝复辟后，教会又重新控制了各级学校，政府任命教育总监的权力被取消，成立了主管教育的王室委员会。整个 19 世纪，尽管经历了几次政权更迭，但教会依然对大学有着很大的影响

力。1850 年颁布的《法卢法案》进一步加强了教会对大学的控制，政府对教育的垄断地位被彻底打破。

19 世纪后半叶到 20 世纪初，法国受到国内与国际形势变化的影响，国内形势是第二次工业革命以后法国工商业得到了大发展，高校开始从为国家培养人才转向为地方工商业的发展服务；国际形势是普法战争。在国内外形势变化的影响下，法国的政府与大学的关系发生了微妙的变化，即政府一方面通过削弱教会对大学的控制力来加强其对大学的控制，另一方面又通过管理体制的改革来加强大学的自主权。1902 年，法国政府通过解散从事教育活动的教会组织、封闭教会学校的方式削弱教会对大学的影响力，1905 年，正式颁布法案实行政教分离，教会控制大学的历史彻底结束，政府对大学的控制得到进一步加强。同时通过立法的方式，恢复大学的法人地位，建立综合性大学，以此来扩大大学办学的自主权，结束法国"只有学院，没有大学"的状况，1896 年 7 月 10 日，立法通过每个学区的几所学院组建为新大学。1890 年 2 月 22 日，通过法律规定政府为公立学院提供财政预算，改善办学条件。法国大学除了获得法人地位和增加教育经费外，还在教学自由、传授知识和道德教育的独立性方面加强了自主权。根据 1896 年的大学法，每所大学设立了大学理事会作为法人代表，大学有权决定校内的行政、财政、教学和科研等方面的重大事宜，并对学院进行统一管理，有权设立各种专业委员会。

20 世纪中叶，法国大学与政府的关系又发生了新的变化，两次世界大战对法国的经济造成了巨大的破坏，高等教育的民主化进程却在艰难中向前发展，高校获得了越来越多的办学自主权。二战以后，法国的经济随整个西方国家一起得到了飞速发展，人口的增加、经济的增长、科技的发展、社会对高素质人才的需求增长与高素质人才培养发展相对缓慢，较为僵化的高等教育管理体制之间的矛盾日益尖锐，终于在 1968 年爆发了激烈的"五月风暴"的运动，人们普遍认为拿破仑式的集权专制的大学观念已经过时，1968 年的大学危机正是这种管理体制倾覆的反映。[5]"五月风暴"以后，1968 年 11 月 12 日正式颁布《高等教育方向指导法》(《富尔法》)，将大学定义为具有法人地位和财政自治权的公立科学文化机构，规定大学的办学原则为：自治、参与和多学科性，大学由本校选举产生的校务委员会管理，校务委员会由教师、研究人员、学生和非教学人员代表及一定的校外人士组成，校长由校务委员会选举，在学校还设立了两个咨询机构：学术委员会和各专门委员会，讨论有关学术事务，学校有权聘用教师，有权自行确定本校的教学科研计划、教学方法、考核学生知识与能力的方式，大学可以决定学校的财政预算和经费使用，接受国家的监督。《高等教育方向指导法》赋予了大学一系列的自主权，在法国的高等教育管理体制的现代化过程中具有里程碑式的意义。但是法国高等教育的中央集权管理体制根深蒂固，这就为以后的体制改革埋下了伏笔，1981 年法国社会党上台，又拉开了新一轮高等教育改革的序幕，1984 年 1 月颁布了《萨瓦里法案》(《高等教育法》)，在重申三原则（自治、参与和多学科性）的基础上进一步提出现代化、专业化、民主化的原则，赋予教师、学生及其他人员更大的参与学校事务的权力，校务委员会行使决策权，学术委员会行使咨询权，学业与大学生活委员会行使建议权。另外，高校在与其他企事业单位、其他高校及与国际组织之间的联系方面拥有自主权与决定权，从而进一步扩大了大学的权力，提高了大学适应社会的应变能力。该法还规定大学改革应在法律的范围内进行，明确了大学与政府的法律关系。1985年，法国成立国家评估委员会，这是负责对大学质量进行外部评审的机构，是一个国家机构而非政府机构，独立于政府教育部，直接隶属于总统。该机构的建立是法国力图改变僵化的中央集权管理体制的改革措施之一，用法国总统的话说就是"法国高等教育体系中的一项主要改革"。1988 年，当时的教育部长若斯潘起草的《教育方针法》要求高校与政府之间通过签订协议确立双方的新型关系，赋予高校具有真实内容的自治权力。20 世纪 90 年代以后，法国高等教育管理体制的改革依然沿着权力下放的方向发展，如 1990 年召开的"大学 2000 年规划（université 2000，u 2000）"会议规定，改变以往由国家单一投资高等教育的做法，开办一批由国家和地方共建的学校，新大学可以根据自身的需要组织不同类型与规模的教学研究机构（院系）。1996 年，法国国民议会专门召开会议研究高等教育问题，强调进一步实施权力下放，切实扩大高校的办学自主权，加强高校与欧盟国家的合作。

总之，法国从资产阶级革命以后，大学与政府的关系由逐渐高度集权管理再到逐渐下放权力，由国家控制到建立新型的法律关系。

2. 德国大学与政府关系的历史变迁

德国近代大学的产生要比意大利、法国晚 200 年左右，早期的大学受基督教会影响较大，神学在大学中居首要位置，培养的人才也多为神职人员。文艺复兴和宗教改革运动以后，当时所提倡的人文主义使得大学中经院哲学的地位受到挑战，而宗教改革运动中新教徒为了削弱天主教会对大学的控制力，明确提倡政府应该加强对大学的管理。于是，世俗政权开始通过资助大学和重新筹建大学这两条途径来提高对大学的影响力。文艺复兴运动后的 18 世纪，世俗政权开始有步骤地加强对教育的影响力，如 1717 年，腓特烈·威廉一世下令实施义务教育，1787 年腓特烈·威廉二世成立最高学务署，负责管理全国除高等教育之外的所有教育事业，此时的大学依然受到教会的控制。与此同时，18 世纪的德国发生了两次大学改革运动，第一次大学改革运动发生在 17 世纪末到 18 世纪中叶的哈勒大学、哥廷根大学和埃朗根大学（后两所大学就诞生于这次大学改革运动中）。第二次大学改革运动发生在 18 世纪后期的耶拿大学、维也纳大学、美因茨大学和维尔茨堡大学等，两次大学改革都得到了世俗政权的大力支持，为洪堡思想的产生奠定了基础。

19 世纪初就有了著名的洪堡思想。洪堡提倡学术自由，认为举办大学是国家的职责，反对政府对大学学术事务进行行政干预。彼时的德国政府，一方面提倡大学的学术自由，目的是削弱教会对大学的影响力，另一方面加强对大学生自由运动的控制，目的是加强政府对大学的影响力。德国在 1819 年发生了两起大学生刺杀事件，于是联邦议会通过了"卡尔斯巴德决议"，查禁大学生联合会，限制新闻自由，建立对大学的严密监督网，政府向每所大学派驻代理人。到了 19 世纪 30 年代，梅特耶政府进一步加强对大学的审查与监督，哥廷根大学就曾开除过 7 位拒绝向王室效忠宣誓的教授。19 世纪上半叶，政府加强对大学的控制有两个特色，一是大学得到了来自政府的大量经费支持，二是政府对大学的控制仅限于对学生自由运动的扼杀，而对大学的学术自由和自主办学影响不大。所以，政府对大学的控制（实际上是对大学生自由运动的控制）客观上使大学取得了长足的发展，也使德国大学成为当时世界公认的学术中心。

政府与大学的这种"国家举办大学，大学实行自治和学术自由"的关系一直持续到纳粹统治时期。希特勒上台以后实行集权管理，1934 年 5 月成立帝国教育部，1935 年发布《大学行政一元化训令》，规定大学校长隶属于教育部，只对教育部长负责，大学评议会是校长的咨询机构，大学教师和学生的指导者由教育部长任命并归校长领导。值得注意的是，在这种高度集权管理的时期，大学在学术事务上依然拥有一定的自主权。

二战结束以后，德国的高等教育实行地方分权管理，州政府拥有较大的自治权。为了协调各州的发展，1948 年成立各州文教部长联席会议（KMK），1949 年又成立大学校长联席会议（WRK），联邦政府对高等教育采取不干预政策。从 1956 年开始，联邦政府开始从财政方面（如提供研究经费、投资基础建设、开设奖学金等）介入高等教育，1957 年成立由学术界、各州和联邦政府代表参加的科学审议会，为高等教育发展提供政策咨询，这标志着政府与学术界的关系的制度化。20 世纪 60 至 70 年代，科学审议会发布了一系列文件影响了高等教育的发展。1969 年修改的基本法规定高等教育的新设与扩充是联邦政府与各州共同承担的责任，与之相关的经费由联邦政府和各州各承担 50%。1976 年，西德颁布第一部《高等学校总纲法》，该法规定：联邦政府具有总体立法权，管理高等教育的权限主要涉及向学生提供贷学金，与州政府共同资助学校建设，促进大学科研及对外合作。20 世纪 70 年代初，为了强化联邦政府的教育职能，联邦德国改组并成立了联邦教育科学部，1970 年还新设立了联邦州教育计划研究推进委员会，主要制定教育发展的长期规划。20 世纪 70 年代后期，由于政党原因，联邦政府对高等教育的影响力开始减弱。20 世纪 90 年代，东西德统一以后，东德的高等教育由中央集权管理转变为各州政府管理。近年来，大学委员会的成立使长期形成的德国传统高等教育管理模式发生了较大变化，该委员会由大学评议会提名，联邦教育科学部正式任命。以巴登——符腾堡州为例，大学委员会由 13 人组成，其中 6 人为校外人士。通常，委员会每学期举行两次会议，大学校长（或其代表）、联邦与州政府的代表可以列席会议。大学委员会是政府与大学之间的缓冲器——类似于中介机构，其不仅能参与制定学术规划、经费预算和学科建设规划，还对大学或政府的决议具有一定的否决权。

3. 英国大学与政府关系的历史变迁

英国是一个善于保持传统的国家。当社会的发展对高等教育提出改革要求的时候，英国没有像法国那样采取关闭传统大学的极端措施，而是另辟蹊径，采取成立新大学的方式以满足社会的需求（如成立于 19 世纪 20 年代的伦敦大学，19 世纪中期兴起的城市大学和 20 世纪 60 年代风起云涌的多科技术学院）。所以，中世纪大学自治和学术自由的传统在英国大学的发展过程中保持得最好。中世纪中后期，教会逐渐取得了对大学的控制权，但这种控制在英国只是表现在教会向大学派驻督察员的形式，而督察员一般与大学关系密切或直接由具有神职身份的大学教师担任。也就是说，此时教会对大学的这种控制并没有发挥实际的作用。

在 16 世纪 30 年代以前，英国教会是罗马教廷属下的天主教会。1534 年，英国国王亨利八世摆脱罗马教廷而自立教派——国教会，英国国王是国教会的代表，国教会自然也就取得了对教育事业的控制权。1662 年，国会通过法令，规定教师必须信奉国教。资产阶级革命胜利以后，国家政权得到加强，政府开始从教会的控制下取得对教育的管理权，直到 1891 年，英国政府才完全取得了对初等教育的管理权，而大学依然保持着自治与学术自由的权利。大学，特别是传统大学，只要取得了皇家特许，无论是课程设置还是学位授予，不管是聘请教授还是招收学生，基本上都是大学自己的事务。

这种状况一直持续到了 19 世纪后半叶。随着科技经济的发展，大学在社会发展中的作用日益增强，但财政方面日益窘迫，开始越来越多地依赖政府的拨款。中央政府不但给大学拨款，而且加强了对大学的影响。尽管如此，牛津、剑桥大学在得到更多政府拨款时一再宣称不会以接受政府的干预为代价。如前所述，英国具有保持传统的习惯，所以英国政府对大学的影响也相当温和（法国政府主要通过关闭传统大学来实现对大学的控制），颇具英国特色，一是通过国会制定法令以取消传统大学（主要是牛津大学和剑桥大学）的特权和教会对大学的控制权，如 1854 年和 1856 年，英国国会在调查的基础上分别通过了《牛津大学法》和《剑桥大学法》，并据此废除了 1636 年伦敦大主教为牛津大学制定的学则和英国国王为剑桥大学颁布的学则，改变大学评议会的人员构成，加强评议会的权限，规定大学对非英国国教部分开放。1871 年，国会通过大学审查法（Universities Tests Act），其中规定除神学部以外，申请其他学位不再审查宗教信仰方面，教师也不再受宗教信仰的约束。从 1863 年开始，国会几乎每年都通过有关大学的法令取消宗教方面的种种限制，使大学向着有利于科学与学术进步的方向发展。二是通过财政影响大学。为了淡化通过拨款而对大学产生的直接干预的负面影响，政府于 1919 年成立 UGC（大学拨款委员会，University Grants Committee），专门负责各大学的经费、科研费及其他财政资助。

UGC 是 19 世纪后半叶在英国大学经费拮据的大环境下，由大学及英国科学协会等组织的强烈呼吁和政府的积极参与下成立的。正如英国学者 Michael Sattock 所言："大学拨款委员会的建立是上层政治家，特别是霍尔丹勋爵（Lord Haldane）和公务人员为政府提供的一种帮助，它并不是大学、大学副校长和学术界舆论压力的产物。"UGC 的建立是英国政府积极主动加强对大学的影响力的措施之一。UGC 的组成人员由有声望且不在大学任职（非专职）的学者组成。1943 年开始，规定大学教师也可以担任委员，成员由财政大臣、教育署长和苏格兰国务大臣协商后任命，专职秘书则由财政部委派。从组成人员的构成上我们就可以看出，UGC 一诞生就具有中介机构的性质，而且到 20 世纪七八十年代为止，一直被认为是与大学关系较为密切的组织。UGC 最初的职能是"调查联合王国大学教育的财政需要并向政府建议关于议会满足这些需要所拨款项的分配事宜"。1946 年，在《克罗哈姆报告》中其职能有了扩充，除了以前的职能外，还增加了"搜集、研究和分发有关国内外大学教育情况的资料；与大学和有关团体协商，帮助制订并执行为保证大学适应国家需要的有关大学的发展计划"的职能，20 世纪 50 年代末期以来，UGC 扮演了两个新的角色，使其原有的独立性发生了动摇：第一，UGC 变成了宏观的策划者，不再拘于建议者的身份，开始具有大学行政管理的功能，即颁发大量详细的文件直接参与大学内部管理工作。第二，UGC 成了国家发展高等教育的代理人。新大学的建立和现有大学规模的扩大，需要巨大的经费，而只有国家才有能力提供，即这些问题的解决不可避免地受政府决议的影响，因此 UGC 的职能就被限定在具体事项的操作上。1973 年爆发的经济危机迫使英国政府削减大学拨款，取消了 5 年拨款制，这沉重打击了传统的大学经费制度。UGC 不得不为拨款问题与教育和科学部反复磋商。为了配合政府的财政紧缩政策，UGC 对大学拨款实行选择性缩减，即"委员会并不想在各学校和各学科领域中间平均地削减资源……资源必须继续用于必要的新发展及在特别重要的领域中必须添置的新设备"。这种有选择性的压缩政策大大冲击了 UGC 与大学的传统伙伴关系。可以看出，自 20 世纪 50 年代以来，UGC 一方面希望加强对大学事务的干预，充当政府的代言人，另一方面希望反映高校的需求以维护大学的自主权。但结果却适得其反，大学认为 UGC 已经成为政府的延伸部门而损害了大学的权利，对大学的干预近于粗暴，而政府认为 UGC 并没有很好地发挥对大学的影响作用，其与大学的关系过于亲密。在这种两面不讨好的境遇下，英国政府于 1982 年成立了公立高等教育的全国性咨询机构——全国地方当局高等教育咨询委员会，其职能类似于 UGC，但其与学术界关系不大，由地方政府的代表把持。20 世纪 80 年代后期，世界范围内兴起了教育质量保障运动，大学的质量问题成为大家关注的焦点。1988年，英国颁布《1988 年教育改革法》。1989 年，UGC 完成了历史使命，其职能由 UFC（大学基金委员会，Universities Funding Committee）和 PCFC（多科技术学院和高等教育学院基金委员会，Polytechnicsand Colleges Funding Council）所取代，其成员由政府指派。20 世纪 80 年代末成立了"AAU（学术审计组织，Academic Audit Unit）"，1990 年正式开始工作，其主要职能是对高校在维持与促进其质量的过程中所采用的方法技术、质量保障体系的运作程序及运作状况进行检查并向 CVCP（大学副校长委员会，Committee of Vice Chancellors and Principals）报告。1992 年，"双轨制"终结，CNAA（国家学位授予委员会，Council of National Academic Awards）解散，于是 CVCP 与多科技术学院院长委员会、苏格兰中央资助学院委员会联合成立了高等教育质量委员会（Higher Education Quality Council, HEQC），于是在英国的政府与高校之间就有了两个机构负责对高校质量的检查，一个是亲政府的（UFC），另一个是亲高校的（HEQC）。1994 年 12 月，政府教育部与 HEQC 商议将两个组织合二为一。1997 年 7 月，在两个组织的商议、协调与筹建的基础上成立 QAAHE（高等教育质量保障机构，Quality Assurance Agency for Higher Education），隶属于 CVCP，该组织负责对高校的质量进行评估，其报告将成为政府对大学拨款的依据。QAAHE 是政府与大学之间干预与反干预后妥协的产物，在政府与大学之间充当"缓冲器"[6]。笔者认为，英国的这种模式是大学和政府关系的理想模式，政府既增加了对大学的影响力，又没有损害大学自治的传统，是一个双赢的结果。

4. 美国大学与政府关系的历史变迁

与欧洲国家相比，美国大学的历史不长，第一所大学是哈佛大学的前身——于

1638 年正式开始招生的哈佛学院。到美国建国时，仅有 9 所大学。由于最初从英国去美洲大陆的人大多数是相对于国教会来说的异教徒，他们希望通过办学来传教，避免他们的信仰在新大陆随着他们的离世而烟消云散。最初的 9 所学院基本上都倾向某个教派，如哈佛、耶鲁属于清教（也有资料称哈佛是公理会），而威廉玛丽学院、国王学院（哥伦比亚学院）属于圣公会，新泽西学院（普林斯顿学院）属于长老派，费城学院（宾夕法尼亚大学）是第一所非教派性的学院，但不久以后也倾向于圣公会，罗德艾兰学院（布朗大学）属于基督教浸礼会，女王学院（拉特格斯学院，后成为新泽西州的赠地学院及州立大学）属于荷兰新教，达特茅斯学院属于公理会。

美洲殖民地远离英国，所以尽管美国早期的大学在各个方面都与欧洲（主要是英国）有着千丝万缕的关系，但殖民地当局对学院采取不干预的措施，于是各个大学就形成了自己的特色。教会对学院的控制并不是很直接和严格，倾向于某一教派只是因为其创办者或校长或大部分教师是该教的信奉者，如新泽西学院、罗德艾兰学院一开始就向所有教徒敞开大门，而国王学院在筹建之时就有政治家利文斯顿反对将其办为教派性的大学，应办成一所由世俗政府管理的宗教自由的大学，虽然他的努力失败了，但也大大削弱了学院的宗教性。美国大学的这种宗教弱化现象有其历史根源，从诞生时间上来看，早期诞生于 17 世纪到 18 世纪初的 3 所学院宗教性较强，而诞生于 18 世纪中期以后的学院都不约而同地宣称向所有教徒开放。这是因为当时学院都面临着严峻的生源问题，为了争取更多的生源，才采取了弱化宗教影响的措施，到了美国建国后制定联邦宪法时人们普遍认识到：如果国家对任何一个宗教组织有所偏爱，所有其他组织的自由就将受到限制，所以必须实行宗教自由政策。

美国建国以后，大学的发展有两个特点：一是州立大学的兴起，从建国到 1860 年已有 66 所州立大学成立；二是受法国的影响增强，如纽约州立大学、密歇根大学和弗吉尼亚州立大学等，都或多或少地带有法国大学的影子。正如布鲁巴赫所言："它（弗吉尼亚州立大学）早期的方向明显地、有意识地是世俗的和非教派的。"[7] 私立大学在此期间也有一定的发展。著名的达特茅斯学院诉讼案成为美国公立大学和私立大学发展的分水岭，并为各自指出了未来发展的不同方向。与英国不同，美国大学的管理特点是外部管理，即董事会制度。事实上，州立大学建立之初，政府也曾试图对大学进行直接管理，但是受到了来自各方及英国文化传统的抵制 [8]，政府与社会只能通过校董事会来影响大学。美国大学董事会大多由校外人士组成（有的甚至全部由校外人员组成，有的只有校长是董事会成员）。

美国大学特点的形成还受到了德国的影响，18 世纪末至 19 世纪，有一万多名美国学子前往德国留学，尤以柏林大学的建立，洪堡思想的形成之后为多。德国大学对美国的影响主要体现在学术自由精神和研究生（博士）培养体系的形成，约翰斯·霍普金斯大学就被称为美国的柏林大学或巴尔的摩的哥廷根大学。于是，学术自由成为美国现代大学的根本原则，也是其处理大学与政府关系的根本原则。

美国政府对大学的影响的另一个有力的事例就是众所周知的《莫里尔法案》（Morrill Act）的颁布实施和"赠地学院"的兴起，这是美国通过立法的形式影响高等教育的成功举措，也为现代社会中如何处理大学与政府的关系问题提供了一个很好的方法。后来，这种方法经常被使用，而且大多收到了较好的效果，如二战后的《军人权利法案》、20 世纪 50 年代末的《国防教育法》等。20 世纪 60 年代以后，一系列有关教育和高等教育的法案颁布，这一方面说明政府在加强对大学的影响，另一方面说明立法是一个既不损害大学权利，又能体现政府作用的方式。从 20 世纪初开始，在美国的大学与政府之间还出现了一种高校的鉴定组织（如 1975—1993 年的 COPA，1993 年以后的 COPRA 及 ASPA），这种组织有两个特点是美国人引以为豪的，一是民间性，二是权威性。美国政府从 20 世纪 80 年代中期开始利用公布鉴定组织资格名单的方式来对他们的工作施加影响，这种中介组织是政府与大学之间的缓冲器。[9]

5. 俄罗斯大学与政府关系的历史变迁

俄国大学的历史可以追溯到 18 世纪中期的彼得大帝时期，他仿照德国和法国创办了若干所专门学院和大学机构，1865 年，俄国已有 7 所大学和 14 所专门学院。19 世纪后期，俄国的高等教育机构发展迅速，到 1915 年总数已达 204 所。俄国的大学在 18 世纪中期到 19 世纪初主要是效仿德国，创建了一些研究型大学。19 世纪中期以后，由于工业化的需要，开始模仿法国"专门学院"和"综合理工学院"，大力发展实用技术教育。

从管理体制来看，俄国与欧洲大陆国家如法国和二战以前的德国一样，采取的是中央政府集权管理的模式，由公共教育部直接管辖大学，负责教师任命、课程设置及拨款等事宜，专门学院由中央政府的其他部门分别管理。可以看出，俄国中央集权制的高等教育管理模式有其传统性，不是十月革命以后才有的。

1917 年十月革命以后，为了政权的稳定，为了对付来自国际（经济封锁和武装干涉）和国内（武装叛乱）的双重压力，苏联建立了更加权力集中的高等教育管理体制，经过斯大林时期，逐渐形成了中央集权管理（大学）和行业部门管理（专门学院）的条块管理模式。苏联大学与政府关系还有一个典型的特点，大学与专门学院受到来自苏联共产党和政府的双重领导：从党的领导方面来讲，1917 年 11 月 9 日苏维埃政权成立"国家教育委员会"领导全国的高等教育事业，12 月 6

日改由国家教育委员会附属执行机构教育人民委员部负责对全国教育的领导与管理工作，1919 年又在教育人民委员部下设立国家学术委员会专门管理高等学校的改造工作。为了加强政府对高等教育事业的领导与控制，1936 年成立直接隶属苏联人民委员会的全苏高等教育事业委员会，对所有高等学校实行原则性的领导。从政府管理大学的角度来讲，苏联部长会议下属的高等与中等专业部领导全国的高等教育机构，各加盟共和国也有相应的高等与中等专业部来领导和管理属于各自的高等教育机构，重点高校由中央高等与中等专业部及中央各行业部来领导与管理，而 90% 以上的高校归各加盟共和国的高等与中等专业部与其他业务部门管理。中央高等与中等专业部的权限涉及高校的几乎所有事宜。[10]1928 年 4 月，为了调动行业部门的办学积极性和有利于专家的培养，苏共中央决定把专门学院交给相关部门管理，1929 年 11 月开始实施，1929 年到 1930 年工科院校从 32 所骤增到 96 所。这就形成了政府教育行政机关与相关部门分别管理大学（大学和专门学院）的条块分割的管理体制。

这种管理体制一直持续到苏联解体。解体后的俄罗斯高等教育改革包括以下几个方面。一是将高等教育事业定位于"职业教育"（1992 年《俄罗斯联邦教育法》）；二是成立联邦普通教育与职业教育部；三是将高校分为三大类别，即综合大学、学术学院和专业学院，各类别高校的认可由国家专门的委员会负责，认可程序是高校提出申请，由管理高校的专业协会和地方政治执行委员会当局写出评语，1994 年以后取消地方当局的评语权；四是高校举办者多元化，除军事院校外均实行多位举办者体制；五是弱化行业管理，从 1993 年开始，大多数行业高校转为地方管理（包括师范院校不再隶属于教育部）；六是变中央集中统一和部门条块分割管理体制为"三层"管理体制，三层是指俄罗斯联邦、联邦主体（89 个）和地方自治机构，前两者管理国立高校，地方自治机构管理地方高校。苏联解体后，俄罗斯的高等教育管理体制的改革总方向是权力的下放，尽管如此，联邦对高等教育事业依然有着一定的管理权，甚至起着相当程度的控制作用，如国立高校招收自费生的比例、高校统一入学考试与招生标准、专业设置的取向和定额、对高校财政预算的管理、联邦中央对地方政府管理高等教育的涉入等，都属于联邦政府的管理权限。[11]

参考文献

[1][2][3][10][11] 黄福涛 . 外国高等教育史 [M]. 上海：上海教育出版社，2008.

[4] 曾天山 . 外国教育管理发展史略 [M]. 北京：教育科学出版社，1995.

[5]《外国教育丛书》编辑组 . 六国教育概况 [M]. 北京：人民教育出版社，

1979.

[6][9] 李文兵 . 试论高校质量保障评估机构的中介化 [J]. 黑龙江高教研究，2002（11）:110-113.

[7] 贺国庆 . 德国和美国大学发达史 [M]. 北京：人民教育出版社，1998.

[8] 别敦荣 . 中美大学学术管理 [M]. 武汉：华中理工大学出版社，2000.

第三章 中华人民共和国高等教育体系的形成及特点

要对改革开放以后高等教育政策进行理论梳理，必须先对中华人民共和国成立以来的高等教育政策的发展历史进行简要的阐述。我们可以将中华人民共和国成立到改革开放前的高等教育政策的发展划分为以下几个阶段：

一、中华人民共和国成立之初相对温和的政策时期

1949 年 10 月 1 日，毛泽东主席在天安门城楼上庄严宣布：中华人民共和国成立了。中华人民共和国成立之初，共产党人最为迫切的任务就是保持政局的稳定，所以中央政府采取的是"平稳过渡"与"权力适度集中"相结合的高等教育政策，对不同类型的高等学校采取不同的政策措施进行管理。

第一，"平稳过渡"的高等教育政策：新政权建立前后，中国共产党和人民解放军的主要任务是扫清盘踞在部分地区的国民党残余势力，同时保持已解放地区政局的稳定。所以，对于高等院校来说，中央根据其性质的不同采取不同的接管方式，国立高校的领导体制是校务委员会制，采取派驻党委书记（或党总支书记），宣布解散并停止国民党党部、三青团组织的一切活动等方式，各学校的教学、研究等大多是由原有的知识分子组成的校务委员会掌握的；对于教会大学及一些私立大学而言，依然实行校长负责制的校内领导体制，而且除岭南大学、震旦大学和私立中华大学、私立中法大学以外，都在 1949 年任命了新的校长。从 1949 年到开始院系调整的 1952 年间，一些著名大学在中华人民共和国成立之初担任校务委员会主任（或主席）、校长的人员与时间如下（表 3-1）：

表3-1

	学校名称	姓名	学科	所任职务	时间
国立大学	北京大学	汤用彤	哲学	校务委员会主席	1949—1951
	清华大学	冯友兰	哲学	校务会议临时主席	1948—1949
		叶企孙	物理学	校务委员会主任委员	1949—1952
	上海交通大学	吴有训	物理学	校务委员会主任委员	1949—1952
	复旦大学	张志让	法律	校务委员会主任委员	1949—1952
	浙江大学	马寅初	经济学家	校长	1949—1951
	南京大学	梁希	林学	校务委员会主席	1949
		潘菽	心理学	校务委员会主席	1949—1951
	四川大学	谢文炳	文学	校务委员会主任委员	1950—1952
	天津大学	刘锡瑛	电机专家	校务委员会主席	1949—1951
	云南大学	秦瓒	经济学	临时校务执行委员会主任委员	1950—1951
	南开大学	杨石先	化学	校务委员会主席	1949—1950
	北京师范大学	黎锦熙	文字学	校务委员会主任	1949—1950
		林砺儒	教育学	校长	1950—1952
教会大学	燕京大学	翁独健	史学	代理校长	1949—1952
	齐鲁大学	杨德斋	化学	校长	1949—1952
	之江大学	黎照寰	经济学	校长	1950—1952
	岭南大学	陈序经	历史学、社会学	校长	1948—1952
	震旦大学	胡文耀	天文学	校长	1932—1952
	金陵大学	陈裕光	化学	校长	1949—1950
		李方训	化学	校长	1950—1952

私立大学	大夏大学	欧元怀	教育心理学	校长	1949—1951
	大同大学	平海澜	英语	代理校长	1949—1952
	中华大学	严仕佳	教育学	代理校长、校长	1948—1952
	中法大学 （1949年收归国有，1950年取消）	李麟玉	化学	校长	1931—1950
	广州大学	许崇清	教育哲学	校长	1949—1951

从上表中可以看出，在中华人民共和国成立之初，绝大多数大学均由原来的自由知识分子作为各类大学的临时负责人，这些人之中很少有革命经历或共产党背景。之所以选择旧知识分子暂时管理大学，是出于政局稳定的考虑，采取平稳过渡的高等教育政策以稳定人心，这是政权建立之初的必然选择。

第二，"权力适度集中"的高等教育政策：中国共产党在长期对敌斗争中形成的权力相对集中的管理方式依然是新政权成立之初的政策选择。那么，在这个时期，共产党新政权是如何实现对高等学校的管理与控制的呢？在1949年10月中央人民政府成立之前，对于从旧政权手中接管过来的大学，是由中共中央宣传部代为管理的，"在中央政府未成立以前，党的中央宣传部不得不实际上暂时代替中央政府的文教机关，管理国家的文化教育工作。为了方便工作的进行，在中央宣传部领导下，近一年来，还组织了中央广播事业管理处、中央出版委员会、中央电影管理局等机构。在过去中央政府还未成立的情况下，这是完全必要的"。而在中央政府成立之后，教育事业则由中央政府政务院文化教育委员会及所属文教部门直接管理。"全国的文化教育的行政工作，此后均应由中央政府的文教部门来管理。各地区有关文化教育的行政工作，此后均应由各地政府及军管会之文教机构（其组织办法最近即将由政务院通过）向中央政府文化教育委员会或适当部门报告和请示。之所以需要这样做，目的在于使中央政府文化教育委员会及其所属各部门，在党（通过政府党组）的领导和党外民主人士的参与下负起管理全国文化教育行政的任务。"[1]

中共中央除了规定由中央人民政府政务院文化教育部门在党的领导下管理全国教育事业之外，还特别强调了"请示与报告制度"，文化教育方面的重大问题"经过党的系统，向中央报告和请示"。[2] "请示与报告制度"形成于1948年。1948年1月7日，中共中央发出了由毛泽东起草的《关于建立报告制度》；3月25日发出了《中央关于建立报告制度的补充指示》；6月5日又发布了《中共中央关于宣传工作中请示与报告制度的决定》；9 月，中央政治局讨论通过《中共中央关于各中央局、分局、军区、军委分会及前委会向中央请示报告制度的决议》（以下简称《决议》），"请示与报告制度"成了共产党及人民解放军一项成熟的制度。《决议》规定，以下文教宣传方面的重大事务必须向中央进行请示汇报：

（1）对民主党派的全国性的报纸杂志之处理。

（2）对国民党和其他反动党派的全国性的报纸杂志广播台及其他一切全国性的文化机关事业之处理。

（3）全区文教事业出版计划，对专科以上学校及著名的文化学术机关和历史文物之处理。

（4）编印中央负责同志的著作（即使是曾经发表过的）及有关党史与红军历史的书籍。

（5）各区直属的党校、大学的教育方针和计划。

（6）各区办理党报的方针和计划。

（7）各区办理干部教育和国民教育的方针和计划。

（8）关于电影、戏剧及其他艺术事业的管理方针。

中共中央发布"关于党的教育工作的指示"与对党内的"请示与报告制度"的强调必然导致权力相对集中的教育行政管理体制。

当然，在中华人民共和国成立之初，各地所面临的政治、经济、文化环境都有很大的差异，新旧解放区、城乡、东西部、南北方之间的情形各不相同，对全国所有教育事务进行统一的领导与管理是非常困难的。解放战争期间，因为战争的需要和军队的建制，全国形成了若干大的行政区域，各大行政区域必须拥有一定的权力，根据自身的区域特色处理本区域的重大事务。1950 年 5 月 5 日，中央政府政务院颁布《各大行政区高等学校管理暂行办法》（以下简称《办法》），首次以政府公开颁布条例的形式规定了中央教育部（今中华人民共和国教育部）和各大行政区教育部或文教部门对高等学校的领导权，该《办法》规定，"大学的校长、副校长由各大行政区最高行政机关提名，经中央教育部同意后，由部呈经政务院提请中央人民政府委员会任免；独立学院院长、副院长及专科学校校长、副校长由各大行政区最高行政机关提名，经中央教育部同意后，提请政务院任免。"该《办法》还规定了各大行政区具有制订高等学校地区性的教育规定，审核高等学校预算决算等管理和领导权，但是须向中央教育部报请核准执行或呈报备案。其他有关高等学校的事务，如设置、停办、合并学校组织与课程，教职工学生名册，须专案定时向中央教育部呈报，临时发生的重大事件，须及时向中央教育部汇报。

第三，区别对待的高等教育政策：中华人民共和国成立之初，我国高等学校根据经费来源可以大致分为公立高等学校和私立高等学校，而私立高等学校又可以分为私人资助大学和国外教会资助大学两类。在大学领导的任用上，公立学校一经新政权接管，便设立校务委员会或临时校务委员会，推举校务委员会主任或临时主席，以维持学校的日常运作。而私立学校则采取由董事会任命新校长或临时校长的方式，有些学校还保持原有校长不变，以维持运作。

　　1949年12月23日至1950年1月6日，中华人民共和国第一次全国教育工作会议召开。这次教育工作会议特别提出了对私立学校的政策，"我们对私立学校除个别的反动特务学校应加取缔外，一般的应采取保护维持、加强领导、逐步改进的方针，对积极改进或办有成绩的学校，政府应予以奖励"[3]。该政策在半年后的高等教育会议上得以延续。1950年6月1日至9日，第一次全国高等教育会议召开，此次会议通过了《关于高等学校领导关系问题的决定》《高等学校暂行规程》《专科学校暂行规程》《私立高等学校管理暂行办法》《关于实施高等学校课程改革的决定》5项草案（7月28日政务院第43次会议批准，8月14日颁布），草案规定了不同类型高等学校的办学与管理原则。《关于高等学校领导关系问题的决定》规定："华北区内高等学校，除已交由省政府领导者外，由中央教育部直接领导。其他各大行政区内高等学校，暂由中央教育部委托各大行政区教育部直接领导；中央教育部得视条件，有计划、有步骤地将各地区高等学校收归中央教育部直接领导。"《关于高等学校领导关系问题的决定》还规定"只与某一业务部门有关或主要与某一业务部门有关的高等学校，其日常行政、教师调整配备、经费管理、设备及参观实习等事宜，得由中央或各大行政区人民政府或军政委员会有关部门直接领导"，这一规定是造成以后高等教育条块分割，各个行业都拥有所属高等学校的源头。

　　由政务院（今国务院）颁布的《高等学校暂行规程》和《专科学校暂行规程》是具有一定法律效应的文书，根据这两个规程的规定，中央教育部（今中华人民共和国教育部）拥有以下具体权力：

　　（1）大学或专门学校与专科学校的设立与停办须由教育部报请政务院决定之。

　　（2）大学设立学院、专门学院设立学系、专科学校设立学科以及以上学院、学系、学科的变更须由教育部决定之。

　　（3）专科学校的校长由中央教育部任命之。

　　（4）大学或专门学院的副校长（副院长）、教务长、总务长由校长（或院长）在教授中遴选，提请教育部任命之。

　　（5）大学或专门学院的图书馆馆长、大学内所设学院的院长、学系的主任、专科学校教务主任、总务主任、图书馆主任、学科主任等均由校长在教授中聘任，报教育部备案。

（6）大学或专门学院与专科学校的教师分为教授、副教授、讲师、助教四级，均由校长（院长）聘任，报教育部备案。

（7）大学或专门学院与专科学校中一种科目或几种相近的科目的教师组成教学研究指导组，设教研组组长一人，由校长聘任，报教育部备案。

（8）大学为提高师资水平，设立研究部或研究所，为国家建设需要，开设专修科或训练班，须经中央教育部批准。

（9）大学或专门学院与专科学校应制订各科目的教学计划和教学大纲，报请教育部备案。

从以上内容可以看出，对于公办高等学校来说，无论学校的设置或停办、专科学校校长的任命等政府对高校的宏观管理权力，还是校内管理干部的任命、教师的选聘、教学大纲的制定，甚至教研组组长的任命等微观管理权力，均由中央教育部（今中华人民共和国教育部）决定或经教育部备案。《高等学校暂行规程》和《专科学校暂行规程》还规定，对于公立的高等学校的内部领导体制而言，"采取校（院）长负责制"。

至此，权力集中的高等教育管理体制已见雏形。而对于大学或专门学院的校长（或院长）的任命，并没有做明文规定，应该参照 1950 年 5 月 5 日政务院（今国务院）颁布的《各大行政区高等学校管理暂行办法》执行。

《高等学校暂行规程》和《专科学校暂行规程》还规定，对于私立大学或私立专科学校来说，"除了要遵守本规程外，并须遵守《私立高等学校管理暂行办法》（以下简称《暂行办法》）"。根据《暂行办法》的规定，政府对教会大学重申了我国的教育主权，规定私立高等学校的行政权、财政权及财产所有权均应由中国人掌握；为了加强政府对私立高校的管理，全国私立高等学校，无论过去已经立案与否，均须重新申请立案；私立高等学校校（院）长和副校（院）长由校董会任免，其他主要人员由校（院）长任免，报经大行政区教育部核准转报中央教育部（今中华人民共和国教育部）备案。

从《暂行办法》中可以看出，政府并没有对私立高校采取"一刀切"的管理办法，而是采取与公立高校不同的办法，一方面对已有的私立高校，保持其原有的权力不变，而且《暂行办法》中也没有新办私立高校的有关条款；另一方面也"暗示"政府将逐渐加强管理，根据《暂行办法》的规定，私立高等学校若办理不善或违背法令时，大行政区教育部得报请中央教育部批准令其改组校董会，更换校长，改组或停办学校。这一规定为两年后将私立高校收归国有（院系调整）做了一定的铺垫。

第四，对教会大学的政策：根据 1950 年 6 月颁布的《私立高等学校管理暂行办法》的规定，教会大学只要符合规定，照章守规，可以被当作私立高等学校来对待。但是，两件事情的发生使政府对教会大学采取了更为严厉的措施，一是"辅仁大学"事件；二是中国人民志愿军入朝参战。辅仁大学是由德国资助的教会大学，其教会代表芮歌尼于 1950 年 7 月 14 日向政府提出了 4 点要求：学校新的董事会成员由教会选任；教会对学校人事安排有否决权；附属中学的经费自给自足；圣言会所在地仍由教会保留，任何人不准侵扰。同时，他提出解雇 5 名进步教员的要求。当政府拒绝了这些无理要求时，芮歌尼代表教会宣布不再为辅仁大学提供经费。1950 年 9 月 25 日，中央教育部（今中华人民共和国教育部）部长约谈芮歌尼，提出了政府关于私人办学的 5 项原则，同年 9 月 30 日，芮歌尼不同意政府提出的办学条件，10 月 12 日，政府正式接管辅仁大学。

几乎在接管私立辅仁大学的同时，朝鲜局势的发展不可避免地对教会大学的命运产生了巨大影响。1950 年 12 月 29 日，政务院（今国务院）发布《关于处理接受美国津贴的文化教育救济机关及宗教团体的方针的决定》。1951 年 1 月 11 日，中央教育部（今中华人民共和国教育部）根据《决定》发布《关于处理接受美国津贴的教会学校及其他教育机关的指示》（以下简称《指示》），从《决定》和《指示》中可以看出，处理美国资助的教会大学的政策与当时抗美援朝的国际形势有着很大的关系。

经过登记与处理，当时全国接受外国津贴的高等学校共有 20 所（不包括之前已经收回的辅仁大学），其中接受美国津贴的学校有 17 所，最终处理的详细结果如表 3-2 所示。

表3-2　20世纪50年代初教会高等学校接受处理一览表

序号	学校名	原接受津贴国家	所属行政区	办学地点	处理结果
1	燕京大学	美国	华北区	北京	改为公立
2	津沽大学	法国	华北区	天津	改为公立
3	协和医学院	美国	华北区	北京	改为公立，改名为中国协和医学院（今北京协和医学院）
4	铭贤学院	美国	华北区	太原	改为公立，部分系科改为山西农学院，部分系科与山西大学工学院及西北工学院合并

序号	学校名	原接受津贴国家	所属行政区	办学地点	处理结果
5	金陵大学	美国	华东区	南京	改为公立,合并为金陵大学（今南京大学）
6	金陵女子文理学院	美国	华东区	南京	
7	协和大学	美国	华东区	福州	改为公立,合并为福州大学
8	华南女子文理学院	美国	华东区	福州	
9	华中大学	美国	中南区	武汉	改公立后逐渐调整为师范学院（今华中师范大学）
10	文华图书馆学专科学校	美国	中南区	武汉	改为公立
11	华西医科大学	美国	西南区	成都	改为公立,改名为华西大学（今四川大学华西医学中心）
12	沪江大学	美国	华东区	上海	改为由中国人自己办理的私立大学
13	东吴大学	美国	华东区	苏州	改为由中国人自己办理的私立大学
14	震旦大学	法国	华东区	上海	合并为私立震旦大学
15	震旦女子文理学院	法国	华东区	上海	
16	圣约翰大学	美国	华东区	上海	改为由中国人自己办理的私立大学
17	之江大学	美国	华东区	杭州	先改为私立,后由政府接办
18	齐鲁大学	美国	华东区	济南	先改为私立,后由政府接办
19	岭南大学	美国	中南区	广州	改为由中国人自己办理的私立大学
20	求精商学院	美国	西南区	重庆	改为由中国人自己办理的私立大学

中华人民共和国成立以后,国家对包括教会大学在内的私立高校的政策是维持现状、加强管理,待条件成熟后再进行社会主义改造。显然,朝鲜战争的爆发加速了国家对教会大学改造的步伐,这是突发事件后政治政策在教育领域的具体体现。

二、院系调整时期（1951—1954）的高等教育政策

院系调整时期是中华人民共和国高等教育发展极为重要的一个时期,是学习苏联高等教育经验的必然结果。经过院系调整,中国的高等教育走上了一条完全

不同的高等教育发展的道路。

第一，通过院系调整实现高等学校的社会主义改造：1951年8月26日至9月11日，第一次全国初等教育及师范教育会议在北京召开，会议决定对全国师范院校进行调整，拉开了中华人民共和国院系调整及社会主义改造的序幕。1951年11月3日至9日，全国工学院院长会议召开。1951年11月30日，政务院（今国务院）第113次会议批准了《关于全国工学院调整方案的报告》，工科院校开始调整院系。到1952年年底，所有的私立高等学校均实现公有，基本完成了高等学校的社会主义改造。到1953年年底，基本完成了院系调整的任务。经过调整，全国共有183所各类型的高等学校，如表3-3所示。

表3-3　1953年院系调整后全国各类型高校一览表

学校类型	数　量	学校名称及所在地
综合性大学	14	中国人民大学（北京）、北京大学（北京）、南开大学（天津）、东北人民大学（长春）、复旦大学（上海）、南京大学（南京）、山东大学（青岛）、厦门大学（厦门）、武汉大学（武汉）、中山大学（广州）、四川大学（成都）、云南大学（昆明）、西北大学（西安）、兰州大学（兰州）
工业院校	38	清华大学（北京）、北京工业学院（北京）、北京航空学院（北京）、北京地质学院（北京）（今中国地质大学）、北京钢铁工业学院（北京，今北京科技大学）、北京石油学院（北京，今中国石油大学）、北京矿业学院（北京，今中国矿业大学）、北京铁道学院（北京）、天津大学（天津）、太原工学院（太原）、唐山铁道学院（唐山，今西南交通大学，成都）、哈尔滨工业大学（哈尔滨）、东北工学院（沈阳，今东北大学）、大连工学院（大连，今大连理工大学）、大连海运学院（大连，今大连海事大学）、东北地质学院（长春，今长春科技大学）、交通大学（上海，今上海交通大学）、同济大学（上海）、华东纺织工学院（上海，今东华大学）、华东化工学院（上海）（今华东理工大学）、南京工学院（南京，今东南大学）、华东水利学院（南京，今河海大学）、华东航空学院（南京）、南京航空专科学校（南京）、浙江大学（杭州）、青岛工学院（青岛）、山东工学院（济南）、苏南工业专科学校（苏州）、淮南煤矿工业专科学校（洞山）、华中工学院（武汉）、武昌河运学院（武汉）、华南工学院（广州）、中南矿冶学院（长沙）、中南土木建筑学院（长沙）、重庆大学（重庆）、重庆土木建筑学院（重庆）、四川化学工业学院（泸县）、西北工学院（咸阳）

学校类型	数　量	学校名称及所在地
师范院校	31	北京师范大学（北京）、河北师范专科学校（北京）、河北师范学院（天津）、天津师范学院（天津）、山西师范学院（太原）、绥远师范专科学校（归绥，今呼和浩特）、东北师范大学（长春）、沈阳师范学院（沈阳）、哈尔滨师范专科学校（哈尔滨）、大连师范专科学校（大连）、华东师范大学（上海）、南京师范学院（南京）、浙江师范学院（杭州）、山东师范学院（济南）、江苏师范学院（苏州）、安徽师范学院（芜湖）、福建师范学院（福州）、苏北师范专科学校（扬州）、华中师范学院（武汉武昌）、华南师范学院（广州）、湖南师范学院（长沙）、广西师范学院（桂林）、河南师范学院（开封，第二院设在新乡）、江西师范学院（南昌）、西南师范学院（重庆）、四川师范学院(南充)、贵阳师范学院(贵阳)、昆明师范学院(昆明)、西安师范学院（西安）、西北师范学院（兰州）、内蒙古师范学院（呼和浩特）
农林院校	29	北京农业大学(北京)、北京农业机械化学院(北京)、北京林学院(北京)、河北农学院(保定)、山西农学院(太谷)、东北农学院(哈尔滨)、东北林学院(哈尔滨)、沈阳农学院(沈阳)、黑龙江农业专科学校(黑龙江北安)、南京农学院（南京）、南京林学院（南京）、浙江农学院（杭州）、山东农学院（济南）、福建农学院（福州）、安徽农学院（合肥）、苏北农学院（扬州）、上海水产学院（上海）、华南农学院（广州）、华中农学院（武昌）、河南农学院（开封）、湖南农学院（长沙）、江西农学院（南昌）、广西农学院（临桂）、西南农学院（四川北碚，今重庆市）、贵州农学院（贵阳）、西北农学院（陕西）、西北畜牧兽医学院（兰州）、八一农学院（迪化，今乌鲁木齐）、内蒙古畜牧兽医学院（归绥，今呼和浩特）
医药院校	29	北京医学院（北京）、天津医学院（天津）、河北医学院（保定）、山西医学院（太原）、中国医科大学（沈阳）、东北药学院（沈阳）、哈尔滨医科大学(哈尔滨)、大连医学院(大连)、上海第一医学院(上海)、上海第二医学院（上海）、江苏医学院（镇江）、苏北医学院（南通）、浙江医学院（杭州）、山东医学院（济南）、福建医学院（福州）、安徽医学院（合肥）、华东医学院（南京）、中南同济医学院（汉口）、湖南医学院（长沙）、湖北医学院（武昌）、广西医学院（桂林）、华南医学院（广州）、光华医学院（广州）、江西医学院（南昌）、河南医学院（开封）、海南医学专科学校（海口）、西北医学院（西安）、四川医学院（成都）、贵阳医学院（贵阳）
财经院校	6	北京对外贸易专科学校（北京）、东北财经学院（沈阳）、东北工业会计统计专科学校（长春）、上海财经学院（上海）、中南财经学院（武昌）、四川财经学院（成都）

学校类型	数　量	学校名称及所在地
政法院校	4	北京政法学院（北京）、华东政法学院（上海）、中南政法学院（武昌）、西南政法学院（重庆）
语文院校	8	北京俄文专修学校（北京）、北京外国语学校（北京）、哈尔滨外国语专科学校（哈尔滨）、沈阳俄文专科学校（沈阳）、上海俄文专科学校（上海）、西南俄文专科学校（四川北碚，今重庆市）、西北俄文专科学校（西安）、新疆俄文专科学校（迪化，今乌鲁木齐）
艺术学院	15	中央美术学院（北京）、中央戏剧学院（北京）、中央音乐学院（北京）、北京电影学院（北京）、东北音乐专科学校（沈阳）、东北美术专科学校（沈阳）、中央音乐学院华东分院（上海）、中央戏剧学院华东分院（上海）、中央美术学院华东分院（杭州）、华东艺术专科学校（无锡）、中南美术专科学校（武昌）、中南音乐专科学校（武昌）、西南音乐专科学校（成都）、西南美术专科学校（重庆）、西北艺术专科学校（西安）
体育院校	5	中央体育学院（北京）、华东体育学院（上海）、中南体育学院（南昌）、西南体育学院（成都）、西北体育学院（西安）
少数民族院校	3	中央民族学院（北京）、延边大学（延吉）、新疆民族学院（迪化，今乌鲁木齐）
其他	1	北京气象专科学校（北京）

第二，改革高等学校的领导关系：政务院（今国务院）曾在 1950 年 7 月 28 日通过了《关于高等学校领导关系的决定》，"规定全国高等学校以中央教育部（今中华人民共和国教育部）统一领导为原则，各大行政区内高校暂由中央教育部委托各大行政区教育部直接领导，视条件有计划有步骤地收归中央教育部直接领导。我国自此形成中央集权的教育管理体制"。1953 年 10 月 11 日，政务院（今国务院）公布了《关于修订高等学校领导关系的决定》，对中华人民共和国成立后的高校领导关系进行修订。

根据《关于高等学校领导关系的决定》的有关规定，首先，在高等教育发展的院系调整时期，全国各种类型的高等学校都面临着分离、合并、独立、新设、改制等问题，同时，要求各类型的高等学校均要在 1952 年秋季开学后使用苏联的教学计划与教学大纲，所以高等教育可谓百废待兴、千头万绪。为了加强对高等学校的管理，国家决定在 1953 年 1 月成立专门的高等教育部（1966 年 7 月，高等教育部并入教育部），负责领导全国的高等学校和中等专业学校，高等师范学校和中等师范学校则由中央教育部（今中华人民共和国教育部）领导与管理。

其次，高等教育部（1966年7月，高等教育部并入教育部）根据国家的教育方针、政策与学制，遵照政务院（今国务院）关于全国高等教育的各项决定与指示，对全国高等学校（军事学校除外）实施统一的领导。同时，国家对高等教育部（1966年7月，高等教育部并入教育部）和中央有关业务部门直接管理高等学校的责任进行了具体划分，综合性大学由高等教育部直接管理；与几个业务部门有关的多科性高等工业学校由高等教育部直接管理，但如果高等教育部认为有必要，可以与某一中央有关业务部门协商，委托其管理；由某一业务部门或主要由某一业务部门培养干部的单科性高等学校可以委托中央有关业务部门负责管理，但如果有关业务部门因实际困难不能接收委托时，应由高等教育部管理；对某些高等学校，高等教育部及中央有关业务部门认为直接管理暂时有困难时，得委托学校所在地的大区行政委员会（今行政委员会）或省、市人民政府或民族自治区人民政府负责管理。

再次，高等教育部（1966年7月，高等教育部并入教育部）在1954年10月5日印发了《关于重点高等学校和专家工作范围的决议》（以下简称《决议》），根据《决议》的有关规定，将中国人民大学、北京大学、清华大学、哈尔滨工业大学、北京农业大学、北京医学院6所高等学校列为"全国性重点学校"。高等教育部希望通过重点学校的建设完成3个方面的任务：一是培养高水平的建设人才和科学研究人才；二是为高校培养师资力量；三是成为其他高等学校的表率。

在院系调整时期，中央政府将高等学校（包括中等专业学校）的领导权和直接管理权全部收归高等教育部（1966年7月，高等教育部并入教育部）或中央各有关业务部门，规定只有高等教育部才有对高等学校的领导权，而其他部门只有在高等教育部委托下拥有对所属高等学校的管理权，说明当时中央对高等教育的指导政策是加强统一集中管理。至此，高等教育部、中央各有关业务部门对高等学校（包括中等专业学校）的条块管理的高等教育管理体制初步形成。

三、大跃进时期的高等教育政策（1956—1960）

经过院系调整，权力集中的高等教育管理体制已经初步形成，高等教育部（1966年7月，高等教育部并入教育部）、教育部及中央相关业务部门几乎拥有所有对高等学校的权力，高等学校完全成为政府教育行政机关的下属单位。这种状况到1958年"大跃进"时期发生了一些变化，中央部门把管理高等学校的一部分权力下放到了地方，由于受到工业领域"大炼钢铁"和农业领域"农产品产量放卫星"的影响，在全国上下各行各业齐步"大跃进"的环境之下，高等教育也得到了"飞速发展","大跃进"不但在经济方面造成了巨大的浪费，而且也对高等教育的发展造成了一定的阻碍。

第一，继续加强共产党对高等学校的领导。院系调整完成之后，共产党主要通过以下几个方面的措施加强党对高等学校的领导：一是抽调得力干部到各个高等学校任职。1957年8月5日，中央同意中央组织部、宣传部的《中共中央同意中央组织部、中央宣传部关于为抽调干部加强大、中学校及科学研究机关的领导向中央的报告》（以下简称《报告》）。根据报告的规定，国家下决心抽调一批优秀干部充实高等学校，加强党对高等学校的领导，计划先从中央党政机关抽调1 000名左右的优秀干部到高等学校和其他一些文教单位工作（其中司局级以上干部200人，其余为中层领导骨干）。在《中共中央、国务院关于教育工作的指示》中，党中央进一步要求各省、市、自治区，"为了加强党在教育事业中的领导，各级党委要输送一批干部到教育机关和学校中去"。以浙江省为例，从1957年第四季度开始，中央和省委陆续抽调了200多名干部到浙江大学，使学校干部总数几乎增加了一倍，后来又调入近200名人民解放军复员人员，使学校教师队伍发生了重大变化。二是在知识分子中发展党员。1957年6月28日，中共中央发布《关于在一两个月后吸收一批高级知识分子入党的通知》（以下简称《通知》）。根据通知的有关规定，各级党委要认识到在知识分子，特别是在高级知识分子中发展党员的重要性，共产党要向知识分子开门，而不是向他们关门。三是高等学校中很多具体的权力要由党员干部管起来。陆定一在1958年6月10日的全国教育工作会议上发表讲话认为，党委对高等学校很多具体事务都没有发言权，希望能够有所改善。总之，加强党对高等学校的领导，就是要把这些高等学校的学术权力从资产阶级专家手中夺过来，由高等学校的党员干部掌握。

第二，管理权限下放。从中华人民共和国成立到"大跃进"前夕，我国的高等学校政策的总趋势是加强党和政府对高等学校的领导权，是一个向上收权的过程。这种对大学加强管理的趋势在1958年年初出现了松动的迹象，1958年2月，成立了5年的高等教育部与教育部合并。陆定一在1958年4月15日全国教育工作会议上发表讲话，强调了中央关于下放教育管理权限的政策，并就中央和地方在教育事业发展中各自的作用和分工做了说明："中央教育部（今中华人民共和国教育部）要在党中央的领导下，对全国教育事业起平衡、调节作用……地方党委则要跟抓生产一样抓教育工作"。1958年6月，中央召开了本年度第二次全国教育工作会议，陆定一指出，"全国227所高等学校，下放了192所，中央各部只留了35所，教育部留6所……其他各部也留个把……为的是要搞尖端，搞提高，统统都下放，不利。"陆定一还在会议上传达了刘少奇的指示："教育部管什么？不管什么？如放假，河南、东北、广东可以有不同的放假办法。这类问题，中央教育部就不要去管，让地方去管，应当允许各省市有自己的特点……当然要定一个总目标，其他许多问题如毕业生分配、系科设置等则让各省、市去定。各省、市现在有很大权力，办什么学校都行，可是要以自力更生为主，外面帮助为辅。是否可以规定三年，至迟五年内各省、市、自治区在招生问题上做到自力更生……中央教育部门要搞尖端科学，要定指标、任务、政策，交流经验"。[4]1958 年 8 月 4 日，中共中央、国务院发布《关于教育事业管理权力下放问题的规定》，对两次全国教育工作会议上陆定一代表中共中央确定的"教育管理权限下放"的基调做了更为具体化的规定。根据该规定，教育管理权限下放的目的是为了充分发挥各省、市、自治区举办教育事业的主动性和积极性，根据中央集权和地方分权相结合的原则加强地方对教育事业的领导管理。1958 年 7 月 28 日，中央教育部（今中华人民共和国教育部）发布《关于交接下放高等学校的通知》，根据该通知的有关规定，应将相关的教育部直属高校下放给各省、市、自治区，请各校或省教育厅（局）与省、市人民委员会办理移交手续。至此，对高等学校进行集中管理的体制开始向中央集权与地方分权相结合的体制过渡，省、市、自治区拥有了对高等学校的管理权。

第三，确定"党委领导下的校务委员会负责制"为高校的领导体制。陆定一在 1958 年 4 月召开的全国教育工作会议上强调要加强党对高等学校的领导。经过两个月的研究与讨论，在同年 6 月份召开的本年度第二次全国教育工作会议上，陆定一强调实行党委领导下的校务委员会负责制。在这次教育工作会议上，时任中央宣传部副部长的张际春发表讲话指出，"一个是学校要有一个相当的能够进行领导的党委；另一个是要有一个健全的校委会。校委会要有相当的权力。系的领导要加强。这就要求重新调整干部，要做好组织上的安排，不然的话，党委就要同校委会脱节。"[5] 1958 年 9 月，中共中央、国务院发出《关于教育工作的指示》（以下简称《指示》）。根据指示的规定，一切教育行政机关和一切学校，应该受党委的领导，在一切高等学校中，应当实行学校党委领导下的校务委员会负责制，一长制容易脱离党委领导，所以是不妥当的。

第四，高等教育界的"大跃进"。1958 年年初，国家制订了"国民经济计划草案"，从招生人数上看，国民经济计划草案原计划 1958 年招生 10.9 万人，但是陆定一在 1951 年 6 月 10 日的全国教育工作会议上指出，按第一本账是 14.8 万人，按第二本账是 20 万人出头（当年高中毕业生只有 20 万人）。根据《指示》的规定，应该大力发展中等教育和高等教育，争取在 15 年左右的时间内基本上做到使全国青年和成年，凡是有条件的和自愿的，都可以受到高等教育。

在中共中央、国务院、中央宣传部的指示与号召下，中国的高等教育"快速"驶入"大跃进"的轨道，当时高等教育"超规模"发展的状况如表3-4所示。

年　份	高校数	增速	学生数	增速	高校招生数	增　速	高中毕业生数	增　速
1957	229		441181		105581		18.7万	
1958	791	245.4%	659627	49.5%	265535	151.5%	19.7万	5.4%
1959	841	6.3%	811947	23.1%	274143	3.2%	29.9万	51.8%
1960	1 289	53.3%	961623	18.4%	323161	17.9%	28.8万	−3.7%

第五，制定了高度集权的高校教师职称评定文件。1960年2月16日，国务院颁布《关于高等学校教师职务名称及其确定与提升办法的暂行规定》，正式确定了中华人民共和国成立以来高校教师的职称及晋升制度。该规定明确了我国高等学校教师的职务名称分为教授、副教授、讲师、助教四级，并规定了每个级别的任职条件。《关于高等学校教师职务名称及其确定与提升办法的暂行规定》是中华人民共和国成立以来第一个高等学校教师职称评定方面的具有法律效力的政策文件。由此可见，在教师的职称评定方面，作为学术机构的高等学校，仅有评定助教与讲师的权利，而副教授的批准权在省级教育行政机关，教授的批准权在中央教育部（今中华人民共和国教育部）。

四、调整时期的高等教育政策（1961—1965）

经过了"大跃进"时期违反规律式的"超高速"发展，进入20世纪60年代以后，国家的发展全面进入困难时期，政府不得不在国家建设的各个领域采取"调整、巩固、充实、提高"的政策，高等教育也不例外。

第一，大幅减少高等学校的数量并控制学校的招生规模。调整时期的政策是压缩城市人口，支援农村建设，教育事业不能占用过多劳动力，有控制地发展。以北京市为例，1960年年底的全国教育工作会议上，时任中宣部副部长的张继春指出，北京市90所大专学校将减少到51所，有的摘下牌子，有的合并，有的由向外招生改为向内招生。[6] 1961年8月10日，教育部印发《全国高等学校及中等学校调整工作会议纪要》（以下简称《纪要》）。根据《纪要》有关规定，1961年全国高等学校将由1 251所调整为800余所，并规定了以下调整原则：一是在省市自治区范围内，凡性质相同的新建学校需要合并的，尽量撤销大中城市的学校，将它们合并到中小城市的高校去；二是工科院校以大区为单位，按照本地区的情况，兼顾中央与地方的需要进行统筹安排，尽量减少不必要的重复；三是全日制高等学校要控制发展，着重提高质量，所以今后要大力发展函授业余学校。经过调整时期的大幅度调整，我国高等学校的数量已减少三分之二（1965 年为 434 所）。在大幅度减少高校总数的同时，各类学校的办学规模得到了有效控制。以北京市为例，根据《关于北京地区高等学校及中等专业学校调整工作的报告》，预计 5 年期间之内，北京市高等学校学生总规模控制在 15 万人左右，根据《全国高等学校及中等学校调整工作会议纪要》，确定 1961 年全国高校计划招生 16.23 万人，实际招生 16.9 万人，与 1960 年的 32.31 万人相比，有了较大幅度的减少。在 1961 年现有的 800 余所高校中，1961 年只安排 652 所高校招生，其他 150 余所暂时不安排招生。计划 3 年内全国高等学校每年招生 16 万~18 万人，在校学生数将由 1960 年的 96.2 万人，压缩到 1963 年的 75 万人左右，减少 22%。

第二，1961 年 9 月，中共中央批准试行《教育部直属高等学校暂行工作条例（草案）》（以下简称"高教 60 条"）。1961 年 9 月 15 日，中共中央发布《关于讨论和试行教育部直属高等学校暂行工作条例（草案）的指示》（以下简称《指示》），根据《指示》的规定，要求在教育部直属的 26 所高等学校中讨论与试行"高教 60 条"，并在全国其他高等学校中进行讨论，并由主管部门自行决定是否试行。《指示》在肯定全国解放 12 年来在高等教育战线上取得的巨大成绩的基础上，也客观地检讨了 1958 年以来所发生的诸如招生数量发展过快、一些学校忽视了与党外知识分子的团结合作、劳动过多、科研过多、社会活动过多等缺点与不足。"高教 60 条"包括总则、教学工作、生产劳动、研究生培养工作、科学研究工作、教师和学生、物资设备和生活管理、思想政治工作、领导制度和行政组织、党的组织和党的工作这 10 章，共 60 条内容，俗称"高教 60 条"。

第三，1963 年 6 月 26 日，中共中央、国务院颁发《关于加强高等学校统一领导、分级管理的决定（试行草案）》（以下简称《决定（试行草案）》）。根据该《决定（试行草案）》，国家进一步明确了对高等学校实行中央统一领导、中央和各省（市、自治区）两级管理的体制，对中央教育部（今中华人民共和国教育部）、中央各部委和各省（市、自治区）对高等学校的管理职责进行了详细规定；各中央局代表中央对大区内高等教育工作进行经常性的监督和检查，各省、市、自治区党委应该加强对本地区高等学校的领导。

该《决定（试行草案）》的颁布与实施更加强化了中央和省两级管理高等教育事业的管理体制，并加强了中央教育部（今中华人民共和国教育部）及各业务部门的统一领导权。这是对 1958 年 8 月 4 日中共中央、国务院颁布的《关于教育事业管理权力下放问题的规定》做出的政策调整，将一部分管理高等学校的权力由地方收归中央，并将一些地方管理的高等学校收归中央各部门直接管理，有 15 所地方高等学校由各省、市、自治区收归中央业务部门管理。

五、"文化大革命"前期的高等教育政策（1966—1971）

第一，1966 年 7 月 23 日，高等教育部与教育部合并为教育部；同年 9 月，高等教育部、教育部及其所属单位的业务工作随着"文化大革命"的开展，工作先后陷于停顿，各地教育行政机关也出现了类似情况。

第二，高等学校各种招生工作被迫停止。1966 年 6 月 13 日，根据中共中央、国务院发布的《关于高等学校招生工作推迟半年进行的通知》，鉴于目前大专学校和高中的"文化大革命"正在兴起……决定 1966 年高等学校招收新生工作推迟半年进行，此后，高等学校的招生工作停止长达 6 年之久（1970 年和 1971 年曾试点招收过工农兵学员）。6 月 27 日，原高等教育部发布《关于暂停 1966 年、1967 年研究生招生工作的通知》，决定暂停高等学校研究生招生工作，这一工作今后如何进行，另行通知，此后，研究生招生工作停止了长达 12 年之久。6 月 30 日，原高等教育部发布《关于推迟选拔、派遣留学生工作的通知》，决定推迟留学生的派遣工作，7 月 2 日又宣布停止接收来华留学生的工作，此后，派遣留学生工作停止了 6 年，接收来华留学生工作停止了 7 年。1966 年 7 月 24 日，中共中央、国务院又发布《关于改革高等学校招生工作的通知》，该通知指出，新中国成立以来，高等学校的招生办法虽不断地有所改进，但是基本没有跳出资产阶级考试制度的框架，必须彻底从以下方面进行改革：一是大学生将来毕业以后，必须服从国家分配，可以分配当技术人员、干部、教员，也可以分配当工人、农民，国家分配做什么就做什么；二是根据中央关于领导体制适当下放，充分发挥地方积极性的精神，从 1966 年起，招生工作下放到省、市、自治区办理，教育部负责编制各高等学校招生计划和检查各地贯彻执行中央的方针政策及完成招生任务的情况；三是从 1966 年起，取消高等学校招生考试制度，实行推荐与选拔相结合的办法，推荐与选拔工作应在当地党委的统一领导下，采取群众路线的方法进行，首先由中学把符合一定条件（政治条件、身体条件、中学成绩等）的学生推荐出来，然后由县委或市（区）委组织的招生委员会进行审查，最后集中到省、市、自治区，在党委的统一领导下，由高等学校统一招生委员会按照基层党委和中学的推荐意见，并参考学生的志愿择优录取；四是高等学校选拔新生，必须坚持政治第一的原则，应贯彻党的阶级路线，对于工人、贫下中农、革命干部、革命烈士子女以及其他劳动人民子女，凡是合乎条件的，应该优先选拔进入高等学校，至于剥削阶级家庭出身的应届高中毕业生，一定要经过严格审查，对于那些在政治上确实表现好的，也允许挑选适当数量的人升入高等学校。

第三，对教育部实行军事管制，派工人阶级毛泽东思想宣传队（工宣队）进驻高等学校。对于教育部而言，1967 年 7 月 27 日，中共中央、国务院、中央军委、中央"文革"小组发出通知，决定对教育部实行军事管制，成立军事管制小组，朱奎任组长，渠维瑛任副组长，1969 年 5 月 21 日，由刘鸿益接替朱奎任组长职务。

第四，将大部分高等学校下放到地方，由省、市、自治区革委会领导。1966 年 7 月 24 日，中共中央国务院发布《关于改革高等学校招生工作的通知》，规定："自本年度起，高等学校招生工作下放到省、市、自治区办理，教育部只负责编制招生计划并检查各地完成招生任务的情况"。由于 1966 年以后的五年中，高等学校的招生工作处于停滞状态，《关于改革高等学校招生工作的通知》并未起到作用。1969年 10 月 26 日，中共中央发布《关于高等院校下放问题的通知》，规定："国务院各部门所属的高等学校，设在北京市的，仍归各有关部门领导；如果搬到外地，可交由当地省、市、自治区革委会领导；与厂矿结合办校的，也可由厂矿革委会领导；设在其他地方的，交由当地省、市、自治区革委会领导。教育部所属高等院校（包括函授学校），全部交由所在省、市、自治区革委会领导。高等学校在本校所在省、市、自治区以外设有分校或教改机构的，则实行以总校为主，当地革委会为辅的双重领导"。据此，原中央各部委所属的高等学校大都下放地方领导。据 1971 年 7 月全国教育工作会议材料，原中央部属的 131 所高等学校中，除第二至第六机械工业部所属军工院校实行部门与地方双重领导之外，归中央部门领导的高校只有 6 所。

六、"文化大革命"后期高等教育政策（1972—1977）

第一，高等学校开始试点招收工农兵学员，并在全国高校推开。1970 年 6 月 27 日，中共中央对《关于北京大学、清华大学招生（试点）的请示报告的批示》做出批示，指出各地在安排高等学校招生工作时，可参考该批示，结合本地区具体情况办理，该批示标志着高等学校的招生工作开始恢复。北京大学、清华大学计划招生 4100 名，其中北京大学 26 个专业招生 2000 名，清华大学 37 个专业招生 2100 名。招生条件为政治思想良好，具有 3 年以上实践经验，年龄在 20 岁左右，有相当于初中以上文化程度的工人、贫下中农、解放军战士和青年干部，而对于一些有丰富经验的工人、贫下中农则不受年龄和文化程度的限制。1970 年 10 月 15 日，国务院电报通知，全国各高等学校招生工作，按照中央批示中的意见进行。1970 年全国高等学校共招生 41870 人。至此，全国高等学校的招生工作以推荐的形式逐渐恢复，到 1977 年正式恢复统一高考之前的这个时期的大学生俗称工农兵学员，1970 年至 1977 年我国高等学校学生规模如表 3–5 所示：

表3-5　1970年—1977年我国高校学生规模一览表

年　　份	1970	1971	1972	1973	1974	1975	1976	1977
招生数	41 870	42 420	133 553	150 000	165 000	191 000	2 170 002	273 000
学生数	47 815	83 400	193 719	313 645	429 981	500 993	564 715	625 319

注：其中1977年招生中的绝大多数是恢复统一高考后正式录取的学生，少数为工农兵学员。

　　第二，由原国务院科教组履行教育部职责。"文化大革命"开始以后，高等教育部与教育部合并成为教育部，教育行政管理的职能由中央"文革"小组与各地革命委员会所替代。1970年7月，根据周恩来总理的提议，成立国务院科教组，主管原教育部和国家科学委员会的工作，教育部被正式撤销。由李四光任科教组组长，刘西尧、迟群任副组长。1971年4月29日，科教组组长李四光逝世，由刘西尧担任组长。1973年8月，科教组所属科技一组、二组划归科学院，科教组专管教育工作。直到1975年1月17日四届人大一次会议，正式撤销科教组，恢复教育部，由周荣鑫担任教育部部长，国务院科教组才完成了其历史使命。

　　第三，继续对全国高等学校进行调整。1971年1月21日至22日，国务院科教组邀请参加全国计划会议的各省、市、自治区和中央有关部门负责人座谈全国高等学校调整问题，根据会议讨论意见，原国家计委、国务院原科教组于1971年1月31日向国务院提出《关于高等院校调整问题的报告》，提出了本次高等学校调整的原则：工科院校一般予以保留，农科、医科、师范多数予以保留，少数拟改为中等专业学校或合并，综合大学一般先保留下来，政法、财经民族院校拟多撤销一些。该报告经修改后在4月召开的全国教育工作会议上进行讨论，确定将全国原有的417所高等学校，保留309所，合并43所，改为中等专业学校17所，改为工厂3所，增设7所，撤销中国人民大学、中国医科大学、北京政法学院（今中国政法大学）、北京对外贸易学院（今对外经济贸易大学）、上海财经学院（今上海财经大学）、暨南大学、华侨大学、中南民族学院（今中南民族大学）等高等学校45所。在1971年8月13日中共中央批转的《全国教育工作会议纪要》上，同意"调整方案，会后继续试行"，经过这次调整，全国实际保留的高等学校有328所。

　　1972年后半年以后，一些被撤销或停办的高等学校得以恢复，1972年8月30日，国务院原科教组通知各省、市、自治区革命委员会，对于上年全国教育工作会议上确定的院系调整方案，"需要试行一段时间以后再视情况加以调整"，并恢复苏州蚕桑专科学校（1995年并入苏州大学）、武汉师范学院（今湖北大学）2

所高等学校。1972 年 10 月 18 日，恢复北京语言学院（今北京语言大学），复校后的任务主要是负责来华外国留学生的汉语预备教育，我国出国留学生的短期外语培训教育以及出国师资的培训等。1973 年 3 月 17 日，国务院原科教组发出通知："批准恢复北京财贸学院（今首都经济贸易大学）、北京广播学院（今中国传媒大学）、北京师范学院（今首都师范大学）、江西中医学院（今江西中医药大学）、江西大学（今南昌大学）、云南民族学院（云南民族大学）、西北民族学院（西北民族大学）和成都体育学院"，同年还恢复了黑龙江建设兵团农垦大学（今黑龙江八一农垦大学）、山西财经学院等高等学校。1974 年 6 月 4 日，国务院原科教组发出通知，批准恢复和新建天津外国语学院（今天津外国语大学）、天津财经学院（今天津财经大学）、四川农学院（今四川农业大学）、西南民族学院（西南民族大学）、贵州民族学院（今贵州民族大学）、西安公路学院（2000 年并入长安大学）、蚌埠医学院、皖南医学院、广州体育学院、湖南林学院（今中南林业科技大学）、云南工学院（1999 年并入昆明理工大学）、浙江师范学院等 27 所高等学校。1974 年还恢复和新建了山东大学、曲阜师范大学、湘潭大学、广东民族学院（今广东技术师范大学）、西藏民族学院（今西藏民族大学）、浙江中医学院（今浙江中医药大学）等，撤销了山东科技大学（原山东大学理科留在济南的部分）。

从新中国成立到改革开放前夕，我国的高等教育事业在艰难中前行，在曲折中奋进，逐渐形成了具有中国特色的高等教育体系。随着时代的进步，终于迎来了改革开放的伟大时代，高等教育政策也在这个伟大时代中继续发展与进步。

参考文献

[1][2][3][4][5][6][7] 何东昌 . 中华人民共和国重要教育文献（1949–1975）[M].
北京：新世界出版社，2010.

第四章 改革开放初期(1976—1984) 高等教育政策的演变

一、时代背景

1976 年 9 月 9 日，中华人民共和国的缔造者、新中国成立以后中国共产党第一代领导集体的核心人物毛泽东逝世，华国锋成为当时党和国家的领导人。1976年 10 月 6 日，中共中央在华国锋、叶剑英、李先念、汪东兴等人的领导下，对极"左"的代表人物实施强制措施，在政治上宣告了"文化大革命"十年内乱的结束。1977 年 7 月 16 日至 21 日，中共中央召开了十届三中全会，恢复了邓小平的一切职务。1977 年 8 月，中国共产党第十一次代表大会召开，华国锋代表党中央作了政治报告，叶剑英作了《关于修改党章的报告》，邓小平致闭幕词。1978 年5 月 11 日，《光明日报》发表特约评论员文章《实践是检验真理的唯一标准》，文章引起了全国范围内关于"真理标准"问题的大辩论，越来越多的人（包括从中央到地方的各级领导人）表示支持这篇文章的观点。[1]政治及舆论大环境正在悄悄地发生着变化，1978 年 12 月 18 日至 22 日，中国共产党第十一届三中全会在北京召开，这次会议标志着中国开始正式走进改革开放的新时代。

二、该时期高等教育的相关政策及其影响

1. 批判"张铁生白卷英雄"事件，预示着高等学校招生不重视文化课水平的时代将成为历史

在 1971—1973 年特殊的政治大环境下，高等学校在招生工作上一度开始重视对推荐的工农兵学员的文化素质水平的考核，在 1973 年高等学校招生工作中要求"在群众推荐、政审合格的基础上重视文化程度，进行文化考查，了解推荐对象掌握基础知识的情况和分析、解决问题的能力，保证入学学生具有相当于初中毕业以上的实际文化程度，同时也要防止'分数挂帅'现象的发生"。但是，在 1973年 7 月，就出现了"白卷英雄"事件，即当时在《辽宁日报》发表，又被《人民

日报》等多家报纸转载的文章——《一份发人深省的答卷》，该事件使得只实行了一次的高等学校招生的文化考查再次被终止。1976 年 11 月 30 日《人民日报》发表了一篇文章，对"张铁生白卷事件"进行了深入批判，预示着高等学校的招生将由"推荐政审制"向重视文化课转变。[2] 一年以后，高等学校入学考试制度正式恢复。

2. 重视自然科学基础理论问题，标志着高等学校忽视理论教学与研究的做法将成为历史

粉碎"四人帮"不久，教育部就组织撰写了文章《一场围绕自然科学基础理论问题的政治斗争》，发表在 1977 年 1 月 16 日的《光明日报》上。该文章重提了高等教育界曾经出现的"重视基础理论研究"的事情：1972 年 10 月 6 日，受周恩来总理的指示，时任北京大学革委会副主任的周培源教授在《光明日报》上发表了《对综合大学理科教育革命的看法》的文章，呼吁高等学校要重视基础理论的研究。教育部撰写的文章，标志着此后的高等学校将逐步重视基础理论的教学与研究工作。[3]

3. 重视知识分子的作用，标志着知识分子政策将由以改造为主逐渐转向团结、使用、信任

早在革命战争年代，毛泽东就指出："没有知识分子的参加，革命的胜利是不可能的。"[4]1957 年，毛泽东也说过："我们的国家是一个文化不发达的国家。五百万左右的知识分子对我们这样一个大国来说，是太少了。没有知识分子，我们的事情就不能做好，所以我们要好好地团结他们。"[5] 同时，他又认为，"许多所谓知识分子，其实是比较地最无知识的，工农分子的知识有时倒比他们多一点"。[6] 所以，新中国成立以来，中国共产党对知识分子的政策是"团结、教育、改造"，这篇文章的刊登预示着党的知识分子政策将转向以团结为主。

1977 年 5 月 24 日，王震、邓力群去看望尚未恢复职务的邓小平，在这次会谈中，邓小平指出："我们要实现现代化，关键是科学技术要能上去，发展科学技术，不抓教育不行。……，抓科技必须同时抓教育，从小学抓起，一直到中学、大学。……，办教育要两条腿走路，既注意普及，又注意提高。要办重点小学、重点中学、重点大学。要经过严格考试，把最优秀的人集中在重点中学和大学。……，一定要在党内造成一种空气——尊重知识，尊重人才。要反对不尊重知识分子的错误思想。不论脑力劳动、体力劳动，都是劳动。从事脑力劳动的人也是劳动者。……，要尊重知识，重视从事脑力劳动的人，要承认这些人是劳动者。"[7] 在 1977 年 7 月中旬召开的中国共产党十届三中全会上，恢复了邓小平的一切职务，并主要负责科教工作，1977 年 8 月，主持召开"科学和教育工作座谈

会"，邀请了在科学、教育工作一线的科学家进行座谈，邓小平在座谈会上发言，认为"我国的知识分子绝大多数是自觉自愿地为社会主义服务的，反对社会主义的是极少数，对社会主义不是那么热心的也只是那么一部分"。关于"改造"的问题，邓小平认为，每个人，包括工人、农民、知识分子在内，都需要继续改造。

4. 恢复高考，标志着高等学校招生工作转入正轨

对于恢复高考，邓小平在他还未恢复工作时就谈过自己的观点，1977年5月，他与王震、邓力群谈话时就说过："要经过严格考试，把最优秀的人集中在重点中学和大学。"[8]1977年7月29日，主管科技和教育工作的中共中央副主席邓小平在听取中国科学院负责人方毅和教育部部长刘西尧的工作汇报时，提出要于近期召开一个"科教工作座谈会"，为了能听得到科教工作者的真实心声，邓小平同志对参加座谈会的人员提出了以下要求：敢说真话，有见地，不是行政人员，在自然科学方面有才学，与"四人帮"没有牵连。中国科学院和教育部选择了33位专家参加座谈会，其中科学院系18人、高校15人，分别是中国科学院吴文俊、马大猷、郝柏林、钱人元、严东生、张文佑、黄秉维、王守武、高庆狮、许孔时、邹承鲁、张文裕、童第周、叶笃正、汪猷、王大珩，中国农业科学院金善宝，中国医学科学院黄家驷，北京大学周培源、沈克琦，清华大学何东昌、潘际銮，复旦大学苏步青，吉林大学唐敖庆，武汉大学查全性，上海交大吴健中，南开大学杨石先，天津大学史绍熙，南京大学苗永宽，西安交大程逎晋，华北农大沈其益，中山医学院宗永生，中国科技大学温元凯。其中，年龄最大的是82岁的小麦育种专家金善宝，最小的是31岁的化学键理论研究者温元凯。在这次座谈会上，来自武汉大学的查全性副教授发言，强烈要求必须立即改进大学的招生办法，引发了热烈讨论。吴文俊、王大珩、邹承鲁、汪猷等纷纷发言，赞同查全性的意见，建议党中央、国务院下大决心，宁可今年招生晚两个月，也要对现行招生制度进行大的改革。1977年6月，教育部召开了"1977年全国高等院校招生工作会议"，当年的"高等院校招生办法"与往年相比已经实现了三个方面的突破：一是明确规定普通高校招生一般要有高中毕业或相当于高中毕业的文化水平；二是决定试招应届高中毕业生4000到1万人直接上大学；三是强调重视文化程度，对考生要进行文化考查。但是，招生的方式依然沿袭"文化大革命"期间"自愿报考，群众推荐，领导批准，学校复查"的原则。教育部《关于高等院校招生的报告》于1977年8月4日上报国务院。在"科教工作座谈会"上，邓小平问刘西尧，今年恢复高考还来得及吗？刘西尧部长回答，只要收回递交给国务院的《关于高等院校招生的报告》，推迟高考就来得及，邓小平同志当即决断，既然来得及，就坚决改，把原来写的招生报告收回来，根据大家的意见重新写，下决心直接从高中毕

业生中招生，不要再搞群众推荐。根据邓小平的意见，教育部很快上报了《关于推迟招生和新生开学时间的请示报告》，决定将高等学校和中专的招生推迟至第四季度，新生次年2月底入学。1977年8月18日，这份报告得到了当时党中央各位主席的圈阅同意。教育部于1977年8月中下旬在北京召开本年度第二次全国高等学校招生工作会议，各部委、各省市、高等院校的代表80多人参加了会议，由于当时"文革"刚刚结束，长期形成的思维惯性依然存在，对于是否取消群众推荐、恢复高考的问题依然有很大分歧，长时间议而未决，在邓小平同志的努力下，直到10月5日，中央政治局才讨论通过了关于高等院校招生的文件，10月12日，国务院批转了《关于1977年高等院校招生工作的意见》，规定从1977年起，高等学校招生制度进行改革，恢复统一考试制度，招生办法是：自愿报名，统一考试，地、市初选，学校录取，省、市、自治区批准；要求招生对象要具有高中毕业或相当于高中毕业的文化水平。在邓小平同志的主张之下，修改了原来政审时注重家庭出身的要求，主要看个人表现，这使得许多因家庭出身问题不能上大学的青年学子有了读书的机会。本年度共有570万人报名参加高考，最终录取27.3万人。

5. 工人阶级毛泽东思想宣传队撤出高等学校

1977年9月19日，邓小平与教育部原部长刘西尧谈话时，批评教育部在工作上没有主动性，"至少说明你们胆子小，怕又跟着我犯'错误'"。在谈到工宣队的问题时，邓小平指出："工宣队问题要解决，他们留在学校也不安心。军队支左的，无例外的都要撤出来。学校里这些问题不解决，扯皮就扯得没完没了。"1977年10月14日，教育部向国务院、中共中央提出了教育部党组《关于工宣队问题的请示报告》，认为工宣队已经完成了"在特定条件下党交给的特殊任务，现在撤出学校已经不会削弱学校党组织的领导力量了"，而对于工交战线来说，"学校工宣队员回去后，将给工交战线增加一大批生力军"。中共中央的批示是："随着第一次无产阶级文化大革命的胜利结束和党的十一大以来形势的发展，各级党委都很重视教育革命和加强了党对学校的领导。现在从学校撤出工宣队，已不影响无产阶级教育事业的发展"。至此，从"文化大革命"开始进入高等学校、肩负着加强高等学校党的领导的工宣队成为历史。高等学校的工人阶级毛泽东思想宣传队现象，不仅是在中国高等教育发展历史上首次出现，在世界高等教育历史上也绝无仅有。

6. 一批教授、副教授等专家、学者被任命为高等学校校、系或研究所的负责人

经过"大跃进""反右"及"文化大革命"等运动，我国高等学校普遍存在

外行领导内行的现象。粉碎"四人帮"以后，随着毛泽东思想工人阶级宣传队撤出高等学校，中共中央、国务院任命了一批国内外著名的专家学者出任各个重点高等学校的校（院）长，使得"外行领导内行"的状况得到了很大改善，1978—1979年出任部分高等学校校（院）长的知名人士如表4-1所示：

表4-1　1978年—1979年出任高校负责人的知名人士一览表（部分）

学校	校长及其专业
北京大学	周培源（物理学）
清华大学	刘达（教育家）
复旦大学	苏步青（数学家）
上海交通大学	朱物华（电子学）
华东师范大学	刘佛年（教育学）
同济大学	李国豪（桥梁工程力学）
浙江大学	钱三强（核物理学家）
吉林大学	唐敖庆（理论化学）
南京大学	匡亚明（教育家）
华中科技大学（华中工学院）	朱九思（高等教育学）
华中农业大学（华中农学院）	陈华癸（土壤微生物学）
沈阳农业大学（沈阳农学院）	陈恩凤（土壤）
东华大学（华东纺织学院、中国纺织大学）	钱宝钧（纤维化学）
上海第一医学院	石美鑫（医学）
武汉水利水电学院	张瑞瑾（水利专家）
山东大学	吴富恒（英语）
华东石油学院（石油大学）	杨光华（石油化工）
华东水利学院（河海大学）	严恺（水利专家，双院士）
北京体育学院（体育大学）	钟师统（体育活动家，曾任新中国奥委会第一任主席）
中央音乐学院	赵沨（音乐家）

7. 开始为广大知识分子平反和落实政策

对于知识分子问题，邓小平多次强调要尊重知识、尊重知识分子。1977 年 5 月，邓小平同志还没有正式复职，他对两位去看望他的中央领导同志（王震、邓力群）说："一定要在党内形成一种空气——尊重知识，尊重人才。要反对不尊重知识分子的错误思想。不论脑力劳动、体力劳动，都是劳动。从事脑力劳动的人也是劳动者。……要重视知识，重视从事脑力劳动的人，要承认这些人是劳动者。"[9] 在 1977 年 8 月 8 日全国科学和教育工作座谈会上，邓小平又指出："应当肯定 17 年中，绝大多数知识分子，不管是科学工作者还是教育工作者，在毛泽东思想的光辉照耀下，在党的正确领导下，辛勤劳动，努力工作，取得了很大的成绩，特别是教育工作者，他们的劳动更辛苦。现在差不多各条战线上的骨干力量，大都是建国以后我们自己培养的，特别是前十几年培养出来的。如果对 17 年不作这样的估计，就无法解释我们所取得的一切成就了。""我国的知识分子绝大多数是自觉自愿地为社会主义服务的。""要尊重知识，要尊重人才。""知识分子的名誉要恢复"。[10] 在 1978 年 3 月 18 日召开的"全国科学大会"的开幕词中，邓小平同志指出："我们要把尽快地培养出一批具有世界第一流水平的科学技术专家，作为我们科学、教育战线的重要任务。""绝大多数已经是工人阶级和劳动人民自己的知识分子，因此也可以说，已经是工人阶级自己的一部分。"从"政治立场这个基本方面来看，绝大多数科学技术人员应该说是站在工人阶级立场上的。这样的革命知识分子，是我们党的一支依靠的力量"。[11] 在 4 月 22 日全国教育工作会议上，邓小平同志又指出："20 多年来，我们已经建立了一支人民教师的队伍，全国有教师九百万人。绝大多数教职员工热爱党，热爱社会主义，勤勤恳恳地为社会主义教育事业服务，为民族、为国家、为无产阶级立了很大功劳。""我们要提高人民教师的政治地位和社会地位。不但学生应该尊重老师，整个社会都应该尊重老师。"[12]

从 1977 年后半年开始，党和政府开始清理、复查"文化大革命"运动中的各种案件，开始对知识分子进行平反昭雪工作。当时，对广大知识分子影响最大的是"右派"问题，尽管在"文化大革命"以前已经有约 30 万人的"右派"分子的帽子被摘掉，但尚有 20 万人的"右派"帽子未被摘掉。在 1978 年 3 月召开的全国科学大会上，邓小平同志明确指出"知识分子是工人阶级的一部分"，1978 年 4 月，中共中央批转中央统战部、公安部《关于全部摘掉右派分子帽子的请示报告》。1978 年 6 月，中央组织部、中央宣传部、中央统战部、公安部、民政部联合召开摘掉右派分子帽子的工作会议。1978 年 9 月，中共中央批转了五部呈送的《贯彻中央关于全部摘掉"右派"分子帽子决定的实施方案》，并指出：做好摘掉"右派"分子帽子的人的安置工作，落实党的政策，是我国政治生活中的一件大事。这部分人中，不少是有用之才，不要仅从解决他们的生活出路出发，要统筹安排，细致地做好工作，以调动他们的积极性，发挥所长，为社会主义服务。到 11 月中旬，全部完成了摘掉"右派"分子帽子的工作。1978 年 10 月，中央组织部分召开了落实知识分子政策座谈会。时任中共中央组织部部长的胡耀邦同志在座谈会上发表了《为什么对知识分子不再提团结、教育、改造的方针》的讲话，认为知识分子已经成为工人阶级的一部分，对于以旧社会过来的知识分子为主要对象的团结、教育、改造的方针，现在已经不适用了。1978 年 11 月，中央组织部发出《关于落实党的知识分子政策的意见》，以正式文件的形式强调了这种认识，认为对知识分子要充分信任，放手使用，使他们有职、有权、有责。政治上要关心知识分子，要努力改善知识分子的工作条件和生活条件，更好地发挥他们的作用。《关于落实党的知识分子政策的意见》下达后，各地区、各部门开始逐步落实知识分子政策的工作。对受迫害的知识分子的平反昭雪工作和广大知识分子落实政策的工作，极大地调动了广大知识分子的工作热情。

8.高等学校恢复职称评定工作

"文化大革命"开始以后，高等学校的职称评定工作全面停止，这一停就是10 余年。1977 年 9 月，邓小平同志在与教育部原部长刘西尧谈话时指出："科学研究机构已经确定实行党委领导下的所长负责制，并决定恢复科研人员的职称。这是很大的决策，解决了很多重要的问题，会引起震动，会影响到教育、工业等方面。教育部门要紧紧跟上。大专院校也应该恢复教授、讲师、助教等职称。"[13]9 月 18 日，中共中央下发了《关于召开全国科学大会的通知》，该通知认为要抓紧落实知识分子政策，"应当恢复技术职称，建立考核制度，实行技术岗位聘任制，要像保证工人、农民的生产劳动时间一样，保证科研人员每周至少必须有六分之五的业务工作时间"。1978 年 2 月 13 日，教育部向国务院提出《关于高等学校恢复和提升教师职务问题的请示报告》，3 月 7 日，国务院批转了该报告，该报告标志着我国高等学校的职称评定工作在停滞了 11 年之后正式恢复。《关于高等学校恢复和提升教师职务问题的请示报告》规定，在未出台新的职称政策规定之前，按照 1960 年国务院颁发的《关于高等学校教师职务名称及其确定与提升办法的暂行规定》的精神办理职称评定工作，还规定在符合条件提升职称的同时，"对少数确有真才实学，在教学科研方面有重大贡献，或有重大发明创造的教师，可以越级提升"，"原来已经确定提升为教授、副教授、讲师、助教的，一律有效，恢复职称，不须重新办理报批手续"。1960 年的《关于高等学校教师职务名称及其确定与提升办法的暂行规定》规定："确定与提升为教授、副教授、讲师、助教时，由'校务委员会'审查和批准。目前学校的组织形式已经发生了变化，应改为由校（院）党委审批。"1960 年文件规定"教授的提升由教育部批准，现改为由省、市、自治区批准，报教育部备案"，而提升讲师、助教的批准权限，仍根据原规定执行。职称评定工作的恢复既说明高等学校的各项工作逐渐走入正轨，也成为调动广大高等学校教师工作积极性的措施之一。

9. 在高等学校中恢复重点大学制度

1954 年 10 月，高等教育部发布《关于重点高等学校和专家工作范围的决议》，标志着中华人民共和国重点大学制度正式形成。1977 年 5 月，邓小平在和王震、邓力群谈话时指出："办教育要两条腿走路，既注意普及，又注意提高。要办重点小学、重点中学、重点大学。要经过严格考试，把最优秀的人集中在重点中学和大学。"[14]1977 年 8 月 8 日，邓小平同志在全国科学和教育工作座谈会上又强调："在大专院校中先集中力量办好一批重点院校。重点院校除了教育部要有以外，各省、市、自治区和各个业务部门也要有一点。"[15] 1978 年 1 月 27 日，教育部向中共中央、国务院提交了《关于恢复和办好全国重点高等学校的报告》，2 月 17 日，国务院批转了该报告，教育部广泛征求了各省、市、自治区和各部委的意见，提议在原 60 所全国重点高等学校的基础之上，再增加 28 所高校为全国重点高等学校。到 1979 年底，全国共有重点高等学校 97 所（广东化工学院并入华南工学院，撤销大寨农学院）。

10. 调整高等教育的宏观管理体制

中华人民共和国成立以来，中央与地方政府对高等学校的管理制度经过数次调整，到 1963 年 5 月 21 日中共中央、国务院颁布的《关于加强高等学校统一领导、分级管理的决定（试行草案）》为止，"统一领导、分级管理"的高等教育管理体制已经初步形成。1969 年 10 月 26 日，中共中央发出了《关于高等学校下放问题的通知》，规定中央各部委所属的高等学校，除了设在北京的高等学校以外，其余均交由省、市、自治区革命委员会管理，教育部所属高校全部交由地方革委会管理。此后，全国属于中央各部委管理的高等学校仅有 7 所，其余均归地方管理。1977 年 9 月 19 日，邓小平同志与教育部部长刘西尧同志谈话时指出："重点大学搞多少，谁管，体制怎么定？我看，重点大学教育部要管起来。教育部直属重点大学，双重领导，以教育部为主。教育部要直接抓好几个学校，搞点示范。"[16]1978 年 2 月，国务院批转了《关于恢复和办好全国重点高等学校的报告》，对高等教育宏观管理体制问题进行了梳理。国务院在批转意见中指出："为了加强各部委对面向全国和面向地区的全国重点高等学校和非重点高等学校的领导，需要对这些院校的领导体制进行必要的调整。少数院校由有关部委直接领导，多数院校由有关部委和省、市、自治区双重领导，以部委为主。调整领导体制的交接工作，分别由各部委和有关省、自治区、直辖市商办，争取早日完成。"《关于恢复和办好全国重点高等学校的报告》指出，"高等学校的领导体制应根据与面向相适应的原则，进行必要的调整：面向全国和面向地区的全国重点高等学校，少数院校可由国务院有关部委直接领导；多数院校由有关部委和省、自治区、直辖市双重领导，以部委为主。面向本省、自治区、直辖市的全国重点高等学校，原则上由本省、自治区、直辖市领导，有关部委要给予支持。各省、自治区、直辖市和有关部委普遍要求对面向全国和面向地区的非重点高等学校加强部委的领导。对于这些院校，拟参照全国重点高等学校的领导体制，也实行少数院校由有关部委直接领导；多数院校由部委和省、自治区、直辖市双重领导，以部委为主。这样，有利于各有关部委对本行业的高等学校统筹规划，充分发挥有关部委办学的积极性"。1978 年 6 月 19 日至 25 日，教育部在南京召开国务院各部委所属高等学校改变领导体制的交接工作会议，根据中共中央、国务院的指示，一部分重点高等学校和非重点高等学校改为实行国务院有关部委和省、市、自治区双重领导，以部委为主。会议以后，国务院各部委所属高等学校达 160 所，此后，国务院各部委所属高等学校数量又有所增加，到 1980 年，上升为 272 所。

　　1978 年 7 月 8 日，国务院批转了教育部部长刘西尧《在全国教育工作会议上的报告和总结》，刘西尧在该报告中指出："中央已经同意，高等学校的第一把手，应配备省军级干部，今后重点高等学校的校长、院长均由国务院任命，登报公布。……，高等学校应由中央有关部委或省、市、自治区革命委员会直接领导和管理，实行党委领导下的校长分工负责制。……，高等学校实行双重领导，教育部和省、市、自治区教育行政部门领导管理综合大学、多科性工业大学、高等师范学校；工、农、医、财经、艺术、体育等科高等院校，由中央或省、市、自治区有关业务部门为主负责管理。"1979 年 8 月 10 日，教育部修订了 1963 年的《中共中央国务院关于加强高等学校统一领导、分级管理的决定（试行草案）》，9 月 18 日，中共中央批转了对该决定的修订意见并重新颁布，中央认为 1963 年的上述决定"总结了建国后十几年领导管理高等学校的经验，当时试行的效果是好的，现在又做了必要的修改，还是适用的"。此后，国务院各部委和各省、市、自治区对各自所属的高等学校的领导管理关系进行了调整，逐步恢复了"中央统一领导，中央和省、市、自治区两级管理"的领导管理体制。1981 年，全国共有高等学校 704 所，其中由各部委领导管理的 226 所，教育部直接领导与管理的 38 所，由各省、市、自治区领导管理的 440 所。1978 年 10 月 4 日，教育部对于 1961 年 9 月 15 日颁布的《教育部直属高等学校暂行工作条例（草案）》（俗称"高教 60 条"）

进行了修订，并以《全国重点高等学校暂行工作条例（试行草案）》的名称进行发布，在全国讨论与试行。该条例规定："国务院各部委所属重点高等学校，行政上受各部委领导，党的工作受各省、市、自治区党委领导。省、市、自治区所属重点高等学校，行政和党的工作均受省、市、自治区党委领导。"

11. 对高等学校的设立、撤销及升格等权限进行初步改革

中华人民共和国成立以来，高等院校的设立、撤销的权限经历过一系列的变化。1950 年 8 月 14 日颁布的《高等学校暂行规程》和《专科学校暂行规程》规定，大学及专门学院的设立与停办，应由教育部报请中央政务院决定，而专科学校的设置与停办则是由教育部或与其他业务部门协商决定的。1958 年 8 月 4 日颁布的《中共中央、国务院关于教育事业管理权力下放问题的规定》规定，凡能自力更生解决办学问题而新设置的高等学校，由省、市、自治区政府报教育部备案即可，而需要中央教育部或其他部委支援的新建高等学校，须事先报教育部或其他部委批准。调整时期，中央又开始加强对高等学校的管理，由于经济上进入了困难时期，为了渡过难关，在 1960 年年底举行的全国文教工作会议上，中央明确要求各地方调整压缩高等学校的办学规模，并给出减少高等学校的具体数量指标。1963 年 6 月 26 日颁布的《中共中央、国务院关于加强高等学校统一领导、分级管理的决定（试行草案）》，明确规定各省、市、自治区政府在高等学校举办、撤销方面的权限是向中央提出建议，而审核权收归中央教育部。"文化大革命"以后，除 1966 年至 1970 年处于停滞状态以外，高等学校的举办、撤销及合并的权力依然是由各省、市、自治区革命委员会提出建议，由国务院科教组或教育部批准。据《中国教育年鉴》记载，1965 年我国的高等学校数为 434 所，据《中华人民共和国教育大事记（1949—1982）》记载，截至 1970 年年底，高等学校数依然是 434 所（第 436 页）或 417 所（第 437 页）[17]，但是从 1971 年开始，每年都有高等学校的停办、撤销、举办及恢复工作，1971 年 1 月，国务院科教组邀请参加全国计划会议的各省、市、自治区和中央有关部门负责人座谈高等学校调整问题，确定撤销一批政法类、财经类、民族类院校。4 月召开全国教育工作会议，经过会议讨论，确定将原有的 417 所高等学校，保留 309 所、合并 43 所，到 1971 年年底，我国共有高等学校 328 所。另据《中华人民共和国教育大事记（1949—1982）》记载，1972 年 8 月 30 日，国务院教科组向各省、市、自治区革命委员会发出通知："去年（1971）全国教育工作会议上确定的院校调整方案，需要试行一段后，再视情况加以调整。因而各省、自治区要求改建和增设的高等学校，除个别经批准外，一般暂不列入高等学校名单，已招生的学校可先试办。……，经国务院批准，以下放河北省的原国际关系学院为基础创办河北外语专科学校（后又停办），恢复

苏州蚕桑专科学校、武汉师范学院。"[18]

1978 年 4 月 14 日，国务院批转《教育部关于专科学校改为学院审批权限的请示》，规定"今后凡增设或撤销高等学校，包括大学、学院和专科学校，仍应由省、市、自治区革委会或部委报请国务院审批。如专科学校需要改为学院或大学时，建议由省、市、自治区革委会或部委上报国务院，抄送教育部，由教育部代国务院审批。此外，高等学校在科类性质、学制、归属和领导体制等主要方面不变的情况下，只改名称时，如沈阳医学院恢复原名中国药科大学，可由省、市、自治区革委会或部委审批，抄送教育部备案"。

12.《人民日报》刊登 4 位大学领导关于办学自主权的文章

1979 年 12 月 6 日，《人民日报》发表了复旦大学校长苏步青、同济大学校长李国豪、上海师范大学校长刘佛年、上海交通大学党委书记邓旭初等 4 位著名大学负责人对于大学办学自主权的观点的文章，他们一致认为当时对大学的管理权过于集中，要想办好大学，必须扩大高校的自主权。

复旦大学苏步青校长认为："学校的自主权问题，是教育体制的问题，直属教育部的全国重点大学，权力都集中在教育部。学校要请外国学者讲学或者派人出国学习，招收多少学生，开设什么专业等，统统由教育部规定。这样一来，当校长的只要按照上面规定的办就是了。结果是办出来的学校都是一模一样。"对高等学校管理权的高度集中，必然导致学校没有自己的特色。苏校长还认为："中国这么大，学校这么多，什么事都由教育部管是管不好的，为什么不给大学一点自主权呢？"他呼吁，政府要相信大学可以管好自己，"校长可以管好大学"，应该给大学一点自主权，教育部每年对所管辖的重点大学人员的进出、招生人数、经费使用等情况做个计划，放手让大学自己去做就可以了。作为数学家的苏步青校长还认为："现在的大学校长一般都是学者、专家，又在一个学校工作多年，他们熟悉这个学校的情况，完全可以让他们发挥专长，把学校办得很有特色。如果让我这个校长在复旦大学作主的话，在招生考试和教学方面，就不一定完全按照全国统一规定来办。这样，说不定办得更有特色，更有效果。但是，由于学校没有自主权，现在行不通。我觉得，我们党和国家对学者和专家是很重视的，给了我们很高的荣誉和地位，但由于制度还有些缺陷，至今仍不能很好地发挥我们的作用。照现在这样的管理制度，校长的手脚被束缚住，是很难办好学校的。"

同济大学李国豪校长认为，高校没有什么自主权，作为校长，他的权力仅限于教师出差坐飞机报销的签字权，除此之外，"其他没有什么权"，他还举了同济大学在用人、招收研究生和学校基建方面受到上级行政机关掣肘的例子来说明大学在自主权方面所遇到的尴尬情况。李国豪校长还指出当时政府行政机关对大学的管理实际上是一种"科员统治","有些事部长、局长还好商量，就是一些办事人员难通过。什么事都由教育部规定，市里批准，科员把关，还要校长干什么？这种权力过分集中的现象，可以说是几千年的封建社会的残余。重重叠叠的行政机构，有些不是帮助下面出主意，而是制造困难，卡你。这是制度上的问题"。

上海师范大学（今华东师范大学）刘佛年校长认为，要处理好中央、地方和大学三者之间的管理关系，刘佛年校长从国外高等教育管理体制的中央集权制国家和地方分权制国家的改革入手，指出分权制国家的改革方向是加强了一点中央权力，集权制国家的改革趋势就是放权。"从我们的情况来说，问题是集权太多，自主权太少。……，近来自主权有所增加，但是还不够。"他认为，当时政府教育行政机关与高等学校的关系还不仅仅是自主权过于集中的问题，有些该集中的方面还有集中不够的问题。刘佛年校长从用人权、财权、教学科研的管理权三个方面阐述了教育行政机关与高等学校各自应该拥有的权力：第一，在用人方面，我们的校长是上级教育行政机关直接任命的，但最好是由学校选举产生，报上级批准任命，上级教育行政机关可以规定学校的人员编制，搞统一分配，但是，人员的考核、选择、试用的权利应该回归学校，可以允许学校招聘人员；第二，在财权方面，拨款及经费使用的检查权在于教育行政机关，但是经费的具体使用权应该归于学校，年终没有用完的经费不要上缴，可以促使学校精打细算；第三，教学科研的管理权，教育行政部门负责颁发教学计划与教学大纲，而教材的选择与使用权在于学校，这样可以促使教学的多样化。另外，在招生方面，在统一招考的前提下，可以允许某些学校自行招生。在人才培养方面，可以允许学校对优秀学生进行特殊培养，如提前毕业、招进研究生班、送到他校进修等，也可以允许高校之间互换优秀毕业生。刘佛年校长还建议教育部要多采用建议、帮助之类的方法来管理高校，不要只靠行政的手段来管理大学。

上海交通大学党委书记邓旭初认为，教育行政机关对于高等学校来说，"该统的没有统，不该统的统得太死"，"拿教学来说，统一教材，统一大纲，乃至统一习题，要求各校办成一个样；拿经费来说，专款专用，不准机动；拿人事来说，上级不批准，优者进不来，劣者送不走"，这些方面不该统管，应该将权力下放给大学。邓旭初书记还以两个专业的例子来说明有些该统管的又没有统管，如某个专业，与其相关的工业部不管，教育部也不管，结果这个专业搞得半死不活；而起重机专业的师资力量与办学水平都很强，但由于得不到上级的重视而拿不到科研经费，也是难以为继。他认为，对大学的规模、专业设置、教职工编制、学生质量的最低要求等，应由国家统一规定，而其他方面可以给大学自主权。

1980年1月13日，《人民日报》发表了时任政协全国副主席的赵紫阳的文章，认为"要给高等院校一定的自主权"。这一年的4月，赵紫阳出任国务院副总理，9月，出任国务院总理。

13.制定颁布《中华人民共和国学位条例》

1980年2月12日，五届人大第十三次常委会会议通过《中华人民共和国学位条例》，这也是一个具有划时代意义的法规。中华人民共和国成立以前，曾经有过学位方面的一系列的法律法规：1935年4月国民党政府曾颁布过《学位授予法》，同时，其教育部公布了《学位分级细则》；1935年6月公布了《硕士学位考试细则》；1940年，又颁布了《博士学位考试细则》。1949年以后，这些学位法规随着国民党的"伪法统"一起被废除。中华人民共和国成立以后，政府曾数次为建立新型的学位制度讨论、起草，但到80年代初，这些努力一直没有正式结果。第一次是1954年，由时任国务院第二办公室（文教办公室）主任的林枫主持，1954年3月18日，中共中央在中国科学院党组报告的批示中指出："在我国建立学位制度是必要的。""责成科学院和高等教育部提出逐步建立这种制度的办法。"1955年9月，根据中央和国务院的指示，由林枫、张际春等13人组成委员会，开始进行我国学位制度的拟定工作。经过多次讨论和反复修改，于1956年6月拟定了《中华人民共和国学位条例（草案）》。其中规定分23个学科门类授予学位。学位的管理和授予由国务院学位和学衔委员会负责。但由于1957年反右派运动的开展，这个草案没有正式通过。第二次学位制度拟定工作是1961年由时任国务院副总理兼国家科学技术委员会主任的聂荣臻元帅主持开展的，1961年11月，中共中央同意聂荣臻同志提出的"关于建立学位、学衔、工程技术称号制度的建议"。1962年1月，中央科学小组、国家科委党组通知中宣部、教育部、中科院、国家经委、国务院文教办、文化部着手起草。1963年10月，经聂荣臻同志主持讨论定稿后，将《中华人民共和国学位授予条例（草案）》上报中央。同年11月21日，中央书记处听取了汇报，根据中央领导同志的指示精神，又进行了讨论修改，于1963年12月27日第二次上报中央和国务院。《中华人民共和国学位授予条例（草案）》规定，学位称号为博士、副博士两级。学位申请由高等学校和科学研究机构受理。学位授予单位由国务院学位委员会提名，报国务院批准。但是，这个草案也因未完成法律程序而搁置。第三次学位制度拟定工作拟定了《关于授予外国留学生学位试行办法》，这个办法是为了解决国外来华留学生的学位证明问题而拟定的，但由于"文化大革命"的爆发而搁置。[19]

十一届三中全会以后，随着各方面拨乱反正工作的不断深入，学位制度的制定问题又一次被提上议事日程，1979 年 2 月，由蒋南翔同志主持，教育部和国务院科技干部局联合组织了学位小组，负责学位条例的起草工作，拟定了《中华人民共和国学位条例（草案）》，经过多次讨论与修改，1980 年 2 月 1 日，国务院常务会议讨论通过了《中华人民共和国学位条例（草案）》，并在五届人大第十三次常委会会议上通过，自 1981 年 1 月 1 日起施行。

14. 设立国务院学位委员会

《中华人民共和国学位条例》规定，设立国务院学位委员会，统一管理学位的授予工作，这是一个直接隶属于国务院、级别却在各部委之上的机构，因为"我国培养研究生和授予学位的单位，分散在高等学校和科研机构，隶属关系比较复杂"，设立统一的、隶属于国务院的学位委员会，有利于处理教育部、直接管理行业类高等学校的各部委及科学院系统等之间的关系。

国务院学位委员会究竟是一个什么性质的机构？其与政府教育行政机关的司厅局、局处、科等科层制序列到底有何关系？根据时任教育部部长的蒋南翔在五届人大第十三次常委会会议上对《中华人民共和国学位条例》的解释，设立该机构是为了处理或应对当时"条块分割"的高等学校管理体制，即分属于教育部、各部委、科学院及各省、市、自治区的高等学校的学位问题，必须成立一个这样的机构来平衡各方面的关系。从 1980 年以来各届学位委员会主任委员及副主任委员的构成来看，这个机构是一个级别很高的机构，如表 4-2 所示。

表4-2　国务院学位委员会各届组织机构管理人员一览表

时　间	主任委员及职务	副主任委员及职务	秘书长及职务	副秘书长及职务
1980.12	方毅（国务院副总理）	周扬（中国文联主席） 蒋南翔（教育部部长） 武衡（国家科委副主任） 钱三强（科学院副院长）	黄辛白（教育部副部长）	
1983.02	胡乔木（中共中央书记处书记，政治局委员）	何东昌（教育部部长） 武衡 钱三强 张光斗（中国科学院学部主席团成员）	黄辛白（教育部副部长）	

时　间	主任委员及职务	副主任委员及职务	秘书长及职务	副秘书长及职务
1988.10	何东昌（国家教委副主任）	张光斗 胡　绳（中国社会科学院院长） 周光召（中国科学院院长） 朱开轩（国家教委副主任）	朱开轩	／
1995.03	李岚清（国务院副总理）	朱光亚（中国工程院院长） 周光召（中国科学院院长） 张孝文（国家教育委员会副主任） 汝信（中国社会科学院副院长） 1996 年 7 月增补周远清（国家教委副主任）	张孝文	王忠烈（国务院学位办主任、国家教委研究生工作办公室主任） 1996 年 7 月增补赵沁平（国务院学位办主任、国家教委研究生工作办公室主任）
1999.01	李岚清	宋健（全国政协副主席、中国工程院院长） 陈至立（教育部部长，主持国务院学位委员会常务工作） 路甬祥（中国科学院院长） 周远清（教育部副部长） 王洛林（中国社会科学院副院长） 2000 年 12 月增补吕福源（教育部副部长）	2000 年 12 月由教育部副部长吕福源担任	赵沁平（国务院学位办主任、教育部学位管理与研究生教育司长） 2001 年由周其凤（国务院学位办主任、教育部学位管理与研究生教育司司长）接任
2003.05	陈至立（国务委员）	路甬祥（全国人大常委会副委员长、中国科学院院长） 徐匡迪（全国政协副主席、中国工程院院长） 陈奎元（全国政协副主席、中国社会科学院院长） 周　济（教育部部长，主持学位委员会常务工作） 赵沁平（教育部副部长） 2004 年 7 月增补吴启迪（教育部副部长）	赵沁平（教育部副部长） 2004 年 7 月调整为吴启迪	周其凤 2004 年 11 月调整为杨卫（国务院学位办主任、教育部学位管理与研究生教育司长） 2006 年 12 月调整为杨玉良（国务院学位办主任、教育部学位管理与研究生教育司司长）

时　间	主任委员及职务	副主任委员及职务	秘书长及职务	副秘书长及职务
2008.04	刘延东（国务委员）	路甬祥（院士、中科院院长） 徐匡迪（院士、工程院院长） 陈奎元（社科院院长） 周济（院士、教育部部长，主持学位委员会常务工作） 赵沁平（教授、教育部副部长） 2008 年 12 月增补陈希（教育部副部长） 2009 年 11 月增补袁贵仁（教育部副部长） 2011 年 1 月增补杜占元（教育部副部长）	赵沁平 2008 年 12 月由陈希接任 2011 年 1 月由杜占元接任	杨玉良（国务院学位办主任、教育部学位管理与研究生教育司司长）2009 年 7 月由张尧学（国务院学位委员会办公室主任、教育部学位管理与研究生教育司司长）接任
2013 年	刘延东（国务委员）	袁贵仁（教育部部长） 白春礼（科学院院长） 周济（工程院院长） 王伟光（社科院院长） 杜占元（教育部副部长）	杜占元	郭新立（国务院学位委员会办公室主任、教育部学位管理与研究生教育司司长）2014 年 4 月由李军（国务院学位委员会办公室主任、教育部学位管理与研究生教育司司长）接任
2018.08	孙春兰（国务院副总理）	陈宝生（教育部部长） 白春礼（中科院院长） 李晓红（工程院院长） 谢伏瞻（社科院院长） 杜占元（教育部副部长、国务院学位委员会办公室主任）	杜占元	洪大用（国务院学位委员会办公室副主任、教育部学位管理与研究生教育司司长）

　　国务院学位委员会设立办事机构——学位委员会办公室（简称国务院学位办），目前的国务院学位办与教育部学位管理与研究生教育司合署办公。国务院学位委员会历届主任委员中，除 1988 年何东昌仅为国家教育委员会副主任以外，其他均为中央书记处书记、国务院副总理或国务委员等国家级领导人；而副主任委员则是由中国文联、教育部、中国科学院、中国工程院、中国社会科学院等部

门的主要负责人来担任的；秘书长由教育部副部长兼任，副秘书长则由教育部学位工作办公室主任或教育部学位管理与研究生教育司司长兼任；组成人员中除了一些没有行政职务的国内外知名学者、科学家之外，还有大学校长（包括军事院校领导）、科学院（工程院）或社科院的副院长及卫生部、农业部、财政部、人事部（人力资源和社会保障部）、科技部（国家科委）、国防科工委、发展与改革委员会等部委的主要负责人，甚至还包括国务院副秘书长、解放军副总参谋长等。学位委员会设立之初的目的是解决各级各类高等院校复杂的隶属关系问题，但从委员会组成人员的背景可以看出，也是为了平衡各个部委、中央单位、军队等各方面的利益关系。

随着我国高等教育管理体制改革的进一步深化，"条块分割"的复杂隶属关系逐渐被理顺，大多数院校均已归属教育部或省级教育行政部门。学委委员会办公室主任由教育部管理研究生事务的下属机构负责人兼任。但是国家学位委员会组成人员的来源涉及的范围越来越大，其平衡各部委、中央机关、军队等方面利益关系的目的依然存在。

1981 年 4 月，国务院 50 个部委根据国务院学位委员会的统一部署，对所属高等学校和科研机构申报的博士和硕士学位授予单位及学科、专业进行了初审。初审通过了 153 个博士学位授予单位，1031 个博士授予学科、专业，博士生导师 2557 人；417 个硕士学位授予单位，3816 个硕士学科、专业。6 月 12 日，国务院学位委员会第二次会议上通过了 10 个学科评议组的专家 436 人，由高等学校、中国科学院、中国社会科学院和国务院部委所属的科研机构推荐与遴选。7 月 26 日至 8 月 2 日，各学科评议组对初审通过的博士、硕士授予单位、学科、专业、导师进行了再审与表决，最终通过了 145 个博士授予单位，805 个学科、专业点，1143 个博士生导师，350 个硕士授予单位，2957 个学科、专业点。

15. 整顿"七二一"大学和"五七"大学

"文化大革命"期间，中国曾经出现过两种特殊的、名称为"大学"的机构，从不严格意义上讲，也可称之为高等教育机构，即"七二一"大学和"五七"大学。

"七二一"大学是 1968 年 7 月 21 日成立的，毛泽东在《人民日报》关于《从上海机床厂看培养工程技术人员的道路（调查报告）》的编者按清样中加写了这样一段话："大学还是要办的，我这里主要说的是理工科大学还要办，但学制要缩短，教育要革命，要无产阶级政治挂帅，走上海机床厂从工人中培养技术人员的道路。要从有实践经验的工人农民中间选拔学生，到学校学几年以后，又回到生产实践中去"，这段话后来被称为"七二一指示"。1968 年 9 月，上海机床厂率先创办

"七二一"大学，这种办学体制逐步在全国工矿企业推广。据《中国教育年鉴》记载，截至 1976 年年底，全国共有"七二一"大学 33374 所，学生 148.5 万人，是同期普通高校学生数的 3 倍之多。1978 年 3 月 20 日，国务院在批转教育部《关于办好"七二一"大学的几点意见》时指出，现有的"七二一"大学要加强领导，认真整顿，提高教育质量，有办学条件的，应积极发展。《关于办好"七二一"大学的几点意见》规定"七二一"大学的任务是为本单位、本系统培养相当于大专水平的技术人才。招收具有相当于高中毕业文化程度，有实践经验的优秀职工，进行脱产或半脱产学习。学生学完规定的全部课程，经过考试达到与普通大专院校同类专业水平者，与上同等对待。《关于办好"七二一"大学的几点意见》对办学形式、领导管理、教师队伍和教材建设提出了意见。此后，全国"七二一"大学进行调整整顿，被批准保留的进一步充实提高，不具备条件的改为业余大学、企业中等专业学校和文化技术业余学校。1979 年 9 月，教育部在河南省郑州市召开全国职工教育会议。会议认为，在最近几年内，应把提高"文化大革命"以来参加工作的青年工人的政治、文化、技术水平作为职工教育的重点。会后，对原"七二一"大学进行了改造，统一改称职工大学。[20]

"五七"大学是"文化大革命"期间根据毛泽东著名的"五七指示"精神，在广大农村开办的教育机构。（1966 年 5 月 7 日，毛泽东看了解放军总后勤部《关于进一步搞好部队农副业生产的报告》后，在写给林彪的信中指出："学生也是这样，以学为主，兼学别样，不但要学文，也要学工、学农、学军，也要批判资产阶级。"这就是著名的"五七指示"。）1980 年 4 月 20 日至 25 日，教育部召开了"五七"大学座谈会，6 月 19 日，教育部印发了《五七大学座谈会纪要》，座谈会研究了将教育部门举办的部分"五七"大学改办成农民技术学校，这些农民技术学校可以是农业中学，也可以是农业技术中学、教师进修学校、工农师范学校。座谈会还就农业技术学校的招生对象、学习年限、办学规模、师资队伍等问题进行了深入讨论。农业技术学校在行政管理上，仍属于地方教育事业，办学经费在各地财政中合理安排解决。农业技术学校要坚持半工（农）半读和勤工俭学的原则。座谈会认为，农民技术学校应当是在地方县委和县人民政府的领导下，由教育部门主办，农业等有关部门协助，要充分发挥农业等有关部门的作用。

经过改革开放初期的整顿，曾风起云涌的"七二一"大学最终改办为各企业所属的职工大学，承担企业内部的员工文化培训或专业培训工作；教育部门所属的"五七"大学也逐渐改办为农业技术学校，承担农村的相关技术培训工作。这两类所谓的"大学"逐渐退出了高等教育领域。

16. 实行高等教育自学考试制度

1980 年 12 月 4 日，教育部向国务院提请了《关于高等教育自学考试试行办法的报告》，1981 年 1 月 13 日，国务院批转了该报告，并向全国发布《高等教育自学考试试行办法》。粉碎"四人帮"以后，随着国家的重点向经济建设的转移，教育工作越来越受到重视，广大人民群众向往知识，要求接受高等教育的愿望愈来愈强烈，但是高等学校的整体办学规模还非常有限，还不能满足大多数人接受高等教育的愿望，高等教育自学考试制度就是在这种背景下产生的。《高等教育自学考试办法》规定，"凡属中华人民共和国公民，不受学历、年龄的限制，均可自愿申请参加考试"，在职人员持单位证明，待业人员持所在街道办或人民公社证明，可在省级自学考试委员会报名。为了鼓励广大群众积极参加自学考试，《高等教育自学考试试行办法》还规定，通过自学考试取得毕业证书者，国家承认其学历，工作单位应给予普通高校毕业生同等待遇。

《高等教育自学考试试行办法》规定，在国务院的领导下，成立由教育部、国家计委、国家人事局、国家劳动总局、国务院科技干部局、高等学校和有关专家、教授组成的全国高等教育自学考试委员会，具体工作由教育部承担；各省、市、自治区人民政府成立省级的高等教育自学考试委员会，具体工作由教育（高教）厅（局）承担；由高等学校的相关院系担任主考，并颁发毕业证书和单科成绩证明书。国家、省级高等教育自学考试委员会、教育部、教育厅（或高教局）、高等学校的职责与权限及领导关系如表 4–3 所示。

表4–3

国家级机构名称	领导关系	省级机构名称	领导关系	主考
国家高等教育自学考试委员会	国务院或教育部	省级高等教育自学考试委员会	省级政府教育厅或高教局	高等学校
制定考试的方针、政策，统一考试标准、研究指导考试工作	接受国务院领导，由教育部负责相关具体工作	公布考试专业，自行组织考试或指定高等学校组织考试，颁发毕业证书和单科成绩证明书	接受省人民政府的领导和国家委员会业务指导，由教育（高教）厅（局）负责相关具体工作	公布考试科目，介绍参考书，提出考试的具体办法，主持考试，评定成绩，颁发毕业证书或单科成绩证明

《高等教育自学考试试行办法》颁布以后，首先在北京、上海、天津和辽宁四

个地区开始试行高等教育自学考试，试行两年以后，有关部委认为这种制度"社会上反响强烈，干部群众非常欢迎"，1983 年 5 月 3 日，国务院批转了教育部、国家计委、劳动人事部、财政部联合提出的《关于成立全国高等教育自学考试指导委员会的请示》，决定将"国家高等教育自学考试委员会"改为"全国高等教育自学考试指导委员会"，指导委员会除了管理自学考试外，对教育部同意备案或审定的成人高等教育的考试也给予一定的监督与指导，而对未经教育部同意备案或审定的成人的考试，也由新的指导委员会进行统一组织考试。指导委员会的领导以教育部为主，国家计委、劳动人事部、财政部参与领导。新成立的"全国高等教育自学考试指导委员会"的职责、权限、领导关系如表 4-4 所示。

表4-4

国家级机构名称	领导关系	省级机构名称	领导关系	主考
全国高等教育自学考试指导委员会	以教育部为主，国家计委、劳动人事部、财政部参与领导	省级高等教育自学考试指导委员会		高等学校
拟定有关考试的方针政策；指导各省、市、自治区高等教育自学考试工作；按照培养人才的规划拟订开考专业的规划原则；拟订统一的考试标准，如考试计划、考试大纲等文件；逐步开展对考试工作的研究	由国务院有关部委、有关团体、军队的负责人、一些高校的院校长、专家、教授组成	贯彻执行高等教育自学考试的方针政策，根据本地区情况制定具体的考试方法；按照人才需要确定开考专业，指定主考学校，按照统一的考试标准审定并公布考试计划；组织考试工作，办理毕业证书和单科合格证书；指导群众自学；对已经批准和教育部同意备案、审定的成人高等学校的考试工作根据需要进行必要的指导监督；组织未经教育部统一备案和审定的成人高等学校的统一考试	日常办事机构设在教育厅或高教局或工农教育办公室、第二教育局	公布考试科目，介绍参考书，提出考试的具体办法，主持考试，评定成绩，颁发毕业证书或单科成绩证明

17. 加强和改善高等学校领导班子建设

为了加强和改善高等学校领导干部的队伍建设，1980 年 12 月 27 日，中共中央组织部、教育部党组联合发布了《关于高等学校领导干部管理工作的通知》和

《关于加强高等学校领导班子建设的意见》（以下简称《意见》）两个文件。

《关于高等学校领导干部管理工作的通知》对于各级各类高等学校校（院）、系两级领导干部的管辖权做了明确而细致的规定，第一，由中央管理的高校领导干部包括：所有本科高校正职的校级领导（校院长、党委书记、重点高等学校的副职校级领导，包括副校院长、党委副书记）；第二，由省、市、自治区党委或部委党组管理的干部包括：非重点本科院校的副职校级领导、专科高校的正副职校领导，以及规模较大高校因工作需要设置的教务长和总务长，对以部委为主受双重领导的高等学校的部委管干部，省、市、自治区党委应起监督作用；第三，高等学校处、系级干部一般由学校党委自行管理，对其任免要充分听取群众意见，由党委集体讨论决定，并报主管部委和省、市、自治区党委干部部门备案；第四，对中央管理的高等学校领导干部的任免，由省、市、自治区党委或有关部委党组报中共中央组织部转呈中央审批，该项规定于1982年8月1日开始改为"由省、市、自治区党委或有关部委党组报中共中央宣传部转呈中央审批。中央有关部委颁布《关于高等学校领导干部管理工作的通知》的目的是扭转由于十年"文革"而造成的高校领导干部管理权归属不明的局面。

《意见》针对当时各高等学校普遍存在的领导班子"年富力强的成员太少和专业化程度不高"的问题，对今后几年高等学校领导干部班子建设问题提出了一些意见：第一，高等学校领导班子要实现年轻化，《意见》要求各高等学校在两年左右的时间内选拔3～4名40～50岁的优秀中青年干部进入校院领导班子，使本校领导班子的平均年龄降到55岁左右；第二，要提高高等学校领导班子的科学文化水平，《意见》要求在两年左右的时间内，各高等学校中大专毕业或相当于大专文化程度的领导成员要达到60%以上，新提升的副校级领导干部、分管教学或科研工作的领导干部必须懂专业、会管理，有条件的学校，这些领导干部应是教授、副教授，分管党政或后勤工作的领导干部一般也应受过高等教育或具有相当于大专的文化程度；第三，高等学校的领导班子要做到党政分开，《意见》要求党政干部要有明确分工，党委书记一般不兼任校院长，副书记兼副校院长的情况也要尽量避免，"党要管党，政要管政"，高等学校"党委对学校工作的领导，主要应该是路线、方针、政策的领导，党委要着重致力于做好政治思想工作，以及党的思想建设、组织建设工作。……学校的所有行政工作，都应由以校（院）长为首的行政人员去处理，要使他们有职、有权、有责。为此，凡是行政指挥系统未建立或比较薄弱的院校，在建设领导班子的过程中，都要特别注意充实精干的行政领导干部。这既是实行党政分工，改善党的领导，全面搞好学校工作的需要，也是为学校领导制度改革准备条件"。上述《意见》内容至少发出了两个方面的信息：

一是在改革开放初期，共产党和政府有着强烈的改变沉疴已久的党政不分、以党代政现状的愿望；二是政府将会进一步进行高等学校领导体制的改革，为 1985 年逐步实施校长负责制做了铺垫；第四，希望彻底解决高等学校领导班子臃肿的问题，《意见》从数量上对各类高等学校领导班子的人数做了限定：高等学校党委正副书记、正副校院长一般配备 5 ~ 9 人；学生达到万人左右的多科性大学一般不超过 11 人；学生在 1 500 人左右的校院，一般不超过 5 人。《意见》还要求，领导班子数额超过规定人数的高等学校，应在增补中青年干部的同时，逐步把人数调整到规定的人数；第五，对高等学校领导班子的民主建设提出了具体的规定，《意见》要求各个高等学校"党委要按照党章规定的期限，定期召开党代表大会或党员大会，选举新党委，由党委选举出正副书记，并按干部管理权限，报上级党委审批。没有经过选举的，应抓紧时间，做好准备，进行选举"。对正副校院长的任命，《意见》要求各高等学校"今后要经过充分的民主酝酿，在广泛听取群众意见的基础上提出人选，报上级审批任命"。《意见》还指出一些进行领导体制改革试点的高校，条件成熟后，校院长可以试行民主选举，并规定任命的专业人员担任正副校院长时要实行任期制，任期与本校学制年限相同，期满后一般不再连任。这样也符合当时废除终身制的领导干部改革精神，又可以使担任领导干部的专业人员不至于荒废业务，还可以让更多的专业人员有参与行政管理的机会，一举多得。但是现在看来，对于一个高等学校的校院长来说，任期 4 年或 5 年还是有些短。《意见》还对加强高等学校干部的交流、加强领导干部思想建设等问题做了一些规定，并要求尚未配齐领导班子的高等学校尽快配齐，缺额应在校内提拔或校级之间调整补充。

《关于高等学校领导干部管理工作的通知》和《关于加强高等学校领导班子建设的意见》两份文件基本确定了当时高等学校领导体制改革的大方向，为全面实行教育体制改革（1985 年）做了一定的铺垫性工作。

18. 为暨南大学、华侨大学下放办学自主权

1983 年 6 月 10 日，中共中央、国务院发布了中共中央宣传部、教育部和国务院侨务办公室的《关于进一步办好暨南大学和华侨大学的意见》。重视暨南大学和华侨大学是出于统战的需要，为了加强与港澳台及国外华侨之间的血脉联系，客观上改变了这两所特殊的大学与教育行政机关之间的关系。根据《关于进一步办好暨南大学和华侨大学的意见》的规定，暨南大学和华侨大学列为全国重点大学，由国务院侨办和教育部共同领导，以侨办为主，两校的院系专业设置、课程安排、教学要求、教学管理等都可与国内其他大学有所不同，使之成为名副其实的华侨大学 [21]，其他院校开设的马克思主义哲学、政治经济学、科学社会主义和

中共党史都列为选修课。暨南大学和华侨大学实行校长负责制，成立董事会，正副校长由董事会正副董事长提名，经国务院侨办征求广东省委和福建省委意见后，校长报国务院任命，副校长由国务院侨务办公室任命。学校建立共产党党组，党组成员由中共中央任命，党组工作由共产党中央委托广东省委和福建省委代管。学校党组的任务是保证中央文件所列的各项方针、政策在校内的贯彻执行。学校机关党委负责党的建设，加强群众的思想工作，对行政工作实行保证监督。《关于进一步办好暨南大学和华侨大学的意见》特别强调主管部门要多给学校一些自主权，"在教学改革、机构设置、基建设计、学术交流、国际来往等方面，放宽政策，适当简化审批手续"，并允许学校多聘一些有真才实学的海外华侨来校任教或短期讲学。对学校领导班子的建设问题，《关于进一步办好暨南大学和华侨大学的意见》也提出了建议，"要选择那些热心华侨教育，懂得侨务政策，熟悉国内外教育的有志之士，特别是归国华侨担任学校领导"。

1984 年 10 月 4 日，国务院办公厅转发了《国务院侨务办公室关于办好暨南大学、华侨大学的报告》，进一步明确了扩大两校办学自主权的具体范围，该报告除了提出要对两校进行经费上的重点扶持与重点投资以外，还要"扩大两校的自主权，实行校长负责制，充分发挥学校的积极性、主动性和创造精神。除学校规模、总体规划、经费总额和人员编制总数由我办（国务院侨务办公室）归口管理外，其他方面尽可能地由学校自主解决"。根据《国务院侨务办公室关于办好暨南大学、华侨大学的报告》的规定，暨南大学、华侨大学在人事权、教学科研业务权、对外活动权、经费使用权方面获得了比国内其他高等学校更大的自主权。

人事权：校长由董事会提名，经国务院侨务办公室与省人民政府商议后任命；副校级干部由校长提名，经与省人民政府商议后由国务院侨务办公室任命；校级以下干部由学校任命。关于教师的职称，教授按教育部有关规定审批，副教授以下均由校学术委员会按照国家学衔制度审定，学校批准。副教授以上教学人员的调动由学校确定，报所在省人民政府和国务院侨办备案。两校可以决定聘请国内外知名的专家、学者担任或者兼任学校的教学工作。

教学科研的业务权：院系设置、机构设置、科研规划等由学校确定，报所在省人民政府、教育部和国务院侨务办公室备案；医学教育工作报卫生部备案；教学计划、课程设置、教学改革、学校管理等事务均由学校自行确定。

对外活动权：与海外进行人员互访，开展学术交流活动，聘请海外学者、教授来校任职、兼职或讲学，组织出国考察，选派留学生、进修生和参加国际学术会议，引进先进的设备、图书等事宜要尽量简化手续，尽量由学校自行确定或报所在省人民政府批准。两校出入港澳地区的人员，由学校报所在省人民政府审批。

两校可根据工作需要在香港设立董事会办事机构。

经费使用权：学校基金的收入和上级核定的预算包干的经费，统由学校按照国家规定掌握使用。

根据中共中央、国务院文件规定，暨南大学和华侨大学由国务院侨务办公室和教育部共同领导，以侨务办公室为主，《国务院侨务办公室关于办好暨南大学、华侨大学的报告》还具体规定了侨办、教育部、国家计委、卫生部等相关部门与所属省人民政府及两所高校之间的权限，具体如下：

两所高校的发展规划、人员编制等由学校提出，上报国务院侨务办公室，经与国家计委、劳动人事部商议后确定。

两所高校的专业设置由国务院侨务办公室审批，报教育部备案。

两所高校在国内外的招生计划由学校提出，经侨务办公室审核后报国家计委和教育部；两所学校在海外实行单独招生，招生工作由侨务办公室归口管理，招生政策、办法由两校、侨务办公室及有关部门商议制定；在国内参加全国统一招生，针对国内归侨、侨眷及其子女和港澳台同胞子女的招生政策，由教育部与侨务办公室商议制定。

两校的海外学生毕业后要求在国内或内地分配工作的，由学校报侨务办公室汇总，请国家计委列入国内高等院校毕业生分配计划。

两校需要补充的师资由学校编制计划，经侨务办公室审定后，报请国家计委、教育部、卫生部分配。

两校所需物资，属中央统配和部管的物资，列入国家计划直接供应，由侨务办公室负责调拨；属地方管理的物资，由所在省、市人民政府主管部门立户，要保证供应；教学、科研设备和器材由教育部教学仪器公司协助两校购买。

两校的教学、科研工作接受教育部和所在省人民政府主管部门指导；暨南大学医学院和广州华侨医院接受卫生部指导。

教育部、卫生部和所属省人民政府召开的有关高等教育的各种专业的会议，请通知两校参加，教育部、卫生部制定的文件也请发给两校。

两校的教育事业经费（包括科研经费）由侨务办公室核转财政部批拨；两校分年度基建投资在国家计委分配给侨务办公室的投资总额内安排下达；两校在编制以内需要增加的劳动指标列入侨务办公室计划，报请劳动人事部审批。

教育部有责任帮助两校开辟对外学术交流渠道；对于互换、派遣专家、学者、留学生和组织出国考察等，请教育部给予支持配合。

对两校日常工作的领导，委托所属省人民政府负责。

虽然这次管理权限的下放只针对这两所具有特殊背景的高等学校，但在改革开放初期的这种尝试与探索，也可以被看作是政府与大学关系改革的前奏。1985年，《中共中央关于教育体制改革的决定》出台，针对政府与大学之间权限划分的改革至此拉开序幕。

19.继续推进高等学校内部管理体制改革

粉碎"四人帮"以后，特别是十一届三中全会以后，随着高等教育各项工作转入正轨，高等学校内部管理体制也进行了一系列改革，"以党代政"状况得到了一定程度的改善。1984年10月20日，《中共中央关于经济体制改革的决定》的颁布吹响了全面改革的号角，此后，教育部出台了一些文件，希望推进高等学校校内管理体制的改革。

1984年12月29日，教育部发出《关于高等学校试行设立校务委员会的通知》，该通知指出，高等学校校务委员会是学校工作的咨询机构，在校长领导下开展工作，并可以受校长委托，代表学校进行某些活动，诸如专业性很强的学术成果的鉴定、各类人才学术水平的评判、不同学科研究项目可行性的比较等活动，校务委员会可以就这类事物向学校决策机构（校长办公会议、校党委会等）提出专业的意见和建议。其组成人数由学校自定。主任由现任校（院）长兼任，校务委员会委员的产生和副主任的任免均由校（院）长与各方面协商后提名，经校（院）长工作会议讨论通过，征得校（院）党委同意后，由校长聘任，并上报主管部门备案。校务委员会的成员应该以对教育工作有见解，在学术上造诣较深的学者或富有经验的教育工作者为主体，同时要有在教学、科研和管理等方面做出贡献的优秀中青年代表参加。

1985年1月28日，教育部、全国教育工会联合颁布《高等学校教职工代表大会暂行条例》，该条例的颁布是为了更好地实施民主集中制，充分体现广大教职工的主人翁地位，也是高等学校领导体制改革的重要措施。《高等学校教职工代表大会暂行条例》规定，高等学校要建立健全党委领导下的教职工代表大会制，这项制度是高等学校教职工群众行使民主权利、民主管理学校的重要形式；教职工代表大会（简称教代会）应坚持四项基本原则，遵照党的方针、政策和国家的法律、指令，在学校党委的领导下行使职权，教代会的组织原则是民主集中制。教代会代表由教职工直接选出，教师代表应占60%左右，任期为3年，可以连选连任。

20.试行了若干对高等学校管理权下放的改革举措

"文化大革命"结束以后，高等教育的各项工作开始慢慢恢复。由于中华人民共和国成立以后，政府对高等学校的管理体制是长期慢慢形成的，政府教育行政机关依然牢牢掌握着对高等学校的各项管理权，条款分割的高等教育管理体制依然需要进一步改革。进入20世纪80年代中期，教育部开始在一定范围内给予高等学校一定的自主权。1985 年 4 月 15 日，教育部发布了《关于当前高等学校教师工作量问题的意见》，该文件认为，1981 年 4 月教育部颁布的《高等学校教师工作量试行办法》和《高等学校教师教学工作量超额酬金暂行规定》规定的教师工作量计算办法比较烦琐，某些工作环节计量不尽合理，对各级各类不同情况的学校照顾不够。所以，要对当前高等学校试行的教师工作量办法进行改进，各高校应根据《高等学校教师职责及考核的规定》，结合各校定编或岗位责任制的建立，明确各级教师应承担的工作定额，由学校决定定额办法，计算办法可以多种多样，教育部不做统一规定。

中共中央从 20 世纪 80 年代初开始提倡干部的革命化、年轻化、知识化、专业化，从而使学历较低的在职干部有强烈的接受高等教育的需求。为了满足这种需求，1980 年教育部、国家计委、财政部联合发布了《关于高等学校、中等专业学校举办干部专修科和干部培训班暂行办法的通知》。1984 年 5 月，三部门又联合发布《高等学校举办干部专修科，中等专业学校举办干部、职工中专班的试行办法》，对高等学校举办干部专修班的招生计划、学制学历、招生对象、招生录取办法、待遇及毕业后工作安排、办学条件、学校责任等事宜都做了详细的规定。1985 年 4 月 26 日，教育部又印发了《高等学校在校外举办干部专修科的暂行规定》，允许高等学校在规定条件下在校外举办干部专修科，高等学校在这种办学形式上具备了一定的自主权。

三、该时期我国高等教育政策的特点

1. 随着政治体制的重大转向，高等学校的各项工作开始逐渐得到恢复

粉碎"四人帮"以后，特别是在邓小平同志确立了改革开放的大方向以后，高等学校的各项工作开始慢慢转向正轨。当然，这场高等学校迫切需要的改革是由政府主导的、自上而下开展的。1977 年，在高等学校、科研院所的知识分子的强烈呼吁下，在当年已经发布了继续以推荐的形式招收工农兵学员的情况下，以邓小平为首的中共中央的改革派力主改革招生制度，恢复高考，拉开了高等教育改革的序幕。几乎与此同时，教育界开始对 1971 年的《全国教育工作会议纪要》中的"两个估计"的观点进行了彻底的批判，标志着党的知识分子政策由"团结、教育、改造"转向"团结"和"放手使用"。从 1977 年开始，一大批有影响的专家学者被任命为各个知名高等学校的行政负责人。特别是 1978 年全国科学技术大会召开以后，中央决定为绝大多数知识分子摘掉"右派"的帽子，落实了知识分子政策。同年，高等学校开始恢复职称评定工作。这些措施一方面极大地调动了广大知识分子工作的积极性和热情，另一方面也标志着高等学校的工作逐渐转入正轨。

2. 调整了高等学校的宏观管理体制，进一步明确了高等学校与各级行政机构的隶属关系

中华人民共和国成立以来，政府行政机关与高等学校之间的隶属关系（领导与管理）出现过数次反复，到 1963 年 5 月，统一领导、分级管理的高等学校的宏观管理体制得到了确立。1969 年，多数高等学校的领导与管理权交到了省、市、自治区，中央教育部及其他各部委所属高校所剩无几。1977 年下半年至 1978 年初，国务院及教育部借着恢复办理全国重点大学的机会（国务院批转教育部《关于恢复和办好全国重点高等学校的报告》）加快了高等学校领导体制改革与调整的步伐，修订并继续实施 1963 年的《关于加强高等学校统一领导、分级管理的决定（试行草案）》，一些综合性的重点高等学校由教育部直接领导，一些专业性较强的高等学校由相关部委领导。到 20 世纪 80 年代初，国务院各部委（包括教育部）所属高等学校的数量已经超过三分之一，不到三分之二的高校依然归各省、市、自治区领导。中央统一领导、分级管理的高等学校管理体制重新得到确立。

3.《中华人民共和国学位条例》的颁布拉开了新中国教育法制化的序幕

中华人民共和国成立以来，政府与高等学校的关系主要依靠行政手段调节。中央政府、教育部及省级的政府和教育行政机关主要通过颁布政策，发布通知、办法、决定、指示等方式管理高等学校。高等学校则是以报告的形式向主管部门反映办学情况，政府与大学的关系是具有行政隶属的上下级关系。1980 年 2 月 12 日，第五届全国人民代表大会第十三次常务委员会通过了《中华人民共和国学位条例》，这是新中国成立以来第一个通过立法机构颁布的、具有法律效力的规范性文件。这是新中国高等教育发展史上具有里程碑意义的事件，至此，法律成为调整大学与政府关系的手段之一，中国高等教育的发展也逐渐走上法治化的轨道。

4. 改革高等学校内部领导体制的尝试

1977 年 10 月，"工人阶级毛泽东思想宣传队"宣告完成历史使命，全部撤出高等学校。同时，一大批专家、学者走上了各个高等学校校级及中层的领导岗位，"外行领导内行"的状况得到了一定程度的改善。1980 年 12 月 27 日，随着《关于高等学校领导干部管理工作的通知》和《关于加强高等学校领导班子建设的意见》两个文件的颁布，一方面，明确了不同类型高等学校校级、副校级领导的管理制度；另一方面，加快了高等学校领导干部年轻化、知识化、专业化、革命化的建设步伐。《关于加强高等学校领导班子建设的意见》要求，各校要选拔 3～4 名 40～50 岁的优秀中青年干部到校院领导岗位上来；各校领导成员中大专毕业或相当于大专程度的成员要超过 60%；新提拔的主管教学或科研的校级领导必须

懂专业、会管理，有条件的学校应是教授或副教授，分管党政或后勤工作的领导也应该受过高等教育或具有相当于大专的文化程度；领导班子中党政干部要明确分工，党委书记一般不兼任校院长，党要管党，政要管政；高校的领导班子一般是 5 ~ 9 人，学生达万人以上的高校领导班子不超过 11 人；高等学校中层的领导也要参照校级领导班子的要求加强精神建设。

参考文献

[1] 本报特约评论员 . 实践是检验真理的唯一标准 [N]. 光明日报，1978-5-11.

[2] 一个反革命的政治骗局——"四人帮"炮制《答卷》作者这个假典型的调查 [N]. 人民日报，1976-11-30.

[3] 教育部大批判组 . 一场围绕自然科学基础理论问题的政治斗争 [N]. 光明日报，1977-1-16.

[4] 毛泽东 . 毛泽东选集（第二卷）[M]. 北京：人民出版社，1991.

[5] 毛泽东 . 毛泽东文集（第七卷）[M]. 北京：人民出版社，1999.

[6] 毛泽东 . 毛泽东选集（第三卷）[M]. 北京：人民出版社，1991.

[7][8][9][10][11][12][14][15][16] 何东昌 . 中华人民共和国重要教育文献（1976-1990）[M]. 海口：海南出版社，1998.

[17][18][20] 中央教育科学研究所 . 中华人民共和国教育大事记（1949-1982）[M]. 北京：教育科学出版社，1984.

[19] 舒光平 . 我国建立大学学位制度的回顾与展望 [EB/OL]. 中国广播网教育频道，2008-10-21 ［2009-5-8］. http://edu.cnr.cn/30/jiaoyu/200810/t20081021_505129266.html。

[21] 邓力群 . 邓力群文集（第二卷）[M]. 北京：当代中国出版社，1998.

第五章　改革开放中前期（1985—1989）高等教育政策的演变

一、时代背景

　　十一届三中全会确定了将中国共产党的工作重点转移到经济建设上来，实行改革开放的经济政策。当时体制改革的重点在农村，1979 年 9 月，十一届四中全会通过了《关于加快农业发展若干问题的决定》，允许农民在国家统一计划指导下，因时因地制宜，保障他们的经营自主权，发挥他们的生产积极性。实际上是在政策的层面上允许农民拥有一定的经营自主权，可以因时因地采取灵活的生产经营方式。1980 年 9 月，中共中央下发《关于进一步加强和完善农业生产责任制的几个问题》，正式确认了联产承包制的社会主义性质，鼓励广大农村地区实行生产责任制。随着这种生产责任制在全国农村地区的推广，我国的农业生产取得了巨大成效，这更加坚定了中国共产党对经济体制改革的决心。在广大农村进行全面改革的同时，在城市也进行了一些试验和探索，积累了一定的经验。但是，城市经济体制中严重妨碍生产力发展的种种弊端还依然存在，城市企业经济效益还长期处于低迷状态，尽快实施城市经济体制改革已经成为我国社会发展的必然要求。1984 年 10 月 20 日，党的十二届三中全会通过了《中共中央关于经济体制改革的决定》，标志着我国改革开放的重点已经转向了城市，拉开了全面经济体制改革的序幕。1985 年 3 月 13 日，《中共中央关于科学技术体制改革的决定》发布；1985 年 5 月 27 日，《中共中央关于教育体制改革的决定》发布，标志着我国教育改革进入了一个新的发展阶段。

二、该时期高等教育的相关政策及其对高等教育发展的影响

1. 颁布《中共中央关于教育体制改革的决定》

　　这是我国改革开放以来教育领域中最为重要的政策性文件之一，是十二届三中全会通过的《中共中央关于经济体制改革的决定》发布以后，党和政府的大政

方针在教育领域的具体体现。《中共中央关于经济体制改革的决定》指出："科学技术和教育对国民经济的发展有极其重要的作用。随着经济体制的改革，科技体制和教育体制的改革越来越成为迫切需要解决的战略性任务。中央将专门讨论这方面的问题，并做出相应的决定。"在《中共中央关于经济体制改革的决定》颁布以后半年多的时间里，中央相关部门在起草、修订"关于教育体制改革"的相关文件时，经过了多达 11 次的征求意见与修改，最终出台了《中共中央关于教育体制改革的决定》。中央希望通过对教育体制的改革，解决"基础教育较为落后，中等职业技术教育比重较低，高等教育的层次、科类比例不合理及管理体制上存在的种种弊端"等问题，要通过确立投资方向，改革劳动人事政策及行政的、法律的手段等措施，对我国教育体制进行全方位的改革。《中共中央关于教育体制改革的决定》强调，我国"教育体制改革的根本目的是提高民族素质，多出人才，出好人才"，为国家建设培养出数以亿计的劳动者和数以千万计的企业管理者、工程师、农艺师、经济师、会计师、教育工作者、科技工作者、医务工作者、理论工作者、文化工作者、法律工作者等各方面的人才。

就教育管理体制而言，从宏观上主要是要处理好中央同地方的关系，政府主管部门同学校的关系。在管理权限划分上，一方面，我们还存在着中央相关部委对具体事务集中过多，对学校，特别是高等学校统得过死，学校缺乏应有的活力，国家对学校包得太多等问题；另一方面，政府应该加以管理的事情，又没有很好地管起来。要从根本上改变这种状态，必须从教育体制入手，有系统地进行改革，改革管理体制，加强宏观管理的同时，坚决进行简政放权，扩大学校的办学自主权。高校在执行国家的政策、法令、计划的前提下，拥有以下几个方面的自主权。

（1）有权在计划外接受委托培养学生和招收自费生；

（2）有权调整专业的服务方向，制订教学计划和教学大纲，编写和选用教材；

（3）有权接受委托或与外单位合作，进行科学研究和技术开发，建立教学、科研、生产联合体；

（4）有权提名任免副校长和任免其他各级干部；

（5）有权具体安排国家拨发的基建投资和经费；

（6）有权利用自筹资金，开展国际的教育和学术交流。

另外，《中共中央关于教育体制改革的决定》规定，对不同的高等学校，国家还可以根据情况赋予其他权力。与此同时，国家及其教育管理部门要加强对高等教育的宏观指导与管理。教育管理部门还拥有对高等学校办学水平进行评估的权力，对成绩卓著的学校给予荣誉和物质上的重点支持，办得不好的学校要整顿或停办。

在办学体制上，以前实行的中央和省级两级办学体制将向中央、省（市、自治区）、中心城市三级办学体制转变，中心城市也将拥有开办高等学校的权利。此后，高等学校不但有部属院校、省属院校，还会有中心城市所属的高等院校。

《中共中央关于教育体制改革的决定》还就高等教育的结构改革、教学改革、加强科学研究及后勤社会化等内容做了阐述。为了保证教育体制改革的顺利进行，还要增加教育投资，在今后一定时期内，"中央和地方政府教育拨款的增长要高于财政经常性收入的增长，并使按在校学生人数平均的教育费用逐步增长"。

2. 由原国家教育委员会代替教育部行使国家教育行政机关的权力，并且改革校内管理体制

《中共中央关于教育体制改革的决定》指出，为了加强共产党和政府对教育体制的领导，决定成立中华人民共和国国家教育委员会，负责掌握教育的大政方针，统筹整个教育事业的发展，协调各部门有关教育的工作，统一部署和指导教育体制的改革。并强调要在简政放权的同时加强教育立法工作。新成立的国家教育委员会是一个拥有较大权限的实体机构，由国务院主要负责同志分工领导。长期以来，我国相当一部分与行业相关的高等学校实行的是教育部与相关部委领导，以相关部委为主的管理体制，在具体工作中，对教育部的相关政令，相关部委所属的高等学校难免会出现一些推诿或政令不畅的现象。根据时任教育部部长的何东昌在1985年全国教育工作会议上的讲话解释，"国家教育委员会是一个拥有较大权限的实体机构"，言下之意，新机构拥有比教育部更大的权力，由国务院副总理兼任教育委员会主任。所以说，国家教育委员会的成立将会在简政放权的改革大背景之下，增加高等学校办学自主权的同时，加强政府教育行政机关对各类高等学校的管理权，针对当时高等教育管理方面存在的条块分割、政令不畅的问题，无疑是一个非常有效的措施。

对学校的内部领导体制的改革，《中共中央关于教育体制改革的决定》指出，"学校逐步实行校长负责制，有条件的学校要设立由校长主持的、人数不多的、有威信的校务委员会，作为审议机构。要建立和健全以教师为主体的教职工代表大会制度，加强民主管理和民主监督。学校中的党组织要从过去那种包揽一切的状态中解脱出来，把自己的精力集中到加强党的建设和思想政治工作上来"，党组织要支持校长履行职权。《中共中央关于教育体制改革的决定》的实施将会逐渐解决当时在学校中普遍存在的"党政不分、以党代政"的问题，逐步实施校长负责制、校务委员会制和教职工代表大会制度，健全与完善学校的内部领导与管理体制。

3. 在高等学校毕业生分配工作、招生工作及委托培养方面进行了初步改革

《中共中央关于教育体制改革的决定》明确规定，要进行高等学校毕业生分配

和招生方面的改革，1985 年 10 月 10 日，原国家教委、原国家计委联合发布《关于高等学校毕业生分配工作统由国家教委主管的通知》，决定将以往由原国家计委负责的高等学校毕业生和毕业研究生分配计划的编制工作，从 1986 年开始移交给原国家教育委员会统一主管，很好地解决了存在的招生、培养工作与毕业生分配工作脱节，制定分配计划与制定调配计划脱节，以及工作层次多、效率不高等问题。

在高等学校的招生方面，继续实行统一考试招生和试招中学保送生相结合的制度；为了加强对成人高等教育的宏观管理，1986 年 2 月，原国家教委和财政部联合印发了《一九八六年各类成人高等学校招生的规定》，决定从 1986 年开始，各类成人高校实行全国统一招生，由原国家教委组织统一命题、统一考试时间、统一评分标准；各省、市、自治区组织统一考试、统一评卷、制定最低控制分数线；各招生学校进行录取。由原国家教委根据各个学校及主管单位审核上报的招生计划，制订国家成人高等教育招生计划，纳入计划的方能招生。

在当时高等学校招生、培养、分配都强调统一计划的年代，高等学校即使在师资力量、教学设备、图书、校舍等方面还有可以开发的空间，也只能根据上级部门分配的招生计划进行培养。从 1983 年开始，高等学校开始接受有关单位或地区的委托培养大学生或研究生的工作，这既解决了在计划经济体制下有些单位或地区在人才方面的短缺问题，又充分挖掘了高等学校的办学潜力。为了进一步实施高等学校在招生和培养方面的改革，规范高等学校的委托培养工作，1985 年 11 月 6 日，原国家教委、原国家计委、财政部联合下发了《关于高等学校招收委托培养硕士生的暂行规定》；1986 年 1 月 11 日，原国家教委又印发了《普通高等学校接受委托培养学生管理工作暂行规定》，对委托培养学生的招生、管理、毕业后的使用、经费等各个方面都做了详细的规定。这项工作既是高等教育改革的一项内容，又是增加高校办学自主权的措施之一。

在高等学校招生方面的改革还体现在招收保送生方面。为了进一步落实高等学校在招生方面的自主权，规范高等学校招收保送生的工作，原国家教育委员会在 1988 年 2 月 2 日发布《普通高等学校招收保送生的暂行规定》，明确原国家教委、省级人民政府、高等学校及中学在招收保送生方面的职责。《普通高等学校招收保送生的暂行规定》指出，面向全国或大区招生的高等学校，招收保送生的资格由原国家教委确定，经原国家教委确定，有北京大学、清华大学、中国人民大学等 52 所高等学校具有在全国范围内招收保送生的资格，并确定招收保送生的数量不得超过该校当年招生计划的 3%（师范院校可为 10%）；省、市、自治区所属的师范院校可以在本省范围内招收中学或中等师范学校的保送生，数量由省级招生委员会确定，不得超过该校当年招生总数的 10%；实行保送生的中学、中等师范学校、外语学校，由省级招生委员会同普教主管部门和教育督导机构确定；实行保送的中学、中等师范学校、外语学校推荐保送生的比例由省级招生委员会确定，中学不超过当年应届毕业生的5%，中等师范学校不超过当年应届毕业生的2%；保送生的人选由中学、中等师范学校、外语学校确定；保送生的考察录取工作由招收保送生的高等学校负责；保送生被高等学校录取之后，中学、中等师范学校、外语学校应张榜公布。

4. 在向高校下放办学自主权的同时，加强了政府的宏观管理职能

中华人民共和国成立以来，曾经有过将中央政府的权力下放到地方的情况，造成的结果就是失控，如1957年权力下放到地方以后，高等学校的数量"超常规"扩大，以至于经济难以承担，政策不得不转向调整。为了避免"一放就乱"问题的重演，原国家教育委员会在这次办学自主权下放的过程中也加强了对高等教育的宏观管理。

针对有些高等学校改变校名的问题，原国家教委及前教育部多次发出禁止性的文件，教育部曾在1984年10月10日发布《关于不宜恢复原教会学校名称的通知》，针对有些高校提出的恢复原教会学校名称的请求做出了"不宜恢复"的决定。1985年10月7日，原国家教委发布《关于高等学校更改校名问题的通知》，针对一些历史悠久的高等学校提出恢复新中国成立前旧校名的申请，还有不少学院改称大学，还有一些专科层次的学校也改称学院或大学。这种现象已经在高等学校中引起了较大波动，为社会所关注，这对我国高等教育多元化、多层次的发展是不利的，原国家教委经过请示中共中央、国务院，做出了以下规定：一是不宜恢复旧校名；二是针对高等学校校名存在的混乱问题，原国家教委计划尽快制定出确定校名的依据和规范，在此之前，校名一般不要变更，待高等学校校名的依据与规范颁布实施以后，原国家教委将对高等学校的名称进行合理调整。

改革开放以后，随着我国全日制高等教育的快速发展，成人高等教育也得到了长足发展，但发展中也存在一定的问题，如有些省、市和有关部门自行发文，对没按原国家教委有关成人招生规定，自行考试招生的成人高等教育已经毕业或结业的学生，组织所谓的国家承认学历的统一考试，并宣布考试及格者发给毕业证书；对刚入学的学生则组织验收考试或入学复试，合格者纳入统一的学籍管理。针对以上情况，原国家教委在1985年12月17日发布《关于不得自行决定组织国家承认学历的统一考试的通知》，认为以上做法是错误的，所发毕业证国家不予承认；承认其学籍并纳入统一学籍管理的一律无效，并重申：今后凡举行国家承认学历的考试，只能由国家教育委员会举行或根据国家教育委员会制定的有关规定进行。

针对一些未经教育部门批准备案，自己命名为"XX 大学（或学院，或函授大学）"，在有些中央与地方报刊上刊登招生广告的问题，1986 年 1 月 20 日，中宣部、原国家教委联合发布《关于不得乱登办学招生广告的通知》，只有正式的高等学校并经批准列入招生计划的才可以刊登招生广告，而且招生广告（简章）的内容还要经过办学所在地省级教育行政部门审查同意，出具证明，方可印刷、刊登、播放和张贴。

针对当时出现的有些地区、部门和学校滥发学历文凭的问题，1985 年 10 月 22 日，原国家教育委员会发布《关于制止滥发学历文凭的通知》，指出原国家教委是主管全国教育工作的归口单位，学历问题的处理，统由原国家教委制定政策规定，任何地区、部门和学校都不要随意自行其是。对于滥发文凭，搞不正之风的，有关单位要认真追查，严肃处理。

针对有些高等学校未经原国家教委批准自行为函授、夜大本科毕业生授予了学士学位的问题，原国家教育委员会在 1986 年发布了《关于不得自行在高等学校举办的函授、夜大中授予学士学位的通知》，严令未经原国家教委批准，高等学校不要自行为函授、夜大毕业生授予学士学位，原国家教委也会针对这个问题展开调查研究，提出解决问题的方案。

对一些高等学校出现的学生自发从事经商活动并有发展趋势的问题，原国家教育委员会于 1988 年 9 月 22 日发布《关于加强对高校学生勤工俭学活动管理的几点意见》。根据《关于加强对高校学生勤工俭学活动管理的几点意见》，不少高校学生经商活动比较混乱，出现了偏离正确目的、影响教学秩序等现象，甚至有极少数人违法乱纪，出售或出租非法印制品和淫秽书刊等。高等学校应当提倡和支持学生在课余开展勤工俭学活动，但主要内容是开展与专业学习相结合的科学技术文化服务，也要提倡有利于培养劳动观点和自立精神的劳务服务，并且要优先为经济困难的学生提供参加勤工俭学的机会。但是，学校不提倡学生从事经商活动。对于为了方便师生生活和解决少数学生经济困难而开展的营利性活动，由学校根据情况决定是否允许，并应加强管理。学生勤工俭学应遵守国家法律和学校规章制度，不得影响学校教学、科研、生产、生活的正常秩序和校园容管理，不能影响自身学习。要制止未经学校登记批准的商业性服务活动；禁止走私贩私和投机倒把；禁止倒卖国家计划供应商品和紧俏商品；禁止出售或出租非法印刷品和淫秽书刊；禁止举办营利性的舞会。各高等学校要加强对学生勤工俭学的管理，制定本校的管理办法。

5. 国务院发布《高等教育管理职责暂行规定》

为了进一步贯彻《中共中央关于教育体制改革的决定》中的有关精神，明确原国家教育委员会、国务院相关部委、省（市、自治区）和高等学校各自的职责与管理权限，扩大高等学校的办学自主权，国务院于 1986 年 3 月 12 日发布《高等教育管理职责暂行规定》。

国家教育委员会（今教育部）在国务院的领导下，主管全国高等教育工作，其主要职责：

（1）贯彻执行党和国家有关高等教育的方针政策、法律和行政法规，制订高等教育工作的具体政策和规章。指导、检查各省、自治区、直辖市，国务院各有关部门和高等学校对党和国家有关高等教育的方针政策、法律和行政法规的贯彻执行。

（2）组织进行全国专门人才需求预测，编制全国高等教育事业发展规划和年度招生计划，调整高等教育的结构和布局。审批高等学校（含高等专科学校，下同）、研究生院的设置、撤销和调整。制订招生和毕业生分配工作的规定，编制国家统一调配的毕业生年度分配方案。

（3）制订高等学校、研究生院的设置标准。制订高等学校的基本专业目录与专业设置标准，组织审批专业设置。

（4）会同国务院有关部门制订高等教育的基建投资、事业经费、人员编制、劳动和统配物资设备的管理制度和定额标准的原则；对中央一级高等教育的基建投资、教育和科学研究经费、专项费用、外汇和统配物资设备的分配方案提出指导性建议；掌管用于调节高等教育协调发展和支持重点学科建设的基建投资、事业经费和人员编制。管理国外高等教育援款、贷款工作。

（5）制订高等学校人事管理的规章制度，规划、组织高等学校师资队伍和干部队伍建设。根据国务院《关于实行专业技术职务聘任制度的规定》，对高等学校这方面的工作进行组织和指导。

（6）指导高等学校的思想政治工作、教学工作、体育工作、卫生工作和总务工作。确定研究生、本科生、专科生的修业年限和培养规格。制订指导性的教学文件，规划、组织教材编审。组织检查、评估高等学校的教育质量。

（7）指导和管理高等学校和科学研究机构招收、培养研究生工作。指导学位授予工作。指导和管理高等学校博士后科研流动站工作。

（8）指导高等学校的科学研究工作。配合国家科学技术研究的主管部门，组织制订高等学校科学研究的规划和管理制度。促进学校与科学研究、生产、社会等部门的协作、联合及校际合作。

（9）指导和管理到国外高等学校留学人员、来华留学人员及对外智力援助的工作，促进高等学校的国际学术交流与合作。

（10）组织为高等学校提供教育情报、人才需求信息和考试等方面的服务工作。

（11）统一指导各种形式的成人高等教育，编制成人高等教育发展规划，制订和下达年度招生计划。会同国务院有关部门编制继续教育规划。

（12）直接管理少数高等学校。

国务院有关部门在国家教育委员会（今教育部）的指导下，管理其直属高等学校，其主要职责：

（1）贯彻执行党和国家有关高等教育的方针政策、法律和行政法规。

（2）组织进行本系统、本行业专门人才的需求预测，编制直接管理的高等学校的发展规划、年度招生计划和自行分配部分的毕业生分配计划。指导招生和毕业生分配工作。

（3）对直接管理的高等学校的设置、撤销和调整及所属专业的设置和重点学科建设进行审查，向国家教育委员会（今教育部）提出申请或建议。接受国家教育委员会（今教育部）的委托。按照有关规定，审批直接管理的高等专科学校所属专业的增设和撤销。

（4）负责直接管理的高等学校的基建投资、统配物资设备、事业经费预算的分配和决算的审核。

（5）指导直接管理的高等学校的思想政治工作、教学工作、科学研究工作和总务工作。任免学校主要负责人。根据国务院《关于实行专业技术职务聘任制度的规定》，对直接管理的高等学校这方面的工作进行组织和指导。

（6）按照国家教育委员会（今教育部）统一部署，会同有关省、自治区、直辖市对高等学校对口专业的教育质量组织评估，组织和规划对口专业的教材编审。

（7）指导和协调高等学校学生在本系统的生产实习和社会实践。鼓励高等学校有关专业、研究机构参加本系统的科学技术开发，促进企业与学校的联系。

（8）鼓励直接管理的高等学校面向社会办学，实行本部门与国务院有关部门，本部门与地方联合办学。

（9）管理本部门成人高等教育、专业培训、继续教育和有关教材编审的工作。

省、自治区、直辖市人民政府管理本地区内的高等学校，其主要职责：

（1）负责指导、检查本地区内各高等学校对党和国家有关高等教育的方针政策、法律和法规的贯彻执行。

（2）组织进行本地区专门人才的需求预测，编制直接管理的高等学校的发展规划、年度招生计划，组织领导招生和毕业生分配工作。对直接管理的高等学校的设置、撤销和调整及专业设置进行审查，向国家教育委员会（今教育部）提出申请或建议。接受国家教育委员会（今教育部）的委托，按照国家有关规定，审批直接管理的高等专科学校所属专业的增设和撤销。

（3）负责直接管理的高等学校的基建投资、统配物资设备、事业经费预算的分配和决算的审核。

（4）指导直接管理的高等学校的思想政治工作、教学工作、科学研究工作和总务工作。任免学校主要负责人。根据国务院《关于实行专业技术职务聘任制度的规定》，对这些高等学校和部分国务院有关部门直接管理的高等学校这方面的工作进行组织和指导，帮助本地区内各高等学校的总务工作逐步实现社会化。

（5）组织本地区内各高等学校的校际协作和经验交流，进行教育质量的检查与评估。指导和协调高等学校学生在本地区内的生产实习和社会实践。

（6）鼓励本地区各高等学校面向社会办学和跨地区、跨部门联合办学。在国家教育委员会（今教育部）指导下，对国务院有关部门直接管理的高等学校，在保证投资、经费和人才需求等条件下，统筹组织联合办学的试点。促进高等学校与科学研究、生产等部门的联合与协作。

（7）管理本地区所属成人高等教育。

扩大高等学校管理权限，增强高等学校适应社会发展需要的能力，其主要内容：

（1）在保证完成国家下达的培养人才任务的前提下，可以按照国家规定的比例实行跨部门、跨地区的联合办学，接受委托培养生和自费生；可以提出招生来源计划建议，按照国家有关规定，录取学生，处理和淘汰不合格的学生。落实国家下达的毕业生分配计划，制订毕业生分配方案，并向用人单位推荐部分毕业生。

（2）执行勤俭办学的方针并在遵守国家财务制度的前提下，按照"包干使用，超支不补，节余留用，自求平衡"的经费预算管理原则，可以安排使用主管部门核定的年度事业经费。接受委托培养生、自费生，举办干部专修科、函授、夜大学及社会技术服务和咨询取得的收入，按照国家有关规定安排用于发展事业、集体福利和个人奖励。

（3）按照主管部门批准的总体设计任务书、总体规划、长远和年度基建计划，在向主管部门实行投资包干的前提下，可以自行择优选择设计施工单位。在保证实现投资效益的前提下，经过主管部门批准可以自行审定设计文件，调整长远和年度基建计划。包干投资，节余留成使用，超支不补。

（4）按照干部管理权限，可以根据规定的干部条件、编制和选拔步骤由校长提名报请任免副校长，任免其他各级行政人员，聘任、辞退教师和辞退职工。

（5）经过批准的高等学校，可以按照国家有关规定，评定副教授的任职资格，其中少数具备条件的高等学校，可以评定教授的任职资格；审定授予硕士学位的学科、专业，增补博士研究生导师。

（6）根据党和国家的教育方针政策、修业年限及培养规格，可以按社会需要调整专业服务方向，制订教学计划（培养方案）、教学大纲，选用教材，进行教学内容和方法的改革。

（7）在保证完成国家下达的科学研究任务的前提下，可以自行决定参加科学研究项目的投标，承担其他单位委托的科学研究任务，面向社会开展技术服务和咨询。在不需要主管部门增加基建投资、事业经费和人员编制的情况下，可以自行决定单独设立或与其他单位合办科学研究机构或教学、科学研究、生产的联合体，可以接受企业单位的资助并决定其使用重点。

（8）在国家外事政策和有关规定的范围内，积极开展对外交流活动。凡属学校自筹经费（含留成外汇），经过上一级主管部门批准认为可以接受的对方资助或在主管部门下达的经费外汇限额内，可以决定出国和来华的学术交流人员。经过批准的学校可以自行负责出国人员的政治审查。

6. 原国家教育委员会出台了《关于高等学校校长、党委书记教授、副教授职务任职资格的评审和职务聘任工作的通知》

根据 1986 年 3 月 3 日国家教育委员会颁布的《高等学校教师职务试行条例》的规定，高等学校教师职务的聘任是高校自身的自主权，而对于那些具有副教授、教授评审权的高等学校来说，教师职称评审权也在高等学校。但是，如果这些高等学校的校级领导（包括正副校长、正副书记）也要评审或聘任教授、副教授职称时，必然存在公平问题。为了防止这类问题的出现，国家教委职称改革工作领导小组于 1986 年 12 月 9 日出台《关于高等学校校长、党委书记教授、副教授职务任职资格的评审和职务聘任工作的通知》，规定：校级正职领导的教授、副教授职称的聘任或任命权在于学校主管部门的行政领导，而校级副职领导的教授、副教授职称的聘任与任命权在于学校校长；对于具有教授、副教授任职资格审定权的学校，其校长、书记的教授任职资格的审定工作，应由学校所在省、市、自治区高等学校教师职务评审委员会负责；具有副教授任职资格审定权的学校，其校长、书记的副教授任职资格的审定工作也应由学校所在省、市、自治区高等学校教师职务评审委员会负责；而对于这些学校的副校长、副书记的教授、副教授资格的审定工作，仍在学校进行，由校长聘任或任命。

7. 国务院发布《普通高等学校设置暂行条例》

为了加强高等教育的宏观管理，明确中央、地方及办学者之间在高等学校设置方面的权限，国务院于 1986 年 12 月 15 日颁布该条例。该条例规定："普通高等学校的设置，由国家教育委员会（今教育部）审批。"原国家教育委员会拥有设置高等学校的审批权和高等教育发展的规划权。该条例还规定了高等学校的设置标准和高等学校的名称规范；规定每年第三季度办理高等学校设置的审批手续；规定高等学校的审批程序一般分为审批筹建和审批正式建校招生两个阶段，完全具备建校招生条件的高等学校也可以直接申请正式建校招生；申请设置高等学校应当有详尽的论证报告；国务院有关部门申请筹建高等学校，还应当附交学校所在地省级人民政府的意见书。

1988年4月9日，原国家教育委员会颁布《成人高等学校设置的暂行规定》，具体规定了设立教育学院（含成人教育学院）、管理干部学院、职工高等学校、农民高等学校及独立设置的业余大学、函授学院等成人高等学校的条件、主管部门、审批程序、主要任务及注意事项。根据《成人高等学校设置的暂行规定》：

（1）成人高等学校的设置，由国家教育委员会（今教育部）或它委托的机构审批。

（2）设置成人高等学校，按照隶属关系，由省、自治区、直辖市、计划单列市人民政府或国务院有关部门领导，其中设在地、市一级的教育学院，由省、自治区、直辖市人民政府和学校所在地人民政府双重领导。

（3）设置成人高等学校应根据成人工作、学习的需要和办学的可能确定办学形式。成人高等学校各类培训的办学形式为业余、半脱产、脱产三种。

（4）设置成人高等学校要达到一定的条件。

（5）经批准正式建立的成人高等学校专科专业的设置须按隶属关系，由学校报省、自治区、直辖市及计划单列市或国务院有关部门的教育行政部门审批，并报国家教育委员会（今教育部）备案；本科专业的设置由学校报请省、自治区、直辖市及计划单列市或国务院有关部门的教育行政部门审查，报国家教育委员会（今教育部）批准。

（6）正式建立的成人高等学校年度专科或本科招生计划须纳入国家本年度招生计划，岗位培训和继续教育招生的审批按国家有关规定执行。

（7）校外教学班的设置须按所属学校的隶属关系，经省、自治区、直辖市及计划单列市或国务院有关部门的教育行政部门批准，并报国家教育委员会（今教育部）备案。

（8）由国家教育委员会（今教育部）或它委托的机构对新建成人高等学校的第一届专科（本科）毕业生进行考核验收。

8. 颁布《国家教委关于高等学校各级领导干部任免的实施办法》

1987年3月17日，原国家教育委员会颁布该办法，具体规定了高等学校校级、副校级领导干部和中层管理干部的任免权限。根据该实施办法：

（1）高等学校校级领导干部的职数一般为 5 ~ 7 人（正副书记 2 ~ 3 人，正副校长 3 ~ 4 人）；学生人数不满 3 000 人的，一般不超过 5 人；万人规模的为 9 人；达 15 000 人的可配 10 人。

（2）学校校级领导的审批由学校干部主管部门审批或报中央、国务院审批，并送原国家教委备案。

（3）学校应当配备相当于党委副书记的纪检书记，其任免由主管部门审批。

（4）实行双重领导、以中央各部门为主管理的高等学校，其党委正副书记、正副校长和纪律检查委员会书记的任免，中央各部门与地方党委应相互尊重，密切合作，并由主管部门在充分考虑地方党委意见的基础上决定审批。

（5）高等学校处（部）、系（所）级以上的领导干部由党组织统一管理和调配。其中，属于党委系统的领导干部应根据党章有关规定，按照干部管理权限审批；属于行政系统的干部由校长在群众推荐的基础上提名，经组织人事部门考察，党委（或党委常委）集体讨论决定，再按干部管理权限报主管部门审批或由校长任免。

（6）实行校长负责制的学校，行政系统处（系）级以上的领导干部的任免应在广泛听取群众意见的基础上，由校长提名，经组织人事部门考察并征求党委意见后，提交由校长主持的、党委正副书记、副校长和有关方面负责人参加的校务会议讨论决定，再按干部管理权限，由校长任免或报上级主管部门审批。

9. 原国家教育委员会发布《高等学校校长任期制试行办法》

1987 年 3 月 28 日，原国家教育委员会发布该办法。根据该规定，高等学校校长、副校长均实行任期制，任期与学校的学制等同（四年或五年）；任期届满，根据工作需要和本人条件，经上级任免机关批准，可以连任；校长在任职半年内提出本届工作规划，由校党委（实行校长负责制的学校由校务会议）讨论通过后向全校宣布，并报上级主管部门备案；对任期内的校长、副校长，学校每一两年进行一次民主评议，上级主管部门每两年进行一次全面考核，考核结果作为上级主管部门对正副校长奖惩、晋级、任免等的主要依据；对任期内的校长、副校长，上级任免机关有权调整、调动、变更其领导职务；校长、副校长在任职期间提出辞职的，需由本人向上级机关提出书面报告，经批准后生效，上级任免机关应在接到辞职报告后 3 个月内做出决定；全面实行校长任期制的范围，由学校的上级主管部门确定。

10. 原国家教育委员发布《普通高等学校招生暂行条例》

原国家教育委员会于 1987 年 4 月 21 日发布《普通高等学校招生暂行条例》，

从法律条例的层面上对高等学校及各级政府在招生方面的权限进行了明确划分。这是改革开放以来开始的教育法制化进程的具体体现，在此之前，都是每年召开全国招生工作会议并都颁布年度"关于高等学校招生的办法"。随着《普通高等学校招生暂行条例》的颁布，高等学校招生工作开始走上正轨。《普通高等学校招生暂行条例》规定一些条件成熟的省区实行"学校负责、招办监督"的录取体制，其他一些省区则实行"根据志愿，按比例投档"的录取办法。

根据《普通高等学校招生暂行条例》的规定，国家教育委员会（今教育部）主管全国普通高等学校招生工作，其职责：

（1）制订有关招生工作的规章。

（2）编制全国普通高等学校招生计划。综合平衡并下达中央部门所属高等学校招生来源计划。

（3）组织全国普通高等学校招生统一考试。

（4）指导、检查各省、自治区、直辖市普通高等学校招生工作。

（5）组织开展招生、考试的科学研究，领导招生、考试的改革试验，培训有关人员，并进行宣传工作。

（6）保护考生和招生工作人员的正当权益，组织或督促有关部门调查处理招生工作中发生的重大问题。

省（自治区、直辖市）、市（地）、县人民政府分别成立普通高等学校招生委员会，各级招生委员会在本级人民政府和上一级招生委员会的双重领导下负责本地区招生工作。

省、自治区、直辖市普通高等学校招生委员会的职责：

（1）执行国家教育委员会（今教育部）有关普通高等学校招生工作的规章，并结合本地区实际制订必要的补充规定。

（2）执行国家下达的招生计划。

（3）组织本地区考生报名、政治思想品德考核、身体健康状况检查、考试、录取工作。

（4）开展招生、考试的科学研究工作和宣传工作。

（5）保护考生和招生工作人员的正当权益，调查处理本地区招生工作中发生的重大问题。

普通高等学校应设招生办公室，在学校（院）的领导下进行工作。其职责：

（1）执行国家教育委员会（今教育部）有关招生工作的规章及有关省、自治区、直辖市招生委员会的补充规定。

（2）根据国家核准的年度招生计划及来源计划，录取新生。

（3）对录取的新生进行复查。

（4）支持地方招生委员会的工作。

《普通高等学校招生暂行条例》还对报名条件（允许报名者和不得报名者）、政治思想品德考核、身体健康状况检查、考试形式、民族政策及是否预选、评卷等问题做了详细的规定。

《普通高等学校招生暂行条例》对招生来源计划也做了具体规定，中央部门所属高等学校国家任务招生来源计划由国家教委（今教育部）综合平衡下达，中央部门所属高等学校接受委托培养招生来源计划，招收自费生来源计划由国家教委（今教育部）汇总下达。经国家教委（今教育部）批准，中央部门所属学校对工作与生活条件比较艰苦的地区，可在国家任务招生来源计划中确定适当比例，实行"定向招生、定向分配"。

根据《普通高等学校招生暂行条例》的规定，省级招生委员会组织各个高校分批录取学生、划定录取控制分数线，并逐步实行"学校负责，招办监督"的录取体制，即高等学校拥有调阅考生档案、决定是否录取的权力，并负责处理遗留问题，省级招生委员会办公室起监督作用。

《普通高等学校招生暂行条例》还规定，经过省级教育部门考察和督学的评估，办学思想端正、教师队伍基本合格的中学，统考后如果没有考生进入最低控制分数线，由省（自治区、直辖市）招生委员会批准，其德智体都比较优秀的个别毕业生，可以升入省（自治区、直辖市）所属高等学校。也就是说，省级招生委员会还有权批准未达到最低录取控制线的考生进入该省（直辖市、自治区）所属高等学校。

对于委托培养学生和自费生的录取工作，《普通高等学校招生暂行条例》也做了详细而具体的规定，"定向招生、定向分配"的学生可以在同批录取学校控制分数线以下 20 分以内，择优录取；如不能完成计划，可在其他地方的考生中征求志愿，择优录取，毕业后到定向分配地区工作。高等学校招收委托培养学生按国家教委（今教育部）关于普通高等学校接受委托培养学生管理工作有关规定办理。中央、国务院部门，省、自治区、直辖市党政机关，全民所有制企事业单位委托培养的学生，一般应与国家任务招收的学生执行同一录取分数标准。全民所有制企事业中工作或生活条件比较艰苦的单位，城乡集体所有制企事业单位，个体户以及山区、边远地区、少数民族聚居地区的委托培养，可以划定招生范围，同时明确预备生源，在接受委托培养学校同批录取控制分数线以下 20 分以内择优录取。招收自费生，经省、自治区、直辖市普通高等学校招生委员会批准，录取分数可适当降低。

根据《普通高等学校招生暂行条例》的规定，省级招生委员会办公室还有权向所属高等学校推荐在成人高等学校招生考试中成绩优异、符合报考普通高等学校条件的考生，对于这样的学生，高等学校可以单独考核，择优录取。师范院校可以以省、自治区、直辖市为单位，提前单独录取或试行提前单独招生，如果单独组织考试录取，试题、参考答案及评分标准则应于考前交原国家教委备案。

就录取学生名单及录取通知书的发放而言，高等学校有填发录取通知书的权利。实行"学校负责、招办监督"录取体制的高等学校，录取名单报省级招生委员会备案，而实行"根据志愿，按比例投档"录取办法的高等学校，录取名单要经省级招生委员会审核批准。

根据《普通高等学校招生暂行条例》的规定，原国家教育委员会授权高等学校可以招收保送生，具体规定由原国家教育委员会另行制定（1988年2月2日，原国家教育委员会出台《普通高等学校招收保送生的暂行规定》，对于保送生的条件，接受保送生的比例，输送保送生学校的条件、权利与职责及报送工作程序等方面做了较为详细的规定）。

11. 原国家教育委员会发布《关于扩大普通高等学校录取新生工作权限的规定》

为了进一步贯彻执行《中共中央关于教育体制改革的决定》，落实国务院《高等教育管理职责暂行规定》，逐步扩大高等学校选拔新生的权限，原国家教育委员会于1988年5月13日发布《关于扩大普通高等学校录取新生工作权限的规定》。本实施细则适用于实行"学校负责，招办监督"录取体制的高等学校和地方。这一录取体制的主要内容：在政治思想品德考核和身体健康状况检查合格、统考成绩达到本批录取学校控制分数线以上的考生中，调阅考生档案数、录取与否由学校决定，遗留问题由学校负责处理；省、自治区、直辖市招生委员会办公室实行监督。

根据《关于扩大普通高等学校录取新生工作权限的规定》，高等学校在录取工作中，有以下职责：

（1）根据上线人数确定本校调档分数线，调档比例不受限制，相邻志愿的分数级差不得超过20分。

（2）对各志愿的考生都要认真对待，不得退掉第一志愿考生而录取第二志愿考生，当第一志愿考生档案不足时，也不得拒绝录取非第一志愿考生。

（3）录取工作组或录取负责人审批录取新生名单，由省级招生委员会盖章，由高等学校签发录取通知书。

（4）高等学校在新生入学后，对学生进行全面复查，对不符合条件或有徇私舞弊等行为者，均应取消其入学资格或学籍，退回原户口所在地。

高等学校在进行招生录取工作时，应做好以下工作：

（1）加强对录取工作的领导。派往各省的招生人员一般应由处级干部担任。

（2）要制定必要的规章制度。

（3）要选拔好录取工作人员，有直系亲属参加当年高考者，不应参与录取工作。

（4）高等学校在录取工作中要认真执行政策，严格遵守纪律，自觉接受地方招生委员会办公室的监督。

（5）录取工作结束后，要采用恰当的方式认真处理好遗留问题，凡由于学校失误而落选的学生，学校应予以补录。

根据《关于扩大普通高等学校录取新生工作权限的规定》，在录取工作中，省、自治区、直辖市招生委员会办公室的职责：

（1）根据国家教育委员会（今教育部）的有关规定，结合本地区情况，制定本省、自治区、直辖市录取工作具体实施意见，划定录取控制分数线。

（2）如实向高等学校介绍考生各方面情况，及时准确投送和调配考生档案。

（3）在录取前，根据国家下达的招生计划，核定高等学校的招生计划。录取后，应检查、复核学校是否全面完成招生计划。凡未经国家教委批准，不得计划外招生，为解决工作失误及其他遗留问题，经省、自治区、直辖市招生委员会批准，高等学校可增招个别学生。

（4）合理规定学校调阅考生档案及录取的时间并进行检查。及时清理档案，保证档案正常运转。

（5）对学校调档分数、执行政策的情况进行检查，凡发现有违反规定的情况或有不合理落选者，须提请有关学校复议。要健全各类录取档案资料的管理制度。

（6）省、自治区、直辖市招生委员会办公室要设立信访接待组，督促和协助高等学校解决好遗留问题，处理本职范围内的善后工作。

（7）对高等学校之间在招生问题上发生的矛盾，地方招生办公室要进行调解，必要时请省、自治区、直辖市招生委员会或国家教育委员会（今教育部）裁决。

（8）各省、自治区、直辖市招生委员会必须设立纪律检查组，由主要负责人任组长。

（9）选择录取场所，搞好生活服务。

12. 国务院颁布《高等教育自学考试暂行条例》

我国从 20 世纪 80 年代初就开始了高等教育自学考试工作，为了进一步使高等教育自学考试工作规范化、法治化，明确各级自学考试委员会与主考学校的职责权限划分，国务院于 1988 年 3 月 3 日发布了《高等教育自学考试暂行条例》。

全国高等教育自学考试指导委员会是原国家教委领导下的，负责全国高等教育自学考试工作的部门，由国务院教育、计划、财政、劳动人事部门的负责人，军队和有关人民团体负责人，以及部分高等学校的校（院）长、专家、学者组成。原国家教育委员会设立高等教育自学考试工作管理机构，作为全国自学考试指导委员会的办事机构。全国高等教育自学考试指导委员会的职责：

（1）根据国家的教育方针和有关政策、法规，制定高等教育自学考试的具体政策和业务规范。

（2）指导和协调省、自治区、直辖市的高等教育自学考试工作。

（3）制定高等教育自学考试开考专业的规划，审批或委托有关省、自治区、直辖市的高等教育自学考试机构审批开考专业。

（4）制定和审定高等教育自学考试专业考试计划、课程自学考试大纲。

（5）根据本条例，对高等教育自学考试的有效性进行审查。

（6）组织高等教育自学考试的研究工作。

全国自学考试指导委员会根据需要设立若干专业委员会，负责拟定专业考试计划和课程自学考试大纲，组织编写或推荐教材，对本专业考试工作进行业务指导和质量评估。

省级教育行政部门设立高等教育自学考试工作管理机构，作为省考委的日常办事机构，省、自治区、直辖市高等教育自学考试委员会（以下简称"省考委"）的职责：

（1）贯彻执行高等教育自学考试的方针、政策、法规和业务规范。

（2）结合本地实际拟定开考专业，指定主考学校。

（3）组织本地区开考专业的考试工作。

（4）负责本地区应考者的考籍管理，颁发单作合格证书和毕业证书。

（5）指导本地区的社会助学活动。

（6）根据国家教育委员会（今教育部）的委托，对已经批准建校招生的成人高等学校的教学质量，通过考试的方法进行检查。

省、自治区人民政府的派出机关所辖地区（以下简称"地区"）、市、直辖市的市辖区高等教育自学考试工作委员会的日常工作由当地教育行政部门负责，其职责：

（1）负责本地区高等教育自学考试的组织工作。

（2）指导本地区的社会助学活动。

（3）负责组织本地区高等教育自学考试毕业人员的思想品德鉴定工作。

主考学校的职责：

（1）接受省考委领导，参与命题和评卷。

（2）负责有关实践性学习环节的考核。

（3）在毕业证书上副署。

（4）办理省考委交办的其他有关工作。

《高等教育自学考试暂行条例》还就开考专业、考试办法、考籍管理、社会助学（自学考试辅导）、毕业人员的使用与待遇、考试经费、奖励与处罚等问题做了详细而具体的规定。

13. 国家教育委员会颁布《国家教委关于对普通高等学校机构设置的意见》

高等学校设立党政管理机构的数量须遵守下表的规定，凡情况特殊需要额外增加的，须报上级主管部门批准。

表5-1 高等学校设立党政管理机构数量限额一览表

规　　模	理工类学校限额数（包括综合大学、工科、农林、医药、师范）	文科类学校限额数
1 000 人以下的	10 ～ 12	10 ～ 12
1 000 ～ 2 000	12 ～ 14	12 ～ 14
2 000 ～ 3 000	14 ～ 16	14 ～ 15
3 000 ～ 4 000	16 ～ 18	15 ～ 17
4 000 ～ 5 000	18 ～ 20	17 ～ 19
5 000 ～ 8 000	20 ～ 22	
8 000 ～ 10 000	22 ～ 24	
10 000 以上	24 ～ 26	

当时，高等学校中存在着机构过多、人浮于事、效率低下的问题，如有的学校总务处分建五个处，人事处分为三个单位，为了解决这些问题，1988 年 5 月 12日，国家教育委员会发布《国家教委关于对普通高等学校机构设置的意见》规定：

（1）高等学校行政管理机构的层次为校（院）、处（部、室）、科三级。

（2）对于规模在 5 000 人以上的高等学校，经上级批准可设立秘书长、教务长、总务长（均不得设立副职），协助校（院）长工作。不设秘书长、教务长、总务长的学校，经上级批准可设立校（院）长助理 1 ～ 2 人。

（3）若经上级主管部门批准设立分院的，一般不作为一级行政机构，若必须作为一级行政机构，则所属系不作为一级行政机构。

（4）系、研究所的设置，或因教学、科研工作需要，要求建立相当于处一级的业务机构，须报上级主管部门批准。

（5）处级以下机构设置，学校根据工作需要自行研究决定。

（6）高等专科学校党政管理机构的设置，一般是 8 ~ 10 个处（科）级职能机构，具体设置由省级教育行政机构研究确定。

《关于对普通高等学校机构设置的意见》是原国家教育委员会针对当时有些高等学校机构过多、效率不高的问题而出台的政策性文件，对于解决类似的问题起到了一定的制约作用，但美中不足的是，原国家教委是以意见的形式下发的，笔者认为如果能以条例或法规的形式颁布，则更加适合高等学校的特色和中央政府实行宏观控制的改革方向。

14. 原国家教育委员会以高等工程教育为试点，开展教育评估工作，这是对高等学校管理手段多元化的尝试

《中共中央关于教育体制改革的决定》指出："要组织教育界、知识界和用人部门定期对高等学校的办学水平进行评估。"为了落实《中共中央关于教育体制改革的决定》精神，改善与加强政府对高等学校的宏观管理，1985 年 6 月，原教育部在黑龙江省牡丹江市召开了著名的"镜泊湖会议"（高等工程教育评估问题专题讨论会），研究讨论对高等工程相关专业试点进行评估工作的理论与实践问题。同年 11 月 13 日，原国家教育委员会发布《关于开展高等工程教育评估研究和试点工作的通知》（国家教委〔85〕教高二字 020 号文），该通知指出："在我国建立高等工程教育评估制度，是教育体制改革的必然要求，是在扩大高等学校办学自主权的新形势下，加强对高等教育宏观指导和管理的重要手段。……但是，建立适合我国国情的高等工程教育评估制度是一项十分复杂的新任务，我们还缺乏实践经验，因此，既要勇于创新，又要稳步前进。作为准备和起步，当前首先要认真抓好研究和试点工作。"《关于开展高等工程教育评估研究和试点工作的通知》还认为在教育评估中应当处理好自我评估、社会评估和国家检查之间的关系，要以自我评估为基础，以社会评估为重点，这是有意淡化政府教育行政机关在教育评估中的作用，试图充分发挥教育评估在高等学校和政府部门之间的中介与"缓冲器"的作用。《关于开展高等工程教育评估研究和试点工作的通知》指出，本次关于"高等工程教育的评估"是在开展研究的同时，有步骤地开展试点评估工作，研究和评估相互联系、相互促进。评估试点工作既包括对专业办学水平的评估，也包括对某些高等工科学校的整体办学水平的评估，还有对工科某些课程教学质

量的评估，具体评估内容与类型如表 5-2 所示。

表5-2

负责部委或省区	评估对象	评估类型	评估范围
机械工业部	机械制造工艺与设备	专业评估	本科生与研究生
城乡建设环境保护部	供热通风与空调工程		本科生
电子工业部	计算机及应用		本科生
煤炭工业部	所属高等工业学校	学校办学水平评估	整个学校
上海市	所属部分高等工业学校		整个学校
黑龙江省	普通物理	课程评估	省属工科学校
陕西省	高等数学		省属工科学校
北京市	理论力学、材料力学		市属工科高等学校

1987 年 7 月 16 日，原国家教育委员会发布《关于开展高等工程教育评估试点工作的几点意见》，标志着高等工程教育评估试点工作已完成准备阶段的工作，正式开始试点评估工作。该意见重申了国家开展教育评估工作的重要意义：在我国建立教育评估制度是教育体制改革的必然要求，是高等学校进行自我检查的重要手段，是密切高等学校与社会关系的重要途径，也是教育行政管理部门改善与加强宏观管理指导的重要依据。通过开展对高等学校的评估工作，可以在扩大高等学校办学自主权的新形势下，增强高等学校办学的活力和动力。

15. 发布一系列关于社会力量办学的暂行规定

中华人民共和国成立以后，经过教育领域的社会主义改造，各级各类的教育机构都已收归国有，近 30 年时间的中国大陆地区已经没有了私立学校的概念。1987 年 7 月 8 日，原国家教育委员会发布了《关于社会力量办学的若干暂行规定》，这是社会主义改造以后，首次从国家政策的层面承认了私人办学的合法性。《关于社会力量办学的若干暂行规定》指出，根据国家宪法规定，鼓励和支持社会力量办学，但需要加强管理。而社会力量"是指具有法人资格的国家企业事业组织、民主党派、人民团体、集体经济组织、社会团体、艺术团体，以及经国家批准的私人办学者"。《关于社会力量办学的若干暂行规定》规定了社会力量办学是我国教育事业的组成部分，是国家办学的补充，"各级人民政府及教育行政部门应鼓励和支持社会力量举办各种教育事业，维护学校正当权益，保护办学积极性，在条件允许的情况下，尽力帮助解决办学中存在的困难，对办学成绩卓著者给予表彰和奖励"。社会力量办学应接受地方人民政府及其教育行政部门的领导和管理，还应遵循教育规律，量力而行，扬长避短，注重质量，讲求实效。《关于社会力量办学的若干暂行规定》还规定，凡申请办学的单位，均须由其上级主管部门出具同意办学的证明；在职人员申请办学，须经所在单位批准，并出具同意办学的证明；非在职人员申请办学，须经当地街道办事处、乡（镇）人民政府出具同意办学的证明。出具同意办学的部门或单位，应对所属办学单位或个人的办学方向、宗旨及办学负责人的政治思想、道德品质、业务能力等方面进行认真审核，出具书面审核材料。社会力量办学均须根据学校的类别、层次，按审批权限，经有关教育行政部门批准，未经批准不得办学。经批准举办的学校，变更其名称、类别、层次、专业，更换举办单位或举办人，改变隶属关系或停办，均须按原审批程序办理。所办学校应面向学校所在地区招生，确需跨省、自治区、直辖市招生或设教学管理机构的，除应经学校所在地的省级教育行政部门同意外，还须经所涉及地区的省级教育行政部门批准。另外，《关于社会力量办学的若干暂行规定》还规定了社会力量办学的经费自行筹集，学校可向学员收取合理金额的学杂费，但不得以办学为名非法牟利，收费标准和办法由自治区、直辖市教育行政部门会同有关部门共同制定。社会力量举办学校的全部收入以及固定资产，归学校所有。

1987年12月28日，原国家教育委员会和财政部根据《中华人民共和国会计法》和《关于社会力量办学的若干暂行规定》，制定了《社会力量办学财务管理暂行规定》，根据此规定，社会力量举办的学校应根据有关规定和办学规模，设置相应的财务机构或配备专职财会人员，建立必要的财务规章制度，学校财务负责人的任免应报上级教育行政部门备案。社会力量举办的学校应当本着"统一领导、分级负责、独立核算、量入为出、略有结余的原则，按照国家事业单位的会计制度和有关财务管理办法，在银行开立账户后，办理财务收支，进行会计核算"。社会力量举办的学校应严格执行国家财经制度，学校定期要向当地教育行政部门、财政部门报送财务报表，接受有关部门的检查和监督，而且要定期公布财务收支账目。

1988年10月24日，原国家教育委员会发布《社会力量办学教学管理暂行规定》，详细规定了各级教育行政机关与社会力量所办各类学校之间的管理责任与义务。《社会力量办学教学管理暂行规定》适应范围是"社会力量举办的、未取得颁发国家学历证书资格的、面向社会招生的各级各类学校，及其分校、分部以及独立设置的培训中心、各类培训班、辅导班、进修班等从事教学活动的组织"。该暂行规定所称的教学管理是指"教育行政部门对社会力量举办的学校在培养目标、专业或课程设置、教学计划、教学大纲、教材建设、教师聘任、教学场所、学籍管理及其他有关教学方面的指导和监督"。《社会力量办学教学管理暂行规定》要求社会力量所办学校均应设立教务或教学管理机构，建立健全教学管理制度，逐步开展教研活动；学校应制定适当的培养目标，对培养目标不适合实际需要的学校或专业，教育行政部门应停止其招生；社会力量举办的各类高等层次学校的专业设置，应报批准办学的教育行政部门备查；学校的教学计划和各课程的教学大纲应报批准办学的教育行政部门备查；培养目标、教学计划和教学大纲确定后不得随意改动，确需改动者，要经批准办学的教育行政部门同意；学校要允许学员退学；学校要有相应的教师队伍及办学场所；学校还应建立学员入学注册制度，新学期开学，须对学校重新注册，注册学员名单应上报批准办学的教育行政部门备查；学校须建立学员学习成绩档案，按期登记注册学员的考核或考试成绩，并将学员的各科学习成绩记入结业证明。《社会力量办学教学管理暂行规定》还规定了各级教育行政部门的职责与管理权限："各级教育行政部门，应根据自己的管理权限，建立社会力量办学档案，掌握学校的基本情况，对学校的教学工作实施有效管理。要善于组织社会力量管理社会力量办学，发挥他们的积极作用。"另外，教育行政部门应逐步制定对社会力量所办学校教学工作和教学质量的检查和评估办法；各省级教育行政部门应根据本规定，结合本地区社会力量办学的实际，制定具体的教学管理办法。

16. 改革高等学校毕业生分配制度

1989 年 3 月 2 日，国务院批转原国家教委《关于改革高等学校毕业生分配制度报告的通知》。此前，我国实行的是以"统"和"包"为特征的分配制度，这种制度存在明显的弊端，"不利于调动学生学习、学校办学、用人单位合理使用人才的积极性，特别是随着我国经济体制改革的深入，社会主义商品经济的发展，劳动制度和人事制度的改革，这种分配制度越来越不适应形势发展的要求，与新的经济运行机制越来越不协调。因此，必须改革现行的高等学校毕业生分配制度。"《关于改革高等学校毕业生分配制度报告的通知》提出，我国高等学校毕业生分配制度改革的目标是"在国家就业方针、政策指导下，逐步实行毕业生自主择业，用人单位择优录用的'双向选择'制度"。为了达到这个改革目标，各地应该致力于人才（劳务）市场的建设，考虑地区、行业的不平衡，对边远地区和艰苦行业应实行定向招生、定向分配的制度；在一定时期内，高校毕业生还要在其所属的本行业、本地区选择职业，并通过一些政策措施，促进部门与地方之间的横向交流；学生在上学期间，除特殊规定外，要承担一定的学杂费，实行成本分担。

根据《关于改革高等学校毕业生分配制度报告的通知》，国家任务招生计划招收的学生，其培养费由国家提供，学生上学一般应交学杂费，经济困难者可申请国家贷款或享受助学、奖学金；师范、农林、体育、民族、航海等专业招收的学生可按规定享受专业奖学金，免交学杂费，毕业后在本系统、本行业内择优录用；对矿业、地质、水利、石油等部门及工作、生活比较艰苦的地区所需要的高校毕业生，可根据工作需要实行定向招生。《关于改革高等学校毕业生分配制度报告的通知》还对社会调节性计划招收学生的就业方式进行了具体规定。该通知规定，对1988年以前入校的学生，原则上仍实行以国家计划分配为主的制度。但要进行改革，逐步实行在国家方针、政策指导下的招聘、推荐、择优录用的办法。

三、该时期我国高等教育政策的特点

1.围绕《中共中央关于教育体制改革的决定》的颁布发布一系列政策文件，明确政府与高等学校之间的职责关系

1985年5月27日，《中共中央关于教育体制改革的决定》，吹响了在教育领域全面改革的号角，拉开了教育体制改革的序幕。为了全面贯彻《关于教育体制改革的决定》，中共中央、国务院、原国家教育委员会发布了一系列政策文件，从各个方面规范各类高校与主管部门的职责关系。例如，颁布《高等教育管理职责暂行规定》，明确了原国家教育委员会、各省的教育委员会及各部委所拥有的对各自所属高等学校的管辖权限。就举办者而言，中央、省、各部委和中心城市都拥有举办高等学校的权利（以前只有中央、省、部委拥有该项权利）。将很大一部分权利下放到高等学校。

2.改革高等学校内部管理体制

中华人民共和国成立以来，我国高等学校内部管理体制经历了20世纪50年代初的"校院长负责制"（1950年8月14日颁布《高等学校暂行规程》）；20世纪50年代后期的"党委领导下的校（院）务委员会负责制"（1956年党的八大党章规定：基层党组织对本单位起领导作用，1958年中共中央、国务院在《关于教育工作的指示》中明确规定：一切学校应当受党委的领导，在一切高等学校中，应当实行学校党委领导下的校务委员会负责制）；1958年调整时期的"党委领导下的以校（院）长为首的校（院）务委员会负责制"（《教育部直属高等学校暂行工作条例（草案）》，即"高教60条"规定）；"文革"时期的革命委员会制；粉碎"四人帮"以后的党委领导下的校（院）长分工负责制等校内管理体制。《中共中央关于教育体制改革的决定》颁布以后，在一些高校中逐步开始实施校（院）长负责制的改革试点，所以在这一时期，我国高校内部管理体制是校长负责制和党委领导下的校长负责制并存的局面。

3. 开始出现了社会力量举办的高等教育

我国自春秋时期开始出现私立高等教育,有着悠久的民间力量举办高等教育的历史。20 世纪 50 年代以后,我国全面实现了高等教育的社会主义改造,中共中央、部委、省成为高等教育的唯一举办者。1987 年 7 月 8 日,原国家教育委员会发布了《关于社会力量办学的若干暂行规定》,结束了政府为高等教育唯一举办者的历史,民间资本开始进入高等教育领域,私立高等教育在我国开始了艰难但不失朝气的发展历程。

4. 由原国家教育委员会牵头,开始了高等教育评估的尝试,政府管理高校的渠道得到了拓宽

中华人民共和国成立以来,高等学校完全成为各级政府的下属机构,各级高等学校的主管部门对所辖高校实施发号施令式的管理,高等学校也成为上级主管部门所发布政策的执行者。1985 年开始,在《中共中央关于教育体制改革的决定》精神的指引下,原教育部开始以高等工程教育为试点,进行高等教育评估的尝试,此后,评估就成为教育行政机构管理高等学校的主要方式之一。客观地说,评估的方式更适合行政机构对高等学校的管理。

第六章 改革开放中期（1989—1992）高等教育政策的演变

一、改革开放中期高等教育的相关政策及其影响

1. 颁布《普通高等学校本科专业设置暂行规定》

1989 年 4 月 4 日，原国家教育委员会印发了《普通高等学校本科专业设置暂行规定》，下放了部分专业设置的审批权，加强对高等学校本科专业设置的宏观管理。根据该暂行规定，高等学校进行专业调整应遵循以下原则：需要和可能相结合的原则，应讲求投资效益和社会效益，正确处理数量与质量的关系，形成合理的专业结构和布局，避免不必要的重复设置，在保证质量和效益的基础上稳步发展；专业设立及其调整，应符合原国家教育委员会制定的普通高等学校本科基本专业目录及其有关要求；申请设立普通高等学校本科基本专业目录以外的专业，应对设立该专业的必要性、合理性和可行性进行科学论证。论证结果须经原国家教育委员会审核认可。

《普通高等学校本科专业设置暂行规定》还规定，普通高等学校专业设置，实行区别情况，分别由高等学校、学校主管部门和原国家教育委员会分工负责审定和审批的办法。普通高等学校在专业目录中同类相近专业（特殊规定的几种除外）的范围内调整专业，或在本专业类范围内拓宽专业、改用目录内业务范围较宽的专业名称者，由学校自主负责审定，报学校主管部门备案，同时抄报国家教委（今教育部）。

普通高等学校增设非常设的招生计划全部属于委托培养的本科专业班，在专业目录的范围内，学校可按照专业设置的审批条件进行论证后自主负责审定，论证结果须报学校主管部门备案，同时抄报国家教委（今教育部）。

普通高等学校增设专业目录内的本科专业（特殊规定的几种情况除外），按学校归属，分别由中央有关部委、各省、自治区、直辖市和计划单列市高教主管部门负责审批，报国家教委（今教育部）备案。主管部门在审批专业时，对通用

专业的设置应注意征求有关行业主管部门或地方主管部门的意见。计划单列市审批本科专业必须征得所在省主管部门的同意。

普通高等学校增设专业目录内的本科专业（或调整专业），凡涉及目录已注明为"试办专业""个别学校设置的专业"和国家教委（今教育部）公布的少数需全国统筹布点的专业，以及拟增设专业目录以外的专业，由国家教委（今教育部）负责审批。

《普通高等学校本科专业设置暂行规定》规定，专业审批每年集中进行一次。凡由高等学校自主审定的专业，各校应于每年 10 月 31 日前将审定结果连同必要材料报学校主管部门备案，并同时抄报国家教委（今教育部）。凡由学校有关主管部门负责审批的专业，学校申报时间及审批具体时间可本着及时处理的精神由有关部门自行确定，但各有关学校主管部门至迟应于每年 10 月 31 日前将审批结果报国家教委（今教育部）备案。凡由国家教委（今教育部）负责审批的专业由学校先向学校主管部门提出申请，经学校主管部门负责审核后于每年 8 月 31 日前报送国家教委（今教育部），国家教委（今教育部）与有关部门会商后于当年 10 月 31 日前将审批结果下达学校主管部门。

对于备案的专业，国家教委（今教育部）或学校主管部门有权检查，发现不符合规定条件者，可不予承认，至迟于当年 12 月 31 日前通知有关学校该专业不得招生，并限期充实条件。期限满时仍不符合条件者，学校上级主管部门有权撤销该专业。

对于不符合相关规定的情况，国家教育委员会（今教育部）将视具体情况，令其限期整顿、调整、停止招生直至撤销该专业，这些情况包括虚报条件筹建或正式设立专业的，超越审批权擅自设立专业招生的，不按规定备案的。

2. 颁布高等教育自学考试关于考籍管理与免考课程的相关规定

根据 1988 年 3 月 3 日国务院颁布的《高等教育自学考试暂行条例》，原国家教育委员会于 1989 年 6 月 13 日颁布了《全国自学考试考籍管理试行办法》与《关于高等教育自学考试免考课程的试行规定》。根据《全国自学考试考籍管理试行办法》，高等教育自学考试的考籍管理工作由省自学考试委员会统一负责。考籍档案应有专人负责，建立保管制度，档案可由省自学考试委员会集中保管，也可委托地（市）自学考试机构保管。各省、自治区、直辖市高等教育自学考试委员会可依据本办法，结合本地区的实际，制定具体实施办法。

根据《关于高等教育自学考试免考课程的试行规定》，国家承认学历的各类高等学校的研究生与本科、专科毕业生参加高等教育自学考试第二专业考试的，均可按照本规定，免考已学过并成绩合格的部分课程。具体规定如下。

（1）研究生和本科毕业生报考高等教育自学考试专科（段）专业的，可免考：公共基础课，名称和要求相同的课程。

（2）高等教育自学考试的专科毕业生，报考同学科不同专科（段）专业的，可免考：公共基础课，名称和要求相同的专业课程。报考不同学科专科（段）专业的，可免考公共基础课。

（3）各类高等学校专科毕业生报考高等教育自学考试专科（段）专业的，可免考公共基础课。

（4）各类高等学校的本科肄业生、退学生，参加高等教育自学考试，可免考已取得合格成绩的公共基础课。

（5）报考高等教育自学考试本科段专业考试的，应按照所报本科段考试计划完成除公共基础课外的全部课程考试。

（6）参加高等教育自学考试第二专业课程考试成绩合格的应考者，应按照自学考试毕业生的有关规定，发给该专业的毕业证书。

（7）已获得学士学位的研究生、本科毕业生，参加高等教育自学考试本科专业考试，并获得毕业证书者，若与原毕业专业属同学科门类的，只颁发新的专业毕业证书，不授予第二学士学位证书。

《关于高等教育自学考试免考课程的试行规定》还规定了课程免考的申请程序与审核单位："由应考者向当地自学考试机构提出申请并提供正本证明材料（毕业证书、原所在学校的课程名称和成绩单等），经查验核准后，报省、自治区、直辖市高等教育自学考试委员会审核批准。"对于在免考课程申报过程中的徇私舞弊行为，一经查出，即取消其考试资格和已取得的高等教育自学考试合格成绩并通知其单位，对有徇私舞弊的工作人员，给予必要的行政处分。各省、自治区、直辖市高等教育自学考试委员会在不违背本规定的原则下，可制订实施细则。

3. 在高等学校停止校长负责制的试点，原则上实行党委领导下的校长负责制

《中共中央关于教育体制改革的决定》确定了要在高等学校逐步实行校（院）长负责制，到 1989 年，有相当一些高校已经在进行这种校内管理体制的改革。后来，这种试验被终止。1989 年 7 月 10 日，中共中央、国务院转发原国家教委《关于当前高等学校工作中几个问题的意见》，该意见指出："我们要冷静地考虑过去，考虑未来，认真总结经验教训，坚持四项基本原则，批判资产阶级自由化思潮，坚持改革开放，提出教育发展与改革的长远设想。教育必须坚持社会主义方向，必须下最大决心，把高等学校办成培养社会主义事业接班人的坚强阵地。"在这种指导思想基调下，《关于当前高等学校工作中几个问题的意见》强调要先做好的工作就是"整顿党的组织，加强和调整领导班子"，认为"高等学校的基本任务是

造就能够坚持社会主义道路的专门人才，决不能培养反对党的领导、反对社会主义的人。党对学校的正确有力的领导和党组织在学校中坚强的政治核心作用，对办好社会主义大学具有决定性的意义。实践证明，实行党委领导下的校长负责制，有利于保证学校的社会主义方向和全面实现培养目标，比较符合高等学校的实际。在今后一个相当长的时期，高等学校仍应实行党委领导下的校长负责制，但党政职能应该分开，党组织不要包揽行政事务。已试行校长负责制并取得较好效果的学校，可以继续探索和积累经验。试行校长负责制效果不够好的学校，应恢复党委领导下的校长负责制。从现在起，不再增加校长负责制的试点。不论实行哪种领导体制，都要充分发挥党组织的政治核心作用"。

1989 年 12 月 23 日，时任国家教育委员会（今教育部）主任的李铁映在向第七届全国人民代表大会第十一次会议汇报我国教育若干问题时强调"高等学校原则上实行党委领导下的校长负责制，党委要把主要精力放到保证中央方针政策的贯彻执行，加强党的建设和做好师生的思想政治工作上，校长要对学生德智体全面发展负责"。《关于当前高等学校工作中几个问题的意见》认为，对于试行"校长负责制"并取得较好效果的高等学校，可以继续实行该领导体制，这是一种"网开一面"的做法。

1990 年 7 月 17 日，《中共中央关于加强高等学校党的建设的通知》颁布，该通知指出要明确高等学校的领导体制，坚持党委的领导地位，强调在高等学校中实行"党委领导下的校长负责制"，又指出经上级主管部门和地方党委确定，一些学校可以继续实行校长负责制试点工作，但是在做好试点工作的同时，党委要发挥政治核心作用，坚持党管干部的原则，全面领导学校的思想政治工作，参与对教学、科研和行政管理工作重大问题的决策。对于其他实行党委领导下的校长负责制的高校而言，《中共中央关于加强高等学校党的建设的通知》明确党委有以下七项主要任务：

（1）贯彻执行党的路线、方针、政策，坚持社会主义办学方向，依靠全体教职工，推进学校的发展和改革，培养适应社会主义现代化建设需要的又红又专的人才。

（2）加强党的思想、组织、作风建设，发挥党支部的战斗堡垒作用和党员的先锋模范作用。

（3）研究决定学校建设和改革，以及教学、科研和行政管理工作的指导思想及其重大问题。

（4）领导学校的思想政治工作。

（5）坚持党管干部的原则，按照干部管理权限负责干部的选拔、教育、培养、考核和监督工作，掌握教师队伍建设的思想政治方向。

（6）领导学校的工会、共青团、学生会等群众组织和教职工代表大会，支持它们依照法律和各自的章程独立自主地开展工作。

（7）对学校内的民主党派组织实行政治领导，认真听取他们的意见和建议，做好统战工作。

《中共中央关于加强高等学校党的建设的通知》也对高等学校校长的职责进行了说明，"要充分尊重和发挥校长在学校的重要作用。校长要全面贯彻党的教育方针，坚持把德育放在学校工作的首位，执行党委的集体决定，在其职责范围内积极主动、独立负责地做好教学、科研和行政管理工作，结合各项业务做好思想政治工作。学校的发展规划、重大改革措施、师资队伍建设、重要机构设置和学年工作计划等重大问题，由校长在广泛听取各方面意见的基础上提出方案，党委集体讨论决定，校长统一组织实施。党委讨论上述问题时，邀请非党员校长列席。中层行政干部经党委集体讨论决定，由校长按规定的程序任免"。

《中共中央关于加强高等学校党的建设的通知》强调在加强高等学校党的领导的同时，还要避免对行政事务的过度干涉，"党委应以主要精力研究学校的重大方针、政策问题，加强党的建设和思想政治工作，支持行政领导充分行使职权，力戒包揽行政事务"。根据《中共中央关于加强高等学校党的建设的通知》，在系一级，系党总支是全系的政治核心，参与本系行政管理工作重大问题的讨论决定，支持系主任在其职责范围内独立负责地开展工作，搞好党的建设，领导全系的思想政治工作，配合系主任做好本系在选派人员出国等方面的政治审查。

《中共中央关于加强高等学校党的建设的通知》规定了今后选择高等学校领导干部要坚持"革命化、年轻化、知识化、专业化"的方针，"要把坚决执行党的基本路线，旗帜鲜明地反对资产阶级自由化，忠于马克思主义，忠诚于社会主义教育事业的德才兼备的优秀干部，安排和选拔到领导岗位上来。……鉴于当前高等学校的实际情况，少数已经超过任职年龄的党委书记和校长，确因工作需要，经过上级批准，可适当延长任职时间。"

《中共中央关于加强高等学校党的建设的通知》还对高等学校校级领导干部的培训工作做了具体规定："全国重点高等学校的校级领导干部由中央党校和国家教委（今教育部）的中央教育行政学院负责培训，其他高等学校的校级领导干部由各省、自治区、直辖市和中央国家机关有关部委的教育管理干部培训基地及党校负责培训。领导班子成员上岗前或任期内要进行正规培训。"

《中共中央关于加强高等学校党的建设的通知》对高等学校专职党务工作人员和思想政治工作人员的配备比例做了规定，高等学校专职党务工作人员和思想政治工作人员的编制定额一般应占全校师生员工总数的百分之一左右。学校党委应设立办公室、组织部、宣传部。中等规模以上的学校根据工作需要，可增设其他必要的工作部门。

《中共中央关于加强高等学校党的建设的通知》规定："地方党委要加强对高等学校党的工作的领导，中央国家机关有关部委党组（党委）对所属院校党的工作要予以指导。省、自治区、直辖市党委和中央国家机关有关部委党组（党委）应十分重视高等学校党的建设工作。要定期研究高等学校的工作，指导和帮助学校党委坚持社会主义的办学方向；……地方党委、政府和中央国家机关有关部委的领导同志要建立联系高等学校的制度，直接抓一所大学，定期去学校调查研究，做报告，讲形势，开座谈会，与知识分子和青年学生交朋友。"《中共中央关于加强高等学校党的建设的通知》还规定，"高等学校比较集中的省、自治区、直辖市党委一般应设立专门机构领导高等学校党的工作。中央国家机关部委所属高等学校党的工作，由地方党委统一领导"。

《关于当前高等学校工作中几个问题的意见》和《中共中央关于加强高等学校党的建设的通知》的颁布基本确定了我国高等学校党委领导下的校长负责制的内部管理体制，也标志着高等学校校长负责制试验的终结。

4. 加强高等学校学生的军训工作

1989 年 8 月 26 日，原国家教育委员会、中国人民解放军总参谋部、中国人民解放军总政治部联合发出《关于 1989 年学生军训有关问题的通知》，这是当年一项加强对大学生进行思想政治教育工作的举措。根据《中共中央关于加强高等学校党的建设的通知》，1989 年全国有 143 所高校开展学生军训工作，其中有重庆大学、四川大学、华西医科大学（今四川大学华西医学中心）、西安交通大学、陕西师范大学、兰州大学六所高等学校的学生到部队进行军训，其余 137 所高校的学生在校内组织训练。当年新增军训的高校，军队不派出现役军官任教，所需军事教员由学校设法解决。安排到部队军训的学生应于年底前完成训练任务。未列入部队军训的高校学生，部队一般不予安排。高校学生军训时间为 8 周，其中集中训练 5 周，分散训练 3 周。《中共中央关于加强高等学校党的建设的通知》还强调要加强对学生军训工作的领导，各级人民政府和各级军区、有关部队要加强对学生军训工作的领导，研究解决学生军训中的实际问题。

另外，国家教委曾决定 1989 年入学的北京大学的学生先到部队院校进行军政训练一年，第二年再返回本校按专业进行正常学习。1990 年 8 月 25 日，国家教委、原中国人民解放军总参谋部、原中国人民解放军总政治部、原中国人民解放军总后勤部联合发布了《关于接受安排北京大学、复旦大学 90 级新生到军队院校进行军政训练的通知》，1990 年入学的北京大学的学生分别到石家庄陆军学院（今中国人民解放军石家庄陆军指挥学院）（840 名文科生）和信阳陆军学院（后迁至济南与济南陆军学院合并，2006 年正式撤销）（760 名理科生），复旦大学的学生分别到大连陆军学院（800 名理科生）和南昌陆军学院（700 名文科生），进行了为期一年的军事训练，并制定了《地方大学新生军政训练计划》。该项工作于 1992 年结束，1993 年入学的大学生，不再到军事院校实行军事训练。对于这部分学生工作以后的工龄计算与待遇问题，人事部、国家教委在 1990 年 10 月 19 日发布了《关于北京大学 1989 级学生毕业参加工作后待遇问题的通知》，指出，这部分学生"毕业参加工作后，不再实行见习期，可按所确定的职务领取相应的职务工资。在确定职务之前，可暂按见习期工资借支，待确定职务后再行结算""参加工作时间可从实际参加工作的时间向前推移 1 年（即参加军政训练的一年计算工龄）"，并且规定以后所有类似的学生，均按该《通知》办理。尽管这种军政训练的方式只维持了 4 年，但是新入学的大学生在校内邀请当地现役军人对其进行为期一个月左右的军事训练，已成为几乎所有高等学校的常态，有些民办院校甚至对学生进行军事化管理。

5. 加强对社会学科外国学者来华讲学以及对外国文教专家和外籍教师的管理

1989 年 9 月 4 日，国家教育委员会发布了《关于加强对社会学科外国学者来华讲学管理的通知》，要求高等学校在邀请社会学科外国学者来华讲学时，在严格遵照现有的相关规定之外，还需遵照以下补充规定：

（1）今后各高校邀请人文和社会科学（语言学除外）学者、专家来华讲学，应补充报告：

①邀请外国学者来华讲学的理由及计划达到的目标。

②外国学者讲学的内容，是否有讲义、讲稿等。学校对讲义、讲稿是否审查过，审查的意见如何。

③参加外国学者讲学、讲座的中方人员情况，包括人员类别（教师、研究生或本科生）和人数。

④学校对应邀来华学者是否了解，是如何了解的？他们对华态度如何？

⑤外国学者在华主要活动日程。

（上述内容以"来华人员登记表"副页形式填报）

（2）邀请外国社会学科学者、专家来华讲学，仍由学校报我委国际合作司，由国际合作司商我委社会科学司后批复。

（3）各校在联系邀请外国社会学科学者、专家来华讲学时，要注意内外有别，留有余地，以免被动。

（4）各校邀请已在华的外国学者、专家到校进行 1、2 次学术活动的，由学校按上述精神自行确定。

1991 年 10 月 4 日，原国家教育委员会、国家外专局联合发布《高等学校聘请外国文教专家和外籍教师的规定》，继续加强对外国学者来华讲学事务的管理。该规定认为，"对不同专业专家、外教的聘用，应根据需要，掌握不同原则"。理、工、农、医专业类的专家、外教以来华短期讲学、合作科研为主，应逐步扩大此类专家的聘用比例；语言专业类（包括外语短训班）的专家、外教，除语言实践课（包括听说读写等）可以面对学生授课外，应主要用于培养师资和编写教材；外国文学、国际新闻、国际文化、国际贸易、国际法、国际政治与经济、国际关系等学科的专家、外教，应主要为我中、青年教师和研究生讲授课程的部分内容或举行讲座和研讨，此类专业专家一般不面对本科生授课；哲学、社会学、法学、政治学、新闻学、史学、教育学等学科的专家，应安排我方教师在马克思主义指导下，与其就有关学术问题进行共同探讨，一般不对研究生、本科生系统讲学。

《高等学校聘请外国文教专家和外籍教师的规定》还对来华专家、外教的条件和聘请专家、外教院校的条件做了具体要求与规定。

聘请专家、外教，按照院校隶属关系，由国务院有关部（委）或省、自治区、直辖市教育行政部门审批。对首次拟聘请专家、外教的学校应按院校隶属关系，由院校向上级主管部门提出申请。部（委）属高校，由部（委）会同省级教育行政部门、外办按规定进行实地考核；地方所属院校由省级教育行政部门会同省级外办按规定进行实地考核；经考核确认具备聘请资格后，并由院校上级主管部门报国家外国专家局批准后，高校方可编报聘请专家计划和办理聘请手续。需要聘请专家、外教的高校应于每年九月初向上级主管部门申报下一学年的聘请专家、外教计划，并说明各专业聘请专家，外教的目的、来华工作性质、来华人数、在华工作期限等。主管部门对院校的学生聘请计划应认真审核，提出审核意见并报国家外国专家局。

在京高等学校专家、外教日常管理工作，按隶属关系由国务院部委和北京市高教局分别负责。在其他地区的高等学校的专家、外教的日常管理工作由学校所在地省级教育行政部门负责，并与当地外办密切配合；重大问题要及时报上级主管部门，同时抄报国家教委和国家外国专家局。

来我院校工作一学期以上（含一学期）的专家、外教必须与院校签订合同，学校严格按合同进行管理。如发生专家、外教在政治上对我有意进行攻击或提出挑衅性的政治问题时，应正面阐述观点并予以批驳，及时上报主管部门，根据情况做出处理。

院校教务部门归口负责专家、外教的教学业务工作，专家、外教所在系、部、所负责专家、外教的日常教学管理工作，要配备一名政治、业务较强的中方教师作为专家、外教的合作教师。

专家、外教不得从事与教学无关的社会工作及与其身份不符的其他活动。

6.加强对高等学校举办函授、夜大学专科教育的管理

1988年8月，原国家教育委员会颁布了《关于下放普通高等学校举办函授、夜大学专科教育审批权限的意见》，将此前的函授、夜大学专科教育的审批权由原国家教育委员会下放到省、自治区、直辖市计划单列市教育行政部门，但须向原国家教育委员会备案，原国家教育委员会直属高等学校举办函授、夜大学专科教育仍由原国家教育委员会批准。经过一年多的实践，原国家教育委员会认为"总的情况是好的。但同时也出现了一些问题，个别主管部门未能按照我委的有关规定进行审批，有的超越了审批权限，扩大了批准范围，有的降低了审批条件"。为了确保这项工作能严格按照规定进行，原国家教育委员会又于1989年9月28日发布了《关于普通高等学校举办函授、夜大学专科教育审批权限下放后有关问题的通知》，特做了以下补充规定：

（1）下放普通高等学校举办函授、夜大学专科教育审批权限的目的是使函授、夜大学教育的开办进一步适应经济和社会发展的需要。而这必须以保证办学和人才培养的质量为前提。因此，各主管部门在审批函授、夜大学专科教育时，应严格按照我委颁发的《普通高等学校函授教育暂行工作条例》《关于下放普通高等学校举办函授、夜大学专科教育审批权限的意见》以及本通知的规定进行。今后，对各省、自治区、直辖市及计划单列市和国务院有关部委教育主管部门批准、报我委备案的所属普通高等学校举办函授、夜大学专科教育的材料，我委将提交专门审议机构审议，确认其符合规定之后，以汇总公布名单形式，履行备案手续。对经审议确认不符合规定的、超出职权范围或降低条件批准的函授、夜大学，属无效批准，我委将退回备案材料，并不准招生。

（2）普通高等学校的分校和成人高等学校，暂不举办函授、夜大学。

对于教育主管部门已决定进行整顿的学校在国家教委验收通过之前不得举办函授、夜大学。

申请举办函授、夜大学专科教育的普通高等专科学校，其全日制在校生须具有千人以上规模。

（3）函授、夜大学专科教育的学制应按比本校全日制专科相同专业至少增加一年掌握；本校全日制没有相同专业的应按比同类院校全日制专科相同专业至少

增加一年掌握；没有全日制专业可供参照的，主管部门可根据培养目标和教学要求等规定其学制。函授、夜大学专科教育的学制不得低于三年。

（4）为加强对举办函授、夜大学专科教育审批工作的管理，各省、自治区、直辖市及计划单列市和国务院有关部委教育主管部门批准所属高等学校举办函授、夜大学专科教育应颁发正式文件（文中应写明学校全称、专业名称、办学形式、学制等），不得使用便函形式。

（5）省、自治区、直辖市及计划单列市和国务院有关部委教育主管部门报我委备案的材料应包括批准文件及学校申报材料副本，按相关文件规定的时间报至我委，逾期将予退回，凡未履行备案手续的均不准招生。

（6）各省、自治区、直辖市及计划单列市和国务院有关部委应加强对函授、夜大学专科教育审批工作的领导，建立健全函授、夜大学的审批制度，使函授、夜大学审批工作和开办后的检查评估工作规范化、制度化、科学化，以切实保证办学质量。

7. 控制高等教育事业的发展规模

1989 年 12 月 23 日，原国家教委主任李铁映在第七届全国人大常委会第十一次会议上汇报当前教育的问题时谈到了高等教育事业发展过快的问题，出现了片面追求数量、盲目追求高层次、学校及专业重复设置等问题，他认为这些问题"既影响了教育质量的提高，也造成了结构性的浪费"。因此，政府教育行政机关将采取相关措施解决这些问题。

（1）严格按招生计划招生。有关数据显示，20 世纪 80 年代中期以来，每年招生计划都被打乱，1988 年计划招生 64 万人，实际超额招生 10 万人，有些学校超负荷运转，不仅影响了教学质量，也成为学校不安定因素的一个重要原因。因此，政府决定将 1989 年原定招生计划 64 万人调减掉 3 万多人。

（2）严格控制增设高等学校。有关数据显示，1984 年和 1985 年，我国高等学校每年增加 100 所，平均近 4 天增加一所新高等学校。因此，中央政府将在此后几年抓紧进行普通高等学校的调整、整顿工作，对于达不到国家规定设置标准的高校要充实、加强，有的要进行撤并。并要求从 1989 年年底开始，全国高等学校总数不再增加，国家教育委员会原则上不再批准增设新的高等学校，对于高等学校的升格，原则上也不再批准，鼓励各学校、各专业在所在层次上办出特色和水平。

8. 为了加强对高等学校学生的管理，颁布了《高等学校学生行为准则（试行）》

为了加强高等学校学生的政治思想工作，加强对学生的管理，原国家教育委员会于 1989 年 11 月 17 日颁布《高等学校学生行为准则（试行）》，原教育部颁布的《高等学校学生守则（试行草案）》即行作废。

《高等学校学生行为准则（试行）》从维护国家利益、遵守宪法和国家的各项法律法规、维护民族团结、坚持集体主义、坚持实事求是原则、热爱劳动、艰苦奋斗、注重个人品行修养、积极参加体育锻炼、勤奋学习、维护教学秩序、维护公共秩序、遵守宿舍管理规定、爱护公物、遵守外事纪律等 15 个方面对高等学校的大学生、研究生的行为进行了非常具体的要求。

9. 加强对选派留学生工作的管理

李铁映在 1989 年 12 月 23 日向全国人大常委会第十一次会议汇报时指出，从 1978 年到 1989 年，我国共派出公派留学人员 6 万多人，其中访问学者和进修人员 4 万多人，研究生约 2 万人，大学生 1 千多人；同期自费留学人员 2 万多人。学成回国近 3 万人，其中访问学者和进修人员占 95% 以上。

今后，在国家公费留学人员中，要增加选派在第一线工作、政治和业务优秀的访问学者，而博士生的培养应基本立足国内，在学科上应以应用学科为主；在选择出国人员时要加强政治和业务考察，保证派遣人员质量。对于自费留学人员也要正确引导，加强管理。

10. 扩大计划单列市的管理权限

计划单列市全称为"国家社会与经济发展计划单列市"，出现于 20 世纪 80 年代，享有省一级的经济与社会管理权限，但又不是省一级行政级别的城市，计划单列市的收支直接与中央挂钩，分为地方财政和中央财政，而无须上交省级财政。最早的计划单列市是 1983 年设立的重庆市，到 1993 年共设立了重庆（1983 年 2 月 8 日）、武汉（1984 年 5 月 21 日）、沈阳（1984 年 7 月 11 日）、大连（1984 年 7 月 13 日）、广州、西安、哈尔滨（均为 1984 年 10 月 5 日）、青岛（1986 年 10 月 15 日）、宁波（1987 年 2 月 24 日）、厦门（1988 年 4 月 18 日）、深圳（1988 年 10 月 3 日）、长春（1989 年 2 月 11 日）、成都（1989 年 2 月 11 日）、南京（1989 年 2 月 11 日）14 个计划单列市。1994 年 2 月 25 日，中央发文（中编〔1994〕1 号文件）取消省会城市的计划单列，1997 年重庆市升格为直辖市，所以到目前共有大连、宁波、厦门、青岛、深圳 5 个城市为计划单列市。

1989 年 12 月 31 日，原国家教育委员会、原国家计划委员会联合发出《关于计划单列市教育计划单列问题的通知》，扩大了当时的 14 个计划单列市的教育行政管理权限。具体说来，计划单列市拥有以下几个方面的权力：

（1）教育计划的编制与上报权。

各类教育计划由计划单列市计划委员会（计划经济委员会）和市教委（教育局）根据国家计委（今国家发展和改革委员会）、国家教委（今教育部）的相关要求编制，但须与所在省计划、教育部门协商后，直接上报国家计委、国家教委，同时要抄报本省计委、教委（高教局、教育厅）。另外，国家对计划单列市的教育事业计划及有关专项拨款单列户头，直接下达；国家教委对计划单列市的大专院校毕业生（包括研究生）分配计划单列户头，直接下达。

（2）高等学校设置方面的权力。

计划单列市申请建立普通高等学校和成人高等学校，可直接上报国家教委、国家计委，但应先与所在省教育、计划部门协商，并在申请报告中附所在省教育、计划部门的意见。

（3）本专科专业设置方面的权力

市属普通高等学校本科专业设置按国家教委《普通高等学校本科专业设置暂行规定》（1989年4月4日颁布）办理，计划单列市可直接履行该规定中学校主管部门的审批权限。计划单列市所属普通高等学校专科专业的设置由各市自行审批，并将审批结果报所在省和国家教委备案。

（4）举办本专科函授、夜大学方面的权力

计划单列市所属高等学校举办的专科函授、夜大学，按规定可自行审批，报国家教委备案，同时抄报本省教委（高教局、教育厅）。普通高等学校举办的本科函授、夜大学，可按规定直接上报国家教委审批。

（5）计划单列市的广播电视大学和教育学院享有相当于省级同类院校的权限和待遇。

（6）参加相关会议与文件下发方面的权力

国家教育委员会、国家计划委员会可直接通知计划单列市教育、计划部门参加相关的全国教育工作会议、计划会议及有关专业会议和有关外事、业务交流等活动。国家教委、国家计委的有关教育文件、简报、资料可直接发给计划单列市教育、计划部门。

计划单列市的行政划分，最初主要是在经济财政方面享有计划单列的权利，在行政上是副省级的级别，国家教委、国家计委联合下发的《关于计划单列市教育计划单列问题的通知》，赋予了计划单列市在教育计划的编制、高等学校的设置、本专科专业的设置及举办本专科函授、夜大学等方面的相关权力。

11. 对普通高等学校的成人教育工作加强治理整顿

作为教育体制改革的措施之一，20世纪80年代中期以后，原国家教委开始下放普通高等学校举办成人教育的相关管理权力，经过几年的发展，普通高等学校在成人教育方面取得了较大成绩，为推动经济与社会发展做出了很大贡献。但是在办学过程中也出现了一些问题，因此，原国家教育委员会于1990年6月5日发布了《关于普通高等学校成人教育治理整顿工作的若干意见》，提出对普通高校的成人教育要"进一步端正办学指导思想，正确贯彻党的教育方针，加强管理，控制规模，保证质量，坚决制止'三乱'（乱办学、乱收费、乱发文凭），创造良好的改革和发展环境，使高校成人教育在规范化、制度化的轨道上健康发展"。

普通高等学校在举办成人教育方面存在着"一些学校办学指导思想不够端正，管理松弛，质量下降；少数学校存在着乱办学、乱收费、乱发文凭的'三乱'现象；宏观管理亟待加强"等问题。这些问题具体表现如下：

（1）教师、管理力量和设备条件的投入不足，办学规模过大，不按教学规律组织教学环节，质量不能保证。

（2）专业设置和招生布点脱离经济、社会发展的实际需要。

（3）规章制度不健全，管理力量薄弱，教学秩序和考试纪律松弛甚至混乱。

（4）招收旁听生、试读生，办"超前班"，利用函授、夜大学的生源计划办脱产班。

（5）未经批准办学，无计划、不参加统一考试自行招生，乱发学历文凭。

（6）办专业证书班不按规定履行审批手续，降低入学条件，规模过大。

（7）混淆非学历教育与学历教育的界限，学校或二级学院、系、处等自行办班，以招收"委托代培生""进修生"的名义大规模招生，颁发混同于学历文凭的证书，在社会上造成混乱。

（8）自学考试主考学校办全日制助学辅导班，影响全日制普通班教学，办学与办考不分，辅导与命题不分，在辅导中违反纪律。

（9）与社会力量所办学校或境外的一些机构搞联合办学，不对教学过程全部负责却以学校的名义颁发证书。

（10）违反规定和政策，乱登招生广告，蒙骗学员。

（11）自行提高收费标准，或另立名目乱收费，甚至以学经商，营私牟利。

针对普通高等学校举办成人教育中存在的上述问题，原国家教育委员会非常重视，在《关于普通高等学校成人教育治理整顿工作的若干意见》中提请各省、自治区、直辖市、计划单列市人民政府和国务院部委对高校成人教育的治理整顿工作给予充分重视，加强领导，根据《关于普通高等学校成人教育治理整顿工作的若干意见》的要求部署本地区、本部门的该项工作。根据《关于普通高等学校成人教育治理整顿工作的若干意见》的规定，治理整顿的步骤如下：

（1）加强学习，搞好宣传，提高认识。

（2）认真清理，开展自查、互查。各校首先按照国家相关政策、规章、制度进行自查，然后由教育行政部门组织所属学校开展互查，并重视社会的举报。

（3）坚决制止"三乱"，妥善处理存在的问题。对于"三乱"问题，应由主管教育行政部门负责，责成学校按照规定坚决纠正，严肃处理。各主管教育行政部门要将所属学校存在的违反规定的问题及处理情况分校分类，具文上报国家教委（今教育部），经国家教委同意后处理。另外，凡规模过大、办学投入不够的，要按照保证质量的要求充实师资、管理力量，并减少或暂停招生。

（4）治理整顿的检查验收。

各省、自治区、直辖市、计划单列市和国务院部委教育行政部门对所属高校成人教育治理整顿的开展情况要进行检查验收。对于没有开展治理整顿或治理整顿走过场、达不到要求的高等学校，应责令其停止招生或取消其成人教育办学资格。对于自查、互查中清理出来的问题要按规定严肃处理。这项工作要在 1991 年年底以前完成。

根据《关于普通高等学校成人教育治理整顿工作的若干意见》的规定，治理整顿、加强管理的工作应做到如下几点：

（1）高等学校要充实和健全成人教育管理机构，将举办成人教育作为一项基本任务，纳入学校的整体规划，统筹安排，统一管理。

（2）坚持高校成人教育的社会主义方向，加强对思想政治工作的领导。

（3）要加强对成人教育的整体规划和宏观管理，使高校成人教育的结构与布局更加合理。

（4）省、自治区、直辖市、计划单列市教育行政主管部门要加强对所属高校及在当地招生的其他高校成人教育的指导、监督、管理和服务工作，加强与有关国务院部委教育行政部门的协商与合作。

（5）成人教育要坚持质量标准，严格根据学校办学力量来确定办学规模。函授、夜大学要名实相符，函授教育的面授工作不能委托函授站等其他单位进行，函授、夜大学均应以业余学习为主。

（6）严格控制函授学历教育的招生范围。地方所属高校举办的函授教育招生及设函授站，一般不得超出学校所在省、自治区、直辖市；部委所属院校函授教育的招生及设函授站，应根据部委对直属部门和单位的人才培养和函授布局的规划安排，如有余力，也可经省级教育行政部门同意在直属部门和单位以外招生及设站；国家教委（今教育部）直属高校函授教育的招生及设站，应征得地方教育行政部门的同意。

（7）非学历教育的办学内容应确为经济、社会发展所需要，不得以营利为目的。学校对非学历教育应归口统一管理，二级机构不得自行面向社会招生；刊登招生广告必须经所在省、自治区、直辖市、计划单列市教育行政部门批准；脱产学习不得超过一年，业余学习不得超过一年半；不得与学历教育相混淆、相衔接，不得颁发结业证明以外的其他证书或证明。

（8）举办高等教育自学考试辅导班应按照规定办理审批手续，接受教育行政部门的管理和自学考试机构的指导；不得举办以应届高中毕业生和社会青年为对象的全日制住校助学辅导班，自学考试主考学校应坚持"命题与辅导分开"的原则。

（9）成人教育的收费应严格执行有关规定，严禁超标准收费，严禁巧立名目增收费用。

12. 加强成人高等学校和社会力量举办高等教育的治理整顿工作

改革开放以后，我国的成人高等学校得到了迅速发展，为数以百万计的在职、从业人员提供了短期的学习机会。但是高等学校在发展过程中也出现了严重的问题：有些学校条件差、规模小、办学效益低，教学质量达不到国家学历层次的规格要求；有些学校布点、专业设置不合理，科类比例失调，脱离实际需求；有些学校管理不严，少数学校违反国家规定，存在乱办班、乱收费、乱发文凭的现象。针对这些现象，原国家教委于 1991 年 2 月 26 日发布《关于成人高等学校治理整顿工作的意见》，计划从 1991 年开始，用两年的时间对成人高等学校进行治理整顿工作。

对于学校条件差、规模过小、效益低、质量得不到保证的成人高等学校而言，若办学规模学历教育不足 100 人，办学效益低，要限期进行调整，或实行联合办学，或改变学校性质。经论证确需继续举办的，可作为联合体的办学点形式存在，取消其独立建制；学校的领导班子、教师队伍、专业设置、仪器设备、教学实习基地及经费等办学条件，其中一项或几项达不到《成人高等学校设置的暂行规定》的要求的，要求分情况，限期改善办学条件。

对于学校的布局、科类结构、专业设置不合理的成人高等学校而言，应在统筹规划的基础上进行调整。原则上一个省（自治区、直辖市）或国务院有关部委应根据本地区、本部门的需要办好一所或几所管理干部学院；大型、特大型企业要继续办好职工大学；同一地区、同一行业（部门）通过联合办学的形式办好一所成人高等学校；省级和计划单列市的教育学院应加强建设，地市级教育学院应根据地方实际需要进行调整或与该地区师范院校联合办学，提高办学效益。科类结构不合理、开设专业的条件不足或脱离实际需要重复设置的专业要进行调整：厂矿、企业（包含工业局）举办的职工大学主要开设技术、工程、工艺等应用型专业，管理干部学院主要开设财经、管理类专业，教育学院主要开设师范类专业，广播电视大学及其他类型的成人高校根据实际需要和办学条件开办相应专业，对于供过于求的科类要减少或停止招生。

对于少数违反国家规定招生、办学和颁发证书的成人高等学校，应予以严肃查处：擅自放宽条件、扩大招生范围、改变办学形式的，要限期纠正，并要求学校写出检查报告；教学管理混乱、随意减少课程和教学环节、缩短学制、考纪和学籍管理不严的，要对学校进行整顿，对未整顿好的学校要减少或暂停招生；乱收费、乱办学历文凭的，一经查证核实，要追究学校领导人的责任，所发证书国家不予承认，从中获取非法收入的要从严查处。

参加这次成人高等学校治理整顿工作的高校包括广播电视大学、职工高等学校、农民高等学校、管理干部学院、教育学院及独立设置的函授学院。

13. 发布《普通高等学校招收自费生暂行规定》

《中共中央关于教育体制改革的决定》明确了高等学校"有权在计划外接受委托培养学生和招收自费生"，招收自费生成为高等学校的办学自主权之一。为了加强与改善普通高等学校招收自费生工作的宏观管理，1990 年 7 月 9 日，原国家教育委员会、原人事部、原国家计划委员会、公安部、原商业部等部委联合发布《普通高等学校招收自费生暂行规定》，使得这项工作逐步走向规范化与正规化。《普通高等学校招收自费生暂行规定》就招生计划、招生管理、在校管理、就业、户口、粮食关系迁移、收费以及有关纪律做了详细的规定。

《普通高等学校招收自费生暂行规定》首先明确"自费生是指普通高等学校按招生规定录取并由本人缴纳培养费、学杂费，毕业后可以由学校推荐就业，也可以自谋职业的学生"。

（1）关于招生计划的编制审批权限：招收自费生的比例由国家在核定的各地区、各部门招生总额中确定，由高等学校按照国家编制年度招生计划的要求单独编列，报送主管部门汇总平衡，纳入年度招生计划和生源计划，由国家教委（今教育部）、国家计委（今国家发展和改革委员会）批准后执行。高等学校不得在国家核定的招生总额之外擅自增加自费生招生数。地方院校不得跨地区招收自费生。

（2）关于招生管理的权限：自费生必须参加全国统一高考；在招收自费生的过程中，必须做到公平竞争，择优录取；自费生报名工作由各地普通高校招生办公室统一组织；各部门、各高校必须在每年的 4 月 30 日之前将自费生招生专业、人数、收费标准上报省级普通高校招生办公室，由招生办公室汇集后向社会公布，未公布的高校和专业不得招生；自费生招生须在同批次或同一学校国家任务、委托培养招生之后进行；由省级普通高等学校招生委员会根据统考成绩和招生计划确定自费生控制分数线，分数线不得低于同批次国家任务录取控制分数线 20 分，人数不足招生计划数时，要减少招生计划数，不得降分录取；高等学校录取自费生的体制与方法由省级招生办公室根据具体情况确定；实行"学校负责，招办监督"录取体制的学校，必须在录取前向省、自治区、直辖市提出调档比例，比例确定后不得随意更改，高等学校按照国家有关规定录取新生，并负责处理遗留问题，省级招生办为录取工作提供必要的服务并实施监督权力；对未实行"学校负责，招办监督"录取体制的，由省级普通高校招生办根据考生志愿和统考成绩，按招生数的一定比例向学校提供档案，由学校择优录取；自费生录取名单由省级普通高校招生办审批，并报省级政府人事部门备案。

（3）关于自费生在校管理：自费生在校期间按《普通高等学校学生管理规定》管理，并可以参加优秀学生奖学金的评定。

（4）关于自费生户口、粮食关系迁移问题：对于非农业户口和农业户口的自费生采取不同的管理措施。对于非农业户口和市镇粮食定量供应的，凭录取通知书将户口迁移到学校所在地公安部门，然后按规定在学校所在地落粮食供应关系，按大学生口粮标准核定供应；对于农村户口的自费生，不迁移户口与粮食供应关系，办理城市暂住户口，口粮、食油自理。

自费生毕业后，对于非农业户口的学生，被用人单位录取或自谋职业的，均可办理户口、粮食供应转移，毕业三个月未被录用的，高等学校将其户口与粮食关系转移到原户口所在地；对于农业户口的自费生，被用人单位录用后（不包括乡镇企业和私营企业），在国务院下达的"农转非"人口计划内，凭报到证、户口迁移证到录用单位所在地落非农业户口，然后按规定办理粮食定量供应手续，未被录用的毕业自费生档案转入入学前所在省级政府人事部门的人才交流服务机构统一保管。

（5）关于自费生的收费问题：自费生须向学校缴纳培养费和学杂费，收费标准原则上不高于国家任务招生培养同类学生所需实际费用，也不要低于这个费用的80%，有条件的省、自治区、直辖市可适当减少学生缴费金额，减少部分应由地方政府补偿高等学校；自费生在校住宿须向学校缴纳住宿费；自费生的医疗费由本人自理。

地方普通高校自费生收费标准是经国家物价局（今发改委物价司）、财政部同意，由省级教育部门与商务、财政部门商议制定，中央部委院校按学校所在地区规定执行。

普通高校收取的培养费与学杂费由学校统一安排使用；学校不得因招收自费生而降低国家规定的教学和学生生活设施标准；学校还应向省级招生办公室缴纳一定的招生经费。

（6）关于自费生招生工作的纪律：各地招生办、普通高校应加强对招收自费生工作的管理，严格执行有关规章制度，杜绝舞弊行为，对违反规定的单位或个人，按照《普通高等学校招生管理处罚暂行规定》予以处罚。

14. 颁布《高等学校校园秩序管理若干规定》，加强对高等学校的管理

为了优化育人环境，加强高等学校校园管理，维护教学、科研、生活秩序和安定团结的局面，建立有利于培养社会主义现代化建设专门人才的校园秩序，原国家教委于 1990 年 9 月 18 日发布了《高等学校校园秩序管理若干规定》，强调学校的师生员工和其他到学校活动的人员应当遵守本规定，维护宪法确立的根本制度和国家利益，维护学校的教学、科研秩序和生活秩序。学校应当加强校园管理，采取措施，及时有效地预防和制止校园内的违反法律、法规、校规的活动。

《高等学校校园秩序管理若干规定》对外来人员进入学校的各种情况做了详细规定。所有进入学校的人员必须持有本校的学生证、工作证、听课证或学校颁发的其他进入学校的证章、证件。对于未持有相关证章、证件的国内人员进入学校，应当向门卫登记后方可进入。外国人、港澳台人员进入学校进行公务、业务活动，应当经过省、自治区、直辖市或者国务院有关部门同意并告知学校后，或按学术交流计划经学校主管领导研究同意后，方可进入学校。自行要求进入学校的外国人、港澳台人员，应当在学校外事机构或港澳台办批准后，方可进入学校。接受师生员工个人邀请进入学校探亲访友的外国人、港澳台人员，应当履行门卫登记手续后进入学校。

对于进入学校采访的新闻记者，国内记者必须持有记者证和采访介绍信，在通知学校有关机构后，方可进入学校采访；外国和港澳台新闻记者必须持有学校所在省、自治区、直辖市人民政府外事机关或港澳台办的介绍信和记者证，并在采访前与学校外事机构联系，经许可后方可进入学校采访。

外来人员进入学校应当遵守法律、法规、规章和学校的制度，不得从事与其身份不符的活动，不得危害校园治安。

学生一般不得在学生宿舍留宿校外人员，遇有特殊情况留宿校外人员，应当报请学校有关机构许可，并进行留宿登记，留宿人离校应当注销登记。不得在学生宿舍内留宿异性。

《高等学校校园秩序管理若干规定》还对校园张贴广告、启事、通知及设立广播、电视设施的事项做了规定。告示、通知、启事、广告等应当张贴在学校指定或者许可的地点，散发宣传品、印刷品应当经过学校有关机构同意，对于张贴、散发反对我国宪法确定的根本制度、损害国家利益或侮辱诽谤他人的公开张贴物、宣传品、印刷物的当事者，由司法机关依法追究其法律责任。在校园设置临时或永久建筑物及安装音响、广播、电视设施，应当报请学校有关机构审批，未经审

批不得擅自安装。禁止任何组织和个人擅自使用学校的广播电视设施，若需要使用，必须报请学校有关机构批准。

《高等学校校园秩序管理若干规定》对在学校举行集会、讲演、讲座、报告及社团组织等事项也做了具体规定。组织者必须在 72 小时前向学校有关机构提出申请，申请者应当说明活动的目的、人数、时间、地点、活动内容、报告人和负责人的姓名。学校有关机构应当至迟在举行时间的 4 小时前答复组织者，逾期未通知的，视为许可。集会、演讲、报告、讲座的内容不得反对我国宪法确立的根本制度，不得违反我国的教育方针，不得宣传封建迷信，不得进行宗教活动，不得干扰学校的教学、科研和生活秩序。师生员工组织社会团体，应当按照《社会团体登记管理条例》的规定办理，成立校内非社会团体的组织，应当在成立前由组织者报学校有关机构批准。校内的社会团体、非社会团体和校内报刊必须遵守法律、法规、规章、制度，接受学校管理。

最后，《高等学校校园秩序管理若干规定》还对在学校内经商事项做了具体规定。各高等学校可以依据本规定制定具体管理制度。

15. 加强对全国学生联合会的管理工作

1990 年 10 月 16 日，原人事部、原国家教委、共青团中央联合发布了《关于实行全国学联和省、自治区、直辖市学联主席团部分成员驻会制度有关问题的通知》，目的在于加强对学联骨干的培养，充分发挥学联组织的作用。该通知指出，实行省、自治区、直辖市以上学联的主席团部分成员驻会工作的制度，全国学联每年驻会人数为 3 ~ 5 名，省、自治区、直辖市学联人数为 1 ~ 3 名，驻会时间为 1 年，逐年在主席团成员中轮换。驻会学生必须是高等学校在册本科生或研究生，他们的学习时间可延长一年，驻会期满仍回原学校原系科继续学习，学习期间按国家教委（今教育部）学籍管理的规定管理，完成学业后参加统一分配。根据《关于实行全国学联和省、自治区、直辖市学联主席团部分成员驻会制度有关问题的通知》的规定，全国学联驻会的主席团成员由共青团中央考察和选拔，省、自治区、直辖市学联驻会主席团成员由所在省、自治区、直辖市团委考察和选拔，驻会人选应经所在学校党委和行政审查通过。驻会期间，这些学生可以按国家规定的毕业生参加工作的初期工资或见习期工资发放补贴，同时享受在职人员的福利待遇。驻会学生毕业参加工作后，不再实行见习期，可按所确定的职务领取相应的职务工资。参加工作时间可从实际参加工作的时间向前推移一年（在学联驻会的一年计算工龄）。

16. 发布《普通高等学校教育评估暂行规定》

为了加强国家对普通高等教育的宏观管理，实现政府管理高等学校措施与手段的多元化，国家教育委员会于 1990 年 10 月 31 日正式发布《普通高等学校教育评估暂行规定》。

《普通高等学校教育评估暂行规定》是一个里程碑式的文件，标志着政府对高等学校的管理手段由直接管理逐渐向宏观控制转变，强化了政府教育行政机关对高等学校的监督职能，而淡化了其直接管理的职能。

《普通高等学校教育评估暂行规定》指出，普通高等学校教育评估的主要目的是"增强高等学校主动适应社会需要的能力，发挥社会对学校教育的监督作用"，不断提高高等学校的办学水平和教育质量。

高等学校评估的基本任务是根据一定的教育目标和标准，通过系统地搜集学校教育的主要信息，准确地了解实际情况，进行科学分析，对高等学校的办学水平和教育质量做出评价，为学校改进工作、开展教育改革和教育管理部门改善宏观管理提供依据。

评估由各级人民政府及其教育行政机关组织实施，应制定相应的包含评估标准、评估指标体系和评估方法在内的评估方案，方案要力求科学、简易、可行，注重实效，有利于调动各类高等学校的积极性，在保证基本教育质量的基础上办出各自的特色。

评估要在学校自我评估的基础上，充分利用党政有关部门、教育界、知识界、用人部门等社会评估力量，鼓励学术机构、社会团体参加教育评估。

普通高等学校教育评估主要包括合格评估（鉴定）、办学水平评估和选优评估三种基本形式。

合格评估：是国家对新建普通高等学校的基本办学条件和基本教育质量的一种认可制度，由国家教委组织实施，在新建普通高等学校被批准建立之后有第一届毕业生时进行。其中，办学条件的合格标准以《普通高等学校设置暂行条例》为依据，教育质量的合格标准以《中华人民共和国学位条例》中关于学位授权标准的规定和国家制定的有关不同层次教育的培养目标和专业（学科）的基本培养规格为依据。鉴定结论分为合格、暂缓通过和不合格三种，鉴定合格的学校由国家教委（今教育部）公布名单并发给鉴定合格证书；暂缓通过的学校需在规定期限内采取措施，改善办学条件，提高教育质量，并重新接受鉴定；不合格的学校由国家教委区别情况，责令其限期整改、停止招生或停办。

办学水平评估：是对已经鉴定合格的高校进行的经常性评估，分为综合评估及思想政治教育、专业（学科）、课程、其他教育工作的单项评估。综合评估由上级政府和有关学校主管部门组织实施，一般每 4 ~ 5 年进行一次，学校应在收到评估结论的 3 个月内写出改进报告，由评估组织者进行复查。思想政治教育、专业（学科）、课程或其他教育工作的单项评估主要由国务院有关部门和省级教育行政部门组织实施，评估结论分为优秀、良好、合格、不合格 4 种，对不合格的要责令其限期整改，并再次进行评估。

选优评估：是在普通高等学校进行的评比选拔活动，目的是在办学水平评估的基础上遴选优秀学校，择优支持。评选分省（部门）和国家两级。

普通高等学校在各级人民政府及其教育行政部门组织评估之前还要组织学校内部评估，内部评估的重点是思想政治教育、专业（学科）、课程或其他教育工作的单项评估，基础是经常性的教学评估活动。

《普通高等学校教育评估暂行规定》还对评估机构进行具体规定，由国家教育委员会、国务院有关部门和省级高校工委、教育行政部门建立普通高等学校教育评估领导小组，并确定有关具体机构负责教育评估的日常工作，领导小组负责全国普通高校教育评估工作，其基本职责有：

（1）制定评估的基本准则和实施细则。

（2）指导、协调、检查各部门、各地区的评估工作，根据需要组织评估工作或试点。

（3）审核、整理出合格学校名单报国家教委批准，接受并处理学校的申诉。

（4）收集、整理、分析全国教育评估信息，负责向教育管理决策部门提供。

（5）推动全国教育评估理论和方法的研究，促进教育评估学术交流，组织教育评估骨干培训。

省级普通高等学校教育评估领导小组负责全省的普通高等学校教育评估工作，其具体职责如下：

（1）制定本地区的评估方案和实施细则。

（2）指导、组织本地区普通高校教育评估工作，接受国家教委委托进行教育评估试点。

（3）审核、批准本地区有关高等学校思想政治教育、专业（学科）、课程及其他单项教育评估工作的结论。

（4）收集、整理和分析本地区教育评估信息，负责向有关教育管理决策部门提供。

（5）推动本地区教育评估理论和方法的研究，促进教育评估学术交流，组织教育评估骨干培训。

另外，《普通高等学校教育评估暂行规定》还规定建立"国务院有关部门普通高等学校教育评估领导小组"，负责直属普通高等学校和国家教委委托的对口专业（学科）的教育评估工作，其具体职责如下：

（1）制定本部门所属普通高校和国家教委委托的对口专业（学科）的教育评估方案和实施细则。

（2）领导和组织本部门直属高校的教育评估工作和国家教委委托的对口专业（学科）的教育评估工作，审核、批准本部门直属高校教育评估结论，审核、提出对口专业（学科）的教育评估结论，报国务院有关部门批准公布。

（3）收集、整理、分析相关教育评估信息，负责向教育管理决策部门提供。

（4）推动相关的教育评估理论和方法的研究，促进教育评估学术交流，组织教育评估骨干培训。

《普通高等学校教育评估暂行规定》还指出可以在各级高校评估领导小组下设立新建普通高校鉴定委员会、普通高校专业（学科）教育评估委员会、普通高校课程教育评估委员会等专家组织。

学校教育评估的一般程序是：学校提出申请；评估（鉴定）委员会审核申请；学校自评并写出自评报告；评估（鉴定）委员会派出视察小组现场视察并写出视察报告，提出评估结论建议；评估（鉴定）委员会复核视察报告，提出正式评估结论；教育评估领导小组审核评估结论，必要时报请教育行政部门和各级政府批准公布。

申请学校对评估结论有不同意见的，可在1个月内向上一级普通高校教育评估领导小组提出申诉，上级领导小组进行仲裁，妥善处理。

学校教育评估的经费列入有关教育行政部门的年度预算，并鼓励社会资助，申请教育评估的学校也要承担一定的费用。

17. 颁布《普通高等学校、中等专业学校招生计划管理暂行办法》

为了加强对普通高等学校招生计划工作的管理，国家教育委员会、国家计划委员会于1990年11月25日联合颁布《普通高等学校、中等专业学校招生计划管理暂行办法》，对于国家正式批准注册并以高中毕业生为主要培养对象的全日制大学、学院、高等专科学校和高等职业学校（短期职业大学）及中等专业学校的招生计划进行统一管理。

《普通高等学校、中等专业学校招生计划管理暂行办法》规定，每年第三季度，根据国务院的统一部署，由国家计划委员会和国家教育委员会联合下发关于编报年度普通高等学校中等专业学校招生计划的通知，就全国普通高等学校、中等专业学校招生总规模、有关方针政策以及编报招生计划的具体要求进行部署。根据部署，各部门、各地区应及时研究提出本部门和本地区普通高等学校、中等专业学校招生计划（草案），按规定时间和要求分别报送国家计委和国家教委。省、自治区、直辖市和计划单列市的招生计划（草案），要由计划部门和教育部门联衔上报。中央各部门所属学校分学校、分专业招生计划报送国家教委、国家计委的同时，要抄送学校所在地教育行政部门。计划单列市的招生计划（草案）在报送国家计委和国家教委的同时，要报送所在省、自治区计划委员会和教育委员会（高教局）。国家教委对各部门、各地区报送的招生计划（草案）进行综合研究，提出分部门、分地区招生计划初步方案，报送国家计委。国家计委对国家教委报送的初步方案进行综合平衡，并结合各个草案提出全国普通高等学校、中等专业学校分部门、分地区招生计划（草案），经征求国家教委意见后，提交全国计划会议讨论，经过国务院审定后，由国家计委下达各地区、各部门，待全国人大审议批准后正式执行。国家教委根据国家计委下达的招生计划编制分学校招生计划，会同国家计委下达。

招生计划下达后，各地区、各部门、各学校都必须遵照执行。但是需要对招生计划进行调整时，需履行相关审批手续：全国招生总规模的增减，需由国家教委、国家计委共同研究，提出意见，报国务院批准。省、自治区、直辖市、计划单列市或国务院部委所属普通高等学校、中等专业学校招生总规模的增减，须由有关地区、部门向国家教委、国家计委提出申请，经国家教委研究并取得国家计委同意后，由国家教委行文批准。在不突破本地区、本部门普通高等学校、中等专业学校招生计划总规模的前提下，各地区、各部门可以对所属普通高校、中等专业学校分学校、分专业的招生计划进行调整，但应及时报国家教委、国家计委备案。但是对国家指令暂停招生或减少招生的学校和专业，学校主管部门不得自行调整其招生计划，其招生计划的调整须报国家教委审批。招生计划的调整工作，应在招生报名工作开始之前完成。招生报名工作开始之后，各级教育、计划部门原则上不再处理调整招生计划的申请。

18. 国家教委颁布《普通高等学校举办非学历教育管理暂行规定》

为了加强对普通高校举办非学历教育的管理，国家教育委员会于 1990 年 12 月 24 日颁布该暂行规定。

非学历教育是指大学后继续教育和其他各类培训、进修、辅导（不含自学考试辅导）等。高校的非学历教育不得与学历教育混淆、衔接。

《普通高等学校举办非学历教育管理暂行规定》要求普通高校必须在保证完成国家下达的学历教育事业计划的前提下才可以举办非学历教育，学校必须保证非学历教育的教育质量和与规模相适应的物力、人力投入。

学校面向社会举办非学历教育招收学员的范围，一般不得超出学校所在省、自治区、直辖市。计划单列市所属学校举办非学历教育的招生范围由计划单列市与所在省、自治区教育行政部门协商确定。学校接受部委委托，可举办面向委托部委主管系统的非学历教育。

根据《普通高等学校举办非学历教育管理暂行规定》，学校举办面向省、自治区、直辖市招收学员的非学历教育，脱产学习在半年以上、业余学习在一年以上的，要向所在省、自治区、直辖市的教育行政部门提出申请，经批准方可招生；脱产学习在半年以下、业余学习在一年以下的，要向上述部门备案。计划单列市所属学校向计划单列市教育行政部门履行申报或备案手续，同时抄报所在省、自治区。国务院部委安排所属学校或委托其他学校面向本系统举办非学历教育，由部委教育主管部门批准；以函授方式施教的，批准文件要抄报学员所涉及的省、自治区、直辖市、计划单列市教育行政部门备案。

学校若要申请举办跨省、自治区、直辖市面向社会招生的非学历教育，申报材料应经过学校所在省、自治区、直辖市、计划单列市教育行政部门审核，报国家教委批准后，方可招生。

非学历教育的招生简章必须按照《广告管理条例》及其实施细则的相关规定发布。

普通高等学校的非学历教育工作由学校成人教育部门或专门机构统一归口管理。

非学历教育颁发结业证明，不得颁发毕业证书、结业证书、肄业证书等易和学历教育相混淆的证书或文凭。

各省、自治区、直辖市、计划单列市教育行政部门应加强对普通高等学校举办非学历教育的指导和管理，对于违反本规定举办非学历教育的学校，根据本规定确定的管理体制和权限，主管教育行政部门应按规定的相关条款予以严肃处理。

各省、自治区、直辖市、计划单列市和国务院有关部委教育行政部门可根据本规定，结合本地区、本部门情况制定实施细则。

19. 加强对高等学校文科教育的管理

1991 年 4 月 20 日至 22 日，国家教育委员会在四川大学召开了高校文科教育改革座谈会，有 29 所综合大学和 6 所师范大学主管文科教育、科研工作的党委和行政领导共 70 人参加了座谈会。9 月 2 日，国家教育委员会办公厅印发《全国高等院校文科教育改革座谈会纪要》。

《全国高等院校文科教育改革座谈会纪要》从培养目标与专业设置、教学内容的改革、社会实践、师资队伍、加强党对高校文科教育的领导等五个方面入手，解决当时高等学校文科教育中存在的问题。

《全国高等院校文科教育改革座谈会纪要》指出，改革开放多年来，我们依然面临着国内资产阶级自由化思潮，国际上民主社会主义思潮和敌对势力"和平演变"的进攻和挑战，这些思潮"严重冲击着高校文科的教学，马克思主义基本理论遭到了歪曲、攻击和否定，引起了思想上和理论上的极度混乱"，对此，我们必须保持头脑清醒，逐步建立并完善有中国特色的社会主义文科人才培养制度，制定配套的方针政策。

在培养目标、专业设置和教学内容的改革上，要加强马克思主义基础理论的教学和以马克思主义为指导的各类课程的建设，在文科领域要清理和消除资产阶级自由化思潮的影响。学科清理的目的是使广大师生坚持四项基本原则，反对资产阶级自由化，加强马克思主义在哲学社会科学中的指导作用。

《全国高等院校文科教育改革座谈会纪要》强调哲学、社会科学各专业的教学，必须坚持马克思主义的革命批判本质，帮助学生领会马克思主义的立场、观点和方法，提高学生运用马克思主义分析问题、解决问题的能力和辨别大是大非、抵制和批判错误思潮的能力。要求重新修订教学计划，恢复并加强被削弱甚至被取消的马克思主义经典著作课程。文科各专业的基础理论课程要根据国家教委正在制定的教学指导纲要的要求讲授，各专业的主干课程要在指导纲要的基础上修订现有教学大纲，使教学更加规范。教材的编写要切实体现马克思主义的指导作用，教材必须要有战斗性和针对性。

《全国高等院校文科教育改革座谈会纪要》要求文科学生要参加社会实践，学校要调整教学计划，并且社会实践要有半年左右的时间。

要加强文科的师资队伍建设，特别是要帮助青年教师健康成长，接好班，组织他们系统地学习马列主义经典著作，分期分批参加党校学习，分期分批地到农村、工矿企业挂职锻炼。

要切实加强党对高等学校文科教育的领导，校一级的领导必须提高政治敏锐性和自身的马克思主义理论素养。每个学校必须至少有一名党委副书记和一名副校长主管文科工作，党委领导要抓意识形态，抓文科。力争一两年内把院系两级领导班子调整好，各校要成立文科领导小组或思想理论领导小组，不断推进文科教育的发展和思想理论战线的建立。

二、改革开放中期我国高等教育政策的特点

1. 控制高等教育的发展规模，高等学校走内涵发展的路子

在恢复高考的 42 年的时间里，高等学校的招生数目呈现逐年增长的趋势，自从 1985 年 5 月 27 日《中共中央关于教育体制改革的决定》颁布以后，每年的高等学校招生计划都会超额完成。1989 年 12 月，时任国家教育委员会主任的李铁映在向第七届全国人大第十一次会议报告教育发展状况时指出，1988 年招生数超

计划数 10 万人，有些学校超负荷运转，严重影响了教育质量，中央决定 1989 年招生计划数减少 3 万多人。高等学校要提高办学质量，走内涵发展的路子。

李铁映的报告中还指出，20 世纪 80 年代中期以后，高等学校的数量上升过快，特别是 1984 年和 1985 年，平均每年增加 100 所新校。因此，今后要抓紧进行普通高等学校的治理整顿工作，对达不到国家高校设置标准的高校进行充实加强，有的要实行撤并。高等教育要想发展就必须提高现有高校的办学质量。从 1989 年年底开始，高校的数量不再增加，国家教委原则上不再批准增设新的高等学校（包括高校的升格），各高等学校要在原有层次上办出特色。

为了进一步控制高等教育的发展规模，严格管理高校招生计划，国家教育委员会、国家计划委员会于 1990 年 11 月 25 日联合发布《普通高等学校、中等专业学校招生计划管理暂行办法》，对全日制高等学校及中等专业学校的招生计划实行统一管理。《普通高等学校、中等专业学校招生计划管理暂行办法》对招生计划的编制程序、招生规模的增减、调整及省级招生工作的负责部门等都做出了严格规定。

2. 加强政府对普通高等学校的管理

改革开放以后，特别是 1985 年《中共中央关于教育体制改革的决定》颁布以后，政府对高等教育的管理权限不断下放，有效地激发了高等学校的办学积极性，促进了高等教育的发展，但是在其发展过程中也出现了一定程度的混乱。1989 年下半年以后，政府开始加强对高等学校的宏观管理，具体表现在以下几个方面。

（1）停止高等学校校长负责制的试点工作。《中共中央关于教育体制改革的决定》指出，学校内部的管理体制逐步实行校长负责制，到 1989 年，已有相当一部分高校进行了校长负责制的试点工作。1989 年 7 月 10 日，中共中央、国务院转发国家教委《关于当前高等学校工作中几个问题的意见》，该意见认为，党委领导下的校长负责制有利于保证高等学校办学的社会主义方向，有利于实现党的教育目标，在今后相当长的一段时间内，高等学校还应实行党委领导下的校长负责制。1990 年 7 月 17 日，《中共中央关于加强高等学校党的建设的通知》颁布，该通知一方面强调了在高等学校实行党委领导下的校长负责制的必要性，另一方面具体规定了高等学校校长的具体职责。

（2）加强对高等学校对外交流工作的管理，包括对高等学校邀请外国学者来华讲学及选派留学生的管理工作。1989 年 9 月 4 日，国家教育委员会发布了《关于加强对社会学科外国学者来华讲学管理的通知》，1991 年 10 月 4 日，国家教育委员会、国家外专局联合发布《高等学校聘请外国文教专家和外籍教师的规定》，继续加强对外国学者来华讲学事务的管理，对于高等学校聘请外国专家来华讲学工作做了较为详细而严格的规定。强调外籍学者来华后除了进行教学、科研工作之外，不得从事任何与自己身份不符的工作。在 1989 年 12 月第七届全国人大第十一次会议上汇报教育工作时，时任国家教委主任的李铁映指出，今后在选派留学生工作中，要加强对选派对象的政治素质与业务素质的考核，对于自费留学的人员也要加强引导。

（3）加强对高等学校校园秩序的管理。为了加强对高等学校校园秩序的管理，国家教委于 1990 年 9 月 18 日发布了《高等学校校园秩序管理若干规定》。《高等学校校园秩序管理若干规定》对于外来人员进入高等学校的具体工作做了详细的规定，特别是对新闻记者、外籍人员进入高等学校从事采访和访问工作进行了具体规定，有效制止了高等学校校园内突发事件的发生。

（4）加强对高等学校学生的管理工作。从 1989 年开始，新入学的高等学校学生必须接受军事训练。要组织相关学校的学生到军事学院进行为期一年的专门军事训练。其他高校学生在学校接受军事训练，军训成为我国普通高等学校的一项常规性工作。

加强对全国及各省学生联合会的管理。为了加强对全国及省级学生联合会的管理，加强学生干部的培养，共青团中央、国家教委、人事部联合发布有关通知，对全国学联及省级学联实行学联干部驻会制度，全国学联每年驻会人数 3 ~ 5 人，省级学联每年驻会人数 1 ~ 3 人，驻会干部分别由团中央和省级团委负责选拔。

2005 年 3 月 25 日，教育部印发了《高等学校学生行为准则》，该准则更加注重对学生政治思想素质方面的要求。

（5）加强对高等学校文科教育的管理。改革开放以来，我国高校文科教育在取得了一定成就的同时，存在着一定的问题。针对这些问题，国家教育委员会于 1991 年 4 月份召开了全国文科教育改革座谈会，座谈会要求切实加强党对高等学校文科教育的领导，坚持社会主义的文科办学方向，坚持马克思主义的指导。牢牢坚守高校文科教育这块意识形态的主阵地，加强高校文科的师资队伍建设，提升文科青年教师的政治思想素质。

（6）加强普通高等学校招收自费生的管理。《中共中央关于教育体制改革的决定》明确规定了普通高等学校有权力招收一定数量的自费生，自费生制度无疑扩大了高等教育的受益人群，但是也产生了一些挤占现有教育资源、降低教育质量及乱收费、盲目扩大自费生规模的问题。针对这些问题，国家教委、国家计委、公安部、商业部等机构联合下发了《普通高等学校招收自费生暂行规定》，使高等学校自费生工作逐步走向规范化与正规化。

3. 加强成人高等教育的管理工作（治理整顿）。改革开放以来，特别是 20

世纪 80 年代中期以后，国家教委陆续发布了一系列加强成人高等教育的文件与政策，无论是专门的成人高等教育，还是普通高等学校举办的成人高等教育，都取得了长足的发展，这为成千上万没有接受正规高等教育的人们提供了机会。但是在成人高等教育大发展的同时，出现了教育质量得不到保障、乱发文凭、乱收费等问题。20 世纪 90 年代初开始，国家教育委员会开始对各类成人高等教育进行治理整顿，国家教育委员会于 1990 年 6 月 5 日发布了《关于普通高等学校成人教育治理整顿工作的若干意见》，在 1991 年 2 月 26 日又发布了《关于成人高等学校治理整顿工作的意见》，对于普通高等学校举办的成人教育及非学历教育、自学考试和专门的成人教育机构进行一系列治理整顿。

4. 继续以评估的方式管理高等学校，使政府管理高等学校的手段多元化

国家教育委员会于 1990 年 10 月 31 日正式发布《普通高等学校教育评估暂行规定》，继续尝试教育行政机关对于高等教育实行宏观管理，在采取直接行政管理手段管理高等学校的同时，以评估为手段，对高等学校进行宏观控制。

《普通高等学校教育评估暂行规定》颁布以后，国家教委于 1991 年 3 月 4 日，首先对普通高等学校体育课程开展评估工作，并制定了普通高等学校体育课程评估指标体系，逐渐将对高等学校的教育评估工作落到了实处。

第七章　改革开放中后期（1993—1998）高等教育政策的演变

一、时代背景

就国内而言，1989年春夏之交的"政治风波"之后，在"治理整顿"指导思想之下，政府加强了对高等教育的管理，这对于解决改革开放中前期以来出现在高等教育领域中的思想混乱（包括"左""右"两方面）及其导致的现实问题来说，具有重要意义。就国际形势而言，苏联解体、东欧剧变等发生在社会主义阵营中的巨大变化引起各个方面对改革开放与社会主义道路问题的困惑。在国内外这种复杂的局面之下，决定着我国政治、经济改革大方向的重大理论与指导思想问题亟须理清，邓小平同志以其敏锐的时势洞察力和高超的政治智慧，在1992年年初对南方多省区进行视察时，发表了自己对时局的看法，为我国的改革开放事业指明了前进的方向，解决了一系列的思想问题。

首先，邓小平在南方谈话中明确了我国坚持以经济发展为中心，坚持改革开放和四项基本原则的大方向不变。他指出："革命是解放生产力，改革也是解放生产力。""要坚持党的十一届三中全会以来的路线、方针、政策，关键是坚持党的'一个中心、两个基本点'……基本路线要管一百年，动摇不得。"

其次，邓小平同志认为判断姓"资"还是姓"社"的标准是"应该主要看是否有利于发展社会主义社会的生产力，是否有利于增强社会主义国家的综合国力，是否有利于提高人民的生活水平"，在改革开放与发展的问题上，"改革开放胆子要大一些，敢于试验，不能像小脚女人一样"。同时，他还认为"计划经济不等于社会主义，资本主义也有计划；市场经济不等于资本主义，社会主义也有市场。计划和市场都是经济手段"，有些资本主义的东西，社会主义也可以尝试使用，"对了，放开；错了，纠正，关了就是了"。

再次，在对待"左"和"右"的问题上，邓小平同志指出："'左'的东西在我们党的历史上可怕呀……'右'可以葬送社会主义，'左'也可以葬送社会主义，中国要警惕'右'，但主要是防止'左'，'右'的东西也有，动乱就是'右'的！'左'的东西也有，把改革开放说成是引进和发展资本主义，认为和平演变的主要危险来自经济领域，这些就是'左'。"邓小平同志还说，我们必须保持清醒的头脑，这样就不会犯大错误，出现问题也容易纠正和改正。

邓小平同志在南方谈话中还提出了"发展才是硬道理""坚持两手抓，两手都要硬""经济发展必须依靠科技和教育""政治路线要靠组织路线来保证，干部还需要年轻化"等真知灼见，并对改革开放和近几年的治理整顿进行了客观评价，改革开放在发展经济方面功劳是主要的，而治理整顿有成绩，主要是"稳"的功劳。

邓小平同志的南方谈话具有重大的历史意义，南方谈话科学地总结了党的十一届三中全会以来改革开放和现代化建设的基本实践和基本经验，进一步阐明了改革开放的重大意义，阐述了建立社会主义市场经济理论的基本原则，从理论上深刻回答了长期困扰和束缚人们思想的许多重大认识问题，是把改革开放和现代化建设推向新阶段的又一个解放思想、实事求是的宣言书。

在邓小平同志南方谈话思想的指引下，我国社会主义建设事业进入一个新的历史发展阶段，深刻影响着我国大学与政府关系的历史进展。

二、改革开放中后期高等教育的相关政策及其影响

1. 大力发展研究生教育，实施对研究生教育的权力下放并加强研究生思想政治教育工作

1992 年 3 月 17 日，国家教委、国务院学位委员会联合印发了《研究生教育和学位工作"八五"计划和十年规划要点》。《研究生教育和学位工作"八五"计划和十年规划要点》回顾了 20 世纪 80 年代我国研究生教育发展和学位制度建立的状况，该项工作在取得了巨大进展的同时，存在着研究生思想政治意识比较薄弱，某些学科的研究生教育工作与社会主义事业要求不太相符，生源不足，研究生培养的物质条件亟待改善等问题。为了在 20 世纪 90 年代继续大力发展研究生教育并解决上述问题，《研究生教育和学位工作"八五"计划和十年规划要点》具体规定了下个十年我国研究生教育和学位工作的主要目标、基本方针及主要任务。

《研究生教育和学位工作"八五"计划和十年规划要点》还规定，要充分发挥中央有关部委和地方省（市）研究生教育和学位工作管理机构的作用，在少数研究生教育和学位工作任务较重的省（市），建立地方学位委员会，承担一定的研究生教育和学位工作的管理职能，继续办好研究生院。同时，改进学位授权审核办法，在部分学科和少数单位试行博士生指导教师审核办法的改革，在部分学位

授予单位继续实行硕士学位授予点的自行审批。建立临床医学、建筑学、工商管理等学科的专业学位制度。进一步做好接受在职人员申请学位的工作。

利用世界银行贷款的"重点学科发展项目"和"研究生教育项目"，大力推进学科建设和研究生教育工作，并加大对研究生教育的投资。

2. 成立全国高等学校设置评议委员会

国务院于 1986 年 12 月 15 日发布了《普通高等学校设置暂行条例》，国家教育委员会于 1988 年 4 月 9 日颁布了《成人高等学校设置的暂行规定》，这两个文件都规定高等学校或成人高等学校的设置申请由国家教育委员会或它的委托机构进行审批或验收，但并未具体规定是何种性质的机构。1992 年 7 月 25 日，国家教育委员会发布《关于成立全国高等学校设置评议委员会及有关事宜的通知》，决定成立全国高等学校设置评议委员会，专门负责普通高等学校或成人高等学校设置报告的审议、审批工作。

全国高等学校设置评议委员会是国家教育委员会的咨询机构，接受国家教委的委托，对省、自治区、直辖市或计划单列市和中央有关部门申报设置的普通高等学校或成人高等学校进行专家评议，还对现有高校的重大变更进行评议、咨询。设置评议委员会的经费来源有两个：一是由国家教委核拨，二是向申请单位收取评议费。设置评议委员会下设办公室处理日常业务，办公室由国家教育委员会计划建设司代管。

作为咨询机构的全国高等学校设置评议委员会并不是一个决策或拥有行政管理权限的机构，它的成立对于加强政府对高等教育的宏观管理，完善政府管理职能，实现政府管理高等教育措施的多元化，都有着十分重要的意义。

3. 改革统得过死的成人高等教育管理体制

改革开放以来，我国的成人教育得到了长足的发展，取得了辉煌的成就。经过 20 世纪 90 年代初的调整和治理整顿，成人高等教育的发展更加规范化。随着改革开放的进一步深化，特别是在邓小平同志发表南方谈话以后，成人高等教育在发展过程中面临的问题越来越突出。1992 年 8 月，时任国家教委副主任的朱开轩在全国成人高等教育工作会议上发表讲话时指出，我国的成人高等教育"基础还比较薄弱，主动适应经济、社会需求的机制尚未真正建立，布局、结构及人才培养的规格、类型等存在着脱离实际、重复设置等弊端，办学的质量、效益和活力有待提高，宏观指导、管理不够有力，地方、业务主管部门和学校的自主权尚未得到充分保证"。为了解决这些发展中存在的问题，我们必须坚持"一要改革，二要发展"的方针。

朱开轩同志在讲话中还指出，要进一步改革成人高等教育的管理体制，建立分级管理、分级负责的体制，进一步扩大地方和部门的管理权限，地方和部门也要保证所属学校具有充分的办学自主权。新的管理体制要把责任、权力与获益三者统一在一级管理层次上，便于地方政府和业务主管部门加强领导，统筹规划，合理布局，在各自的管理范围内切实负起责任来。

在今后的成人教育管理体制中，国家教育委员会的职责主要在于：学历教育的规格、质量和总体规划；新建成人高校和普通高校举办本科函授、夜大学的审批及招生布局；在加强宏观指导、健全法规和评估制度的同时简政放权。

省、自治区、直辖市、计划单列市和国务院业务部门的管理权限主要在于：调整学校布局，制定培养规划，确定专业设置、办学形式、招生计划、招生对象以及所有的非学历教育的管理权限。

国家教委将选择若干经济发展速度快、成人高等教育管理基础好的地区作为成人高等教育改革试点地区，赋予试点地区更加广泛的权力并使之担负起相应的责任。

为了保证成人高等教育的质量，国家将建立国家承认学历的成人教育课程抽考制度，由国家高等教育考试委员会负责抽考工作，以加强督导评估，并统一印制毕业证书，以强化质量控制，保证毕业生的质量。

对于新兴起的社会力量办学，国家采取支持的态度。对于希望举办高等教育并要求取得颁发国家认可的学历的资格的学校，原则上按照《普通高等学校设置暂行条例》和《成人高等学校设置的暂行规定》审批，既能保证国家高等教育的质量规格，又能鼓励、保证社会力量办学的积极性，促进其发展。各级教育行政部门还要将社会力量办学纳入教育事业规划，实施管理，在表彰、评估、发放文件、参加会议等方面，要将其与公办学校同等对待。

4. 国家教委分别于 1992 年和 1997 年颁布了《关于国家教委直属高校内部管理体制改革的若干意见》和《国家教委关于转变职能，加强宏观管理，扩大直属高校办学自主权的若干意见》

国家教育委员会直属高等学校不仅是我国普通高等学校的排头兵，也是我国高等教育改革的试验点和标杆。1992 年 8 月 21 日，国家教委印发了《关于国家教委直属高校内部管理体制改革的若干意见》，为我国普通高等学校内部管理体制的改革指明了方向。

《关于国家教委直属高校内部管理体制改革的若干意见》首先指明了内部管理体制改革的指导思想和改革的目的，学校内部管理体制改革是"在党的基本路线指引下，逐步建立和完善能主动适应国家经济和社会发展的学校内部管理体制和运行机制，积极探索建设有中国特色的社会主义大学的路子"。改革的目的是"最大限度地调动广大教职工的积极性，通过深化改革、调整结构、转换机制、优化队伍、增强活力、改善办学条件和教职工待遇"，不断提高教育质量、科研水平和办学效益。

《关于国家教委直属高校内部管理体制改革的若干意见》提出，直属高等学校校内管理体制改革应主要从校内人事制度改革、校内分配制度改革及校内住房、医疗、退休保险制度改革入手，统筹考虑，配套实施，充分调动各方面的积极性，挖掘潜力，增强活力。

《关于国家教委直属高校内部管理体制改革的若干意见》还对直属高校内部管理的权限做了详细规定，作为国家教委直接管理的教育实体，直属高校具有法人实体，学校应根据自身拥有的权力，有效地管理学校内部事务，同时要承担相应的义务和责任，国家教委有关职能部门不对学校自主办学权范围内的事务进行行政干预。

在学校内部管理体制改革中，学校有权依据实际需要确定校内机构的设置及人员配备（除中央和国务院明确规定必设的机构外）；学校有权选择不同的用人制度和管理体制，有权在国家核定的编制总数内确定校内各类人员的构成比例；学校有权依据教学、科研任务和师资队伍建设的需要，设置和调整专业技术岗位，有权依据有关规定自主进行专业技术职务评聘工作；学校在执行国家工资法规和实行工资总额包干的前提下，有权确定适合本校实际的校内工资津贴分配办法和标准；学校有权拒绝任何机关和单位向学校摊派人力、物力、财力。直属高校在自主办学中凡属扩大国家指令性规模、需要社会外部环境配套、依靠增加国家投入方可解决的问题，其处理权力仍归国家教育委员会所有。

《关于国家教委直属高校内部管理体制改革的若干意见》还对直属高校内部体制的改革工作做了详细规定：实施内部管理体制改革的学校应具备坚强的领导核心，改革还要取得学校所在省、市人民政府的领导和支持；学校内部管理体制改革的重大措施由学校党委和校长集体讨论决定，校长组织行政部门实施；党委则应多做调查研究，并有针对性地开展思想政治工作。

《关于国家教委直属高校内部管理体制改革的若干意见》规定，直属高校内部管理体制改革的方案，要报国家教委备案，同时抄报学校所在省、市人民政府。在实施改革方案的过程中，如果遇到超出学校管理权限的问题，应一事一报，由国家教委审批。

1997年1月21日，在《关于国家教委直属高校内部管理体制改革的若干意见》的基础上，国家教委又颁布了《国家教委关于转变职能，加强宏观管理，扩大直属高校办学自主权的若干意见》，进一步下放直属高等学校的管理权，扩大直属高等学校的办学自主权，加强宏观管理。

《国家教委关于转变职能，加强宏观管理，扩大直属高校办学自主权的若干意见》指出，《关于国家教委直属高等学校内部管理体制改革的若干意见》的"大部分规定现在仍然适用"，而作为高等学校改革标杆的直属高校，同时还在以下方面拥有相关的办学自主权。

学校事业发展和年度事业计划管理方面，直属高校可以在办学条件允许的情况下，根据社会发展需要，对国家下达的年度普通本专科招生计划提出调整意见；可根据生源数量和质量情况，对普通本专科招生来源计划进行适当调整；与地方和部门共建的学校，可以接受地方或部门划转的招生计划；学校可以在办学条件和科研经费允许的前提下，根据需要，在国家教委核定的年度硕士研究生招生计划外，适当招收符合录取标准的委托培养和自筹经费研究生；对于本专科招生计划、招生来源计划的调整，以及接收地方或部门划转的招生计划，须在国家教委（今教育部）备案或办理相关手续。根据 1996 年颁布的《普通高等学校本、专科招生计划管理意见》及《招收攻读硕士学位研究生管理规定》，普通高等学校本专科及研究生招生计划的调整权限在于学校主管部门，招生单位没有这个权力，而《国家教委关于转变职能，加强宏观管理，扩大直属高校办学自主权的若干意见》将这个权限赋予了直属高等学校。

本、专科招生考试录取方面，国家教委将以上海等地区的高等学校为试点，经国家教委批准，具备条件的直属高校可以在全国统一高考的基础上自行确定部分学生的录取办法，或参加地方高考改革的试点工作。自恢复高考以后，高等学校招生考试及录取工作一直由国家教委、各省高等学校招生委员会负责组织实施，《国家教委关于转变职能，加强宏观管理，扩大直属高校办学自主权的若干意见》赋予了直属高校一小部分的招生考试及录取的权力。

在学生层次结构的调整方面，《国家教委关于转变职能，加强宏观管理，扩大直属高校办学自主权的若干意见》指出，直属高校应逐步减小专科生培养的数量，以培养本科生与研究生等高质量人才为主要任务，科研条件较好的学校，国家教委在安排年度硕士生、博士生招生计划时，其招生数量增长要不低于或略高于平均增长率。

对于与地方共建学校的管理，《国家教委关于转变职能，加强宏观管理，扩大直属高校办学自主权的若干意见》指出，要加强地方政府对直属高校的统筹权，国家教委将逐步淡化以"条条"为主的管理办法，促进"条块"有机结合；国家教委将进行试验，使部分学校的经常性管理逐步过渡到以地方政府管理为主。

社会参与办学和管理方面，《国家教委关于转变职能，加强宏观管理，扩大直属高校办学自主权的若干意见》强调要加强社会参与，改进高等学校管理决策体系，逐步建立健全教育改革与发展的决策咨询研究机构、高等学校设置审议机构、学位授予资格审议机构、教育教学评估机构、考试与资格证书机构及国家教委直属高等学校咨询委员会等机构，直属高校也可以根据需要成立有社会各界参与的，对学校改革与发展提供咨询、进行审议的机构。

国家教委相隔近 5 年颁布了两个关于直属高校改革的"若干意见"，对于转变政府职能、扩大直属高校的办学自主权的改革来说，发挥了重要的促进作用，并且为高等学校内外部管理体制改革和优化高校与政府的关系树立了标杆，指明了今后努力的方向。

5. 重新下放普通高等学校函授、夜大学办学资格审批权限

1988 年 8 月，国家教委发布了《关于下放普通高等学校举办函授、夜大学专科教育审批权限的意见》，将普通高等学校举办函授、夜大学专科教育的审批权限由国家教委下放到了省、自治区、直辖市、计划单列市和国务院相关部委的教育主管部门，国家教委只行使备案权。1989 年 9 月 28 日，国家教委下发了相关文件（《关于普通高等学校举办函授、夜大学专科教育审批权限下放后的有关问题》），原则上收回了下放到省级教育行政机关的该项审批权（在履行备案手续时将备案资料提交专门审议机构审议，然后再公布符合规定的学校名单）。1992 年12 月 7 日，国家教委又发布了《关于普通高等学校函授、夜大学办学资格审批和专业备案工作的通知》，该通知规定，省、自治区、直辖市及计划单列市和国务院有关部委教育主管部门拥有对所属高等学校举办函授专科和夜大学本、专科的办学资格的审批权；而普通高校举办函授本科的办学资格则由国家教育委员会审批。国家教委将以公布名单的形式确认函授和夜大学本、专科办学资格，未确认资格的，学校不得安排招生。

这次对普通高等学校举办函授、夜大学审批权限的下放程度甚至超过了 1988年的文件规定，将举办夜大学本科、专科的审批权限都下放到了省级教育行政管理部门（1988 年的审批权仅限于函授与夜大学的专科教育层次）。这说明"邓小平南方谈话"以后，新一轮的对普通高校管理权限下放的相关改革进入一个新的时期。

6. 颁布《关于进一步改革和发展成人高等教育的意见》

1993 年 1 月 7 日，国务院办公厅转发了国家教委《关于进一步改革和发展成人高等教育的意见》，该文件对于国家教育委员会、省级教育行政部门（包括国务院相关部委）的相关职责与权限进行了重新划分与规定。

国家教育委员会的职责主要在于健全法规，制定总体规划，宏观指导、协调、

监督和检查，掌管好学历教育的质量与规格。具体来说：第一，成人高等学校的设置和普通高等学校举办成人高等学历教育资格的审批与备案；第二，制定、编审指导性的教育计划、大纲和教材；第三，建立办学方向、办学水平和教学质量评估制度；第四，管理成人高等学历教育的毕业证书；第五，运用行政、经济、法律手段，坚决查处违章、违法办学。

省、自治区、直辖市、计划单列市和国务院相关部委的职责是调整学校布局、制定培养规划和确定专业设置、办学形式、招生计划、招生对象，以及管理非学历教育等。以前这些职责与权限大多在国家教委。

7. 国家教委颁布《关于加快改革和积极发展普通高等教育的意见》，吹响了新一轮高等教育改革的号角

1993 年 1 月 12 日，国务院批转颁布了《关于加快改革和积极发展普通高等教育的意见》，该意见确定了新时期高等教育改革与发展的主要任务："坚持社会主义办学方向，改革高等教育办学和管理体制，转变政府管理部门职能，扩大高校办学自主权，改革学校内部管理体制和运行机制，深化教育和教学改革，探索高等教育发展的新路子。"

在具体的改革措施方面，《关于加快改革和积极发展普通高等教育的意见》从以下几个方面做出了指导性规定。

（1）在办学体制和模式上，改变原有由国家包办高等教育的单一体制和模式，调动社会各方面的办学积极性，多种形式和途径发展高等教育。逐步形成"以国家投资为主，学生缴费和社会集资为辅；学生缴费和社会集资为主，国家资助为辅；民办自费；企业办学等多种办学的形式"。

（2）高等教育要进一步走内涵发展的道路，逐步使高等学校的办学规模走向合理，挖掘现有高等学校的办学潜力，到 2000 年，校均人数规模本科院校要由现在的 2500 人提高到 3000 人左右，专科院校由 1000 人提高到 2000 人左右。鼓励和支持社会力量兴办民办高等学校，尽快制定民办普通高等学校有关条例。

突破 1989 年年底所说的"不再增设新的普通高等学校"的限制。1989 年 12 月 23 日，时任国家教委主任的李铁映在向第七届全国人大常委会第十一次会议汇报教育工作时曾指出，从 1989 年年底开始，全国高等学校的总数不再增加，国家教委原则上不再批准增设新的高等学校，不再批准高等学校的升格。《关于加快改革和积极发展普通高等教育的意见》指出，"目前，确有必要新增设高等学校，要按照国务院发布的《普通高等学校设置暂行条例》，由国家教委高等学校设置评议委员会进行评议后，提交国家教委审批"。

（3）实施"211 工程"计划。国务院原则上已经批准了"面向 21 世纪，重点

办好 100 所大学"的计划，分期滚动实施。对于列入"211 工程"计划的大学和学科、专业，中央和地方两级教育部门要采取适当的特殊政策，进一步扩大这些学校的办学自主权。

实施"211 工程"是国家加强政府宏观管理职能，改变以单一行政命令方式管理高等学校的重要举措之一。"211 工程"项目是以专项资金的方式支持部分高水平大学加快发展的举措，是政府管理高等学校的经济方式。为了充分发挥这种经济方式的宏观管理作用，1997 年 2 月 21 日，国家教委、国家计委和财政部联署发布了《"211 工程"专项资金管理暂行办法》，对高等学校使用"211 工程"专项经费做了详细规定。

①"211 工程"专项资金参照建设项目法人责任制的有关规定使用管理，即"211 工程"院校项目法人或法人组织，严格按照国家计委审批的学校"211 工程"可行性研究报告，统筹安排使用由不同渠道下达或筹集的全部专项资金，并对建设项目的实施、资金的投向及年度调度安排实行全过程管理，确保预期效益目标的实现。

②各项目学校必须明确合格的财会机构和财务人员负责资金管理工作。

③专项资金必须单独核算，专款专用，任何部门和单位不得截留、挪用和挤占。

④专项资金购置的固定资产，均应纳入项目学校国有资产的统一管理范畴，合理使用，认真维护。

⑤专项资金的支出分为基建项目支出和其他项目支出两大类，主要用于支持、资助高校重点学科建设及其所必需的基础设施建设和教学、科研公共服务体系建设。基建项目支出按照现行的基建投资管理办法进行管理；其他项目支出包括项目业务费和计划管理费。

⑥专项资金不得用于各项罚款、捐款、还贷、赞助支出、对外投资支出及与"211 工程"项目无关的其他开支。

⑦专项资金的预算由项目学校提出，要经过专家论证，学校主管部门具有预算的审核权，最后按国家计委商财政部批准的可行性研究报告确定。

⑧专项资金的下达则是由国家计委、财政部、学校主管部门及地方政府实施，按照可行性报告、资金预算及年度项目建设计划分别下达，资金一经审定下达必须严格执行，一般不做调整；中央专项资金年度计划应按期完成，如因特殊原因未完成部分，经批准可转入下年使用，不得挪作他用。

⑨年度终了，项目学校要及时将资金支出分别按来源渠道，向上级拨款单位编报资金决算，并将不分资金渠道的总决算报送"211 工程"部际协调小组办

公室。

⑩"211工程"部际协调小组办公室每年对专项资金的使用情况和物资设备管理情况进行定期和不定期的重点检查,对违反规定的单位与个人要进行处理直至终止项目。

⑪各项目学校应保证专项资金按规定用途使用,并建立资金管理责任制,由专人审批各项支出;学校的财务主管人员应对资金的使用情况实施全面监督,国家有关部门也将组织相应的评估。

⑫专项资金在执行过程中,因各种不可抗力造成的损失,100万元以下的,应逐级上报上一级单位审批核销,100万元以上的,须报"211工程"部际协调小组联合审批核销。

(4)尽快制定有关高等教育法和高等学校组织法,以法律的形式保障高等学校的办学自主权。改革原有的国家集中计划和政府直接管理的办学体制,逐步建立和完善国家统筹规划和宏观管理、学校面向社会自主办学的新体制。按照政事分开的原则,明确学校的权利和义务、利益和责任,政府要转变职能,简政放权,由对学校的直接行政管理转变为运用法律、经济、评估和信息服务及必要的行政管理手段,进行宏观管理。从法律上规定学校在专业设置、招生、指导毕业生就业、教育教学、科学研究、筹措和使用经费、机构设置、人事安排、职称评定、工资分配、对外交流、学校管理等方面拥有的办学自主权。高等学校要建立起自我激励、自我发展、自我约束的运行机制。

(5)逐步实行中央与省(自治区、直辖市)两级管理、两级负责为主的管理体制。国务院各部门重点管理好直接关系国家经济、社会发展全局并在高等教育中起示范作用的骨干学校和行业性强、地方不便管理的高校。

在中央和地方的关系上,中央管理部门要简政放权,加强地方政府的管理职能。中央的职责主要是大政方针、宏观规划和监督检查;省级地方政府主要负责省属高校的具体政策、制度、计划的制定和实施及对学校的领导和管理,进一步加强省(自治区、直辖市)对设在本地区的国务院各部门所属高等学校的协调作用。

在国家教委和国务院各主管部门的关系上,国家教委的职责在于统筹规划、政策指导、组织协调、信息服务、监督检查;而国务院各部门的职责和权限在于所属学校的专业设置、招生计划、经费筹措、学生就业等方面。随着国务院各部门职能的转变和直属企业的下放,对各部门所属高校的办学体制和管理体制,区别不同情况,采取继续由中央部门办、中央部门与地方政府联办、下放给地方办、企业集团参与管理等办法,进行改革试点。

（6）积极稳妥地推进高等学校内部管理体制改革。逐步推进校内人事、分配、住房、医疗和退休养老保险制度以及后勤服务企业化、社会化等改革。

（7）各级政府要加强对高等教育改革的领导，高校重大改革方案的实施必须经主管部门批准有计划、有步骤地进行。

在《关于加快改革和积极发展普通高等学校的意见》发布不到一个月的时间里，国家教委、国务院学位委员会又于2月8日发布了《关于印发全国普通高等教育工作会议有关文件的通知》，共印发了六个文件，分别是：《关于中央部门所属普通高等学校深化领导管理体制改革的若干意见》《关于普通高等学校招生和毕业生就业制度改革的意见》《关于普通高等学校内部管理体制改革的意见》《关于进一步深化普通高等学校教学改革的意见》《关于学位与研究生教育改革和发展的意见》《关于深化普通高等学校科技工作改革的若干意见》。

这六个文件分别从领导管理体制、招生就业、内部管理体制、教学改革、研究生教育改革和科技工作等六个方面，对普通高等学校的全面改革工作做了较为详细的部署。至此，我国普通高等学校全面改革的大幕徐徐拉开，标志着我国高等教育的改革与发展进入了新的历史时期。

7. 中共中央、国务院印发《中国教育改革和发展纲要》

1993年2月13日，中共中央、国务院颁布了自1985年《中共中央关于教育体制改革的决定》以来最为重要的纲领性文件——《中国教育改革和发展纲要》，全面部署了20世纪90年代乃至21世纪初国家的教育改革与发展工作。

《中国教育改革和发展纲要》首先分析了当时我国教育面临的形势和任务，然后明确了我国教育事业发展的目标、战略和指导方针，在此基础上规划了我国教育体制改革的大方向和具体措施，具体说来，有以下几个方面。

（1）在办学体制上，改变政府大包大揽式的办学格局，逐步形成以中央、省（自治区、直辖市）两级政府办学为主、社会各界参与办学的新格局。

（2）在政府与高等学校的关系上，要按照政事分开的原则，通过立法明确高等学校的权利和义务，使高校真正成为面向社会、自主办学的法人实体。在招生、专业调整、机构设置、干部任免、经费使用、职称评定、工资分配和国际合作交流等方面，进一步扩大高等学校的办学自主权。政府要转变职能，改变以往仅仅使用行政手段直接管理的管理模式，综合运用立法、拨款、规划、信息服务、政策指导及必要的行政手段等多元化管理措施，对高校进行宏观管理。在高等学校和政府之间，建立有教育界等社会各界专家参加的咨询、审议和评估机构，形成民主、科学的决策程序。

（3）在中央与地方的关系上，进一步确立中央和省（自治区、直辖市）分级管理、分级负责的管理体制。扩大省（自治区、直辖市）的教育决策权包括对中央部门所属学校的统筹权。省（自治区、直辖市）在充分论证、严格审议程序，自行解决办学经费，统筹中央和地方所属高校毕业生就业去向的条件下，有权决定地方高等学校的招生规模和专业设置。

（4）在国家教委与中央业务部门的关系上，国家教委与中央业务部门的关系如上述《关于加快改革和积极发展普通高等教育的意见》中所述。

《中国教育改革和发展纲要》还对高等学校的招生、就业制度，研究生培养工作，财政拨款机制，高校内部管理制度等方面的改革与发展事项做了详细规定。

《中国教育改革和发展纲要》提出了在 20 世纪末，国家财政性教育经费支出占国民生产总值的比例要达到 4%，各级财政支出中教育经费所占比例在"八五"期间全国平均水平不低于 15%。逐步形成财政拨款、教育税附加、学生收费、校办产业、社会捐助、金融信贷手段等多元化的高等教育投资体制。

8.下放管理权限，颁布政策法规

《中国教育改革和发展纲要》颁布以来，中央教育行政部门一方面下放对高等学校的管理权限，发挥地方政府在教育管理中的作用，增强高等学校的办学自主权与活力，另一方面也通过颁布相关教育政策法规、开展高等学校评价工作、拨款等多元化的管理举措，加强对高等教育的宏观管理，避免出现"一抓就死、一放就乱"的问题。针对高等教育体制改革与发展中出现的问题，适时颁布相关政策、法规，规范高等学校的办学行为，加强宏观管理。

（1）针对在招生计划管理方面出现的问题，国家教委于 1992 年 12 月 26 日发布了《关于加强普通高等学校招生计划管理工作的通知》。《关于加强普通高等学校招生计划管理工作的通知》指出，邓小平同志南行重要讲话以后，我国高等教育的发展进入了一个新时期，社会经济发展对高等教育也提出了新的要求，1992年高等学校的招生数量有了较大增加，规模效益有了一定提高。但是在本年高等学校的招生工作中也出现了一些不可忽视的新情况、新问题，主要表现在：宏观管理工作比较薄弱，少数地区、部门放松了管理，一些高校出现了乱招生、乱收费、乱办学的现象，有些学校盲目扩大招生，出现了一些新的不合格学校与校外办学点，造成了不良的社会影响。针对在高等学校招生工作中出现的这些问题，《关于加强普通高等学校招生计划管理工作的通知》要求，今后的招生工作实行中央宏观指导，总量调控，中央和省、市两级管理，分级负责的办法。对于 1992 年各地自行审批的普通高等学校，国家不予承认，设置普通高等学校的最终审批权必须是国家教育委员会。凡不顾办学条件，盲目扩大招生数量而造成的新的不合格学校，主管部门要采取加大投入或减少下年招生人数的方法，使其尽快达标。

高等学校举办校外班的审批权在于国家教委，普通高校不得擅自举办校外班。

（2）成人高等教育也出现了一些违反规定招生、办学的问题，针对这些问题，国家教委于1993年4月5日发布了《关于成人高等教育不得以"试点"名义违反规定招生、办学的通知》。《关于成人高等教育不得以"试点"名义违反规定招生、办学的通知》指出，在成人高等教育中，极少数地区和单位出现了诸如违反全国各类成人高等学校招生考试的有关规定、自行组织考试并单独录取、不经请示自行减少或变动考试科目、扩大往届生范围、放宽第二学历的入学条件、向无学历教育办学资格的学校提供招生计划并允诺颁发毕业证书的问题，对这些问题，必须及时制止，尽早纠正。《关于成人高等教育不得以"试点"名义违反规定招生、办学的通知》要求各级教育行政主管部门要坚决在自己的工作范围内行使自己的管辖权，针对问题坚决纠正，妥善处理。今后，地方和部门在国家成人高等教育现行政策和授权范围之外进行试点，应先征得国家教委的同意。

（3）针对出现的普通高等学校更名问题，国家教委于1993年4月19日发布了《关于普通高等学校更名问题的通知》。《关于普通高等学校更名问题的通知》指出，普通高等学校的更名审批权在于国家教委。"最近，个别部门、地方政府和高等学校未按国家有关规定程序报经国家教育委员会批准，自行更改所属普通高等学校名称，在社会上和高等学校中造成了一定混乱和不良影响。"《关于普通高等学校更名问题的通知》强调，普通高等学校的名称确需更改的，须按隶属关系由学校主管部门提出申请，报国家教育委员会审批。国家教委正在拟定普通高等学校名称的命名规范，对于普通高等学校更名的重大问题，国家教委将视需要委托全国高等学校设置评议委员会进行专家评议，在评议的基础上审批学校的更名问题。普通高等学校的名称应保持基本稳定，一般不要更改。

1993年4月26日，国家教委颁布《关于成人高等学校调整、更名审批权限的意见》。《关于成人高等学校调整、更名审批权限的意见》规定，成人高等学校调整、更名的审批权限在于省（自治区、直辖市）及计划单列市人民政府和国务院有关部门，但是，新增的成人高等学校的审批权仍归国家教委。

（4）针对某些高等学校乱办校外班、擅自异地举办分校的现象，国家教委于1995年2月8日发布了《关于进一步加强高等学校校外班（分校、分院）管理的通知》。《关于进一步加强高等学校校外班（分校、分院）管理的通知》认为，这些校外班（分校或分院）多数缺乏科学论证，并且存在着以盈利为目的的倾向，这种办学形式十分不稳定，如果任其发展下去，肯定会对我国高等教育的规格质量、学校声誉及群众的实际利益造成损害，同时还会干扰高校正常的办学秩序。鉴于此，国家教委通过《关于进一步加强高等学校校外班（分校、分院）管理的通知》重申相关规定。

　　首先，高等学校原则上不得举办新的学历教育校外班或异地分校（分院），对于已经举办的，要根据相关规定进一步采取措施进行调整和收缩；其次，高等学校举办校外班或异地分校（分院）的审批权在于国家教委，普通高校不得以联合办学的名义擅自将所招收的本、专科学生安排在成人高等学校、中等专业学校及其他低层次教育机构进行培养，个别特殊需要举办的，须由高等学校主管部门报国家教委批准；最后，国家教委每年会在招生前向社会公布有资格招生高等学校和校外班、异地分校（分院）名单。

　　（5）针对高等学校在合作办学工作中出现的问题，国家教委于 1996 年 2 月 14 日发布《关于高等学校合作办学中有关问题的意见》。《关于高等学校合作办学中有关问题的意见》认为，近几年我国高等学校在合作办学方面取得了较好的成绩，是高等教育管理体制改革的成就之一，但是在取得成绩的同时也出现了一些问题，如一些普通本科院校以合作办学的名义在专科层次的学校内举办本科学历教育班，高等专科学校在中等专业学校办大专学历教育班，成人学校和普通高等学校合作举办普通学历教育班。这些做法实际上是低层次学校举办高层次学历教育班，这不符合高等教育管理体制改革的精神。《关于高等学校合作办学中有关问题的意见》强调合作办学原则上不得在低层次学校举办高层次的学历教育，这种变相升格的做法必须予以制止，普通高校不得以"合作""联合"等名义擅自将招收的本科和专科学生安排在成人高校、中专学校以及其他低层次教育机构进行培养，个别需要举办的，须由学校主管部门报国家教委审批。经国家批准的不同层次的校际合作办学，低层次学校将作为高层次学校的校外班。而国家教委每年将向社会公布有资格招生的高等学校和校外班、异地分校（分院）名单，凡未列入该名单的，均属擅自办学，一经查实，将严肃处理。

　　（6）针对出现的社会力量办学方面问题，国家教委于 1996 年 3 月 27 日发布了《关于加强社会力量办学管理工作的通知》，文件认为，近年来，社会力量办学发展较快，但是在发展过程中也存在着一些问题，诸如一部分学校办学条件差；一些学校在招生、收费、颁发证书等方面违反国家规定；一些学校内部管理混乱，缺乏规章制度；少数学校还存在着举办者转移、挪用甚至侵吞学校财产的现象；一些地方教育行政部门对社会力量办学工作不重视、管理薄弱等。对这些问题，《关于加强社会力量办学管理工作的通知》指出，地方政府要加强对社会力量办学的管理，确定一名工作人员负责此项工作，设置必要的管理机构，明确主管部门。

　　《关于加强社会力量办学管理工作的通知》强调，要严格按照各类学校的设置标准、审批权限、审批程序审批学校，对于社会力量举办高等学历教育的学校，按照《民办高等学校设置暂行规定》，由国家教委负责审批。不具有颁发学历文凭资格的高等教育机构则由省、自治区、直辖市及计划单列市教育行政部门负责审批，并抄报国家教委。

《关于加强社会力量办学管理工作的通知》就社会力量所办学校校名的规范问题做了具体规定，还强调了要加强社会力量办学的招生广告的审核和管理工作，学校不得以任何形式作不负责任的许诺，学校的招生广告须经主管教育行政部门审核后方可刊播散发。其中，全国性报刊、电视台、电台刊播的招生广告须经学校所在地省级教育行政部门审核。另外，《关于加强社会力量办学管理工作的通知》还就加强对民办学校教育质量的检查、评估，学校收费、财产、财务的管理和监督做了具体规定。《关于加强社会力量办学管理工作的通知》要求各级教育行政部门要在1996年内，对社会力量举办的学校进行全面检查，并向社会公布检查结果。

（7）针对高等学校招生体检工作中出现的检查不细、把关不严，甚至弄虚作假、自立体检标准或提高标准等问题，教育部、卫生部于1998年4月16日联合发布《关于进一步加强普通高等学校招生体检管理工作的通知》，要求各级教育、卫生行政部门领导高度重视高校招生体检工作，加强领导。招生部门要和当地卫生部门密切配合，做好体检工作，体检工作一般要在指定的二级甲等以上医院或相应的医疗部门进行，主检医生必须具有副主任医师以上职称。高校招生的复检工作由高等学校自行组织。

（8）针对全国教育统一考试中出现的考试管理不严、考试纪律松懈，甚至考试管理人员串通作弊的问题，教育部办公厅于1998年5月25日发布《关于加强全国教育统一考试管理工作的意见》，强调全国教育统一考试由教育部主办并管理，包括普通、成人高等学校招生的全国统一考试、全国硕士研究生入学考试、高等教育自学考试、广播电视大学"注册视听生"必修课程全国统一考试、高等教育学历文凭考试、计算机等级考试、全国外语水平考试（WSK）和英语等级考试等。《关于加强全国教育统一考试管理工作的意见》重申全国教育统一考试是国家意志的体现，是政府行为，各级教育行政部门、考试机构要加强对本地区全国教育统一考试的领导，加强考点、考场规范化建设和考试工作人员队伍的组织建设，利用现代化管理手段防止违纪、舞弊行为的出现，严肃执纪，加大对考试的监督力度。

（9）针对社会上出现的伪造、买卖学历、学位证书的现象，1998年6月2日，教育部、公安部联合发出《关于加强学历、学位证书管理和严厉打击伪造、买卖学历、学位证书的通知》，要求各省级教育行政部门加强对本地区高校学历、学位证书的管理，加强对印章、印刷企业的管理，督促用人单位核实新聘人员的学历、学位证书，教育主管部门要积极配合用人单位对送检的学历、学位证书进行审查和鉴定，各地公安机关对这类违法犯罪事件要依法从严惩处。

（10）针对高校开办高等教育自学考试社会助学班中出现的相关问题，诸如过分注重创收与盈利，既承担命题、评卷工作，又进行社会助学活动，教考不分，由于大规模举办全日制社会助学班而导致挤占计划内学历教育的资源，疏于管理以至于少数学生打架斗殴甚至违法犯罪等，教育部于 1998 年 6 月 25 日及时发出《关于加强普通高等学校高等教育自学考试社会助学管理工作的通知》。其中指出，高等学校在保证教育质量的前提下，可以举办以业余形式为主的社会助学班，不得以营利为目的，不得影响学校的办学秩序；学校要加强对社会助学活动的管理，要由学校成人教育管理机构归口管理；严格执行"教考分离"的原则，高等教育自学考试主考院校不能举办主考专业的社会助学班，不得以主考院校的名义招收社会助学班学生，各地自学考试办公室负责命题、考试、评卷等考试工作；高校举办社会助学要由学校所在地的省级教育行政部门或其委托的地（市）级教育行政部门审批，领取办学许可证后，方可开展社会助学活动，在办学过程中要接受高等教育自学考试机构的指导和监督。

保持高等学校正常的办学秩序，保证高等学历教育必要的质量与规格，是国家对高等教育进行宏观管理的重要内容，加强这方面的宏观管理与改善政府职能、下放高校的办学自主权的高等教育体制改革大方向是一致的。在坚持大方向的同时，必须充分发挥各级教育行政部门的宏观管理职能。权力下放不等于听之任之，各级教育行政部门和高等学校要在自己的职责权限范围内行使权力，担负职责，在法律、法令、条例的规范之下充分行使自己的职责权限，既充分行使权力，又不违反规定，这样才更有利于高等教育行政管理改革的顺利进行。

9. 国家教委颁布《普通高等学校本科专业设置管理规定》及《普通高等学校本科专业目录》等文件

国家教育委员会 1986 年颁布的《高等教育管理职责暂行规定》规定，国家教委拥有普通高等学校专业设置的审批权。新一轮的高等教育管理权限下放的改革大潮将普通高等学校专业设置的审批权下放到了学校主管部门。1993 年 7 月 16 日，国家教委颁布了《普通高等学校本科专业设置规定》及《专业目录》等相关文件，文件明确指出，普通高等学校的专业设置由普通高等学校根据文件规定的设置条件负责审定，由学校主管部门（省级教育主管部门和中央部委教育行政部门）负责审批，国家教育委员会备案。对于普通高等学校设置新专业，凡是符合所规定的相关条件者，可批准其正式设置，并开始招生。对条件尚不完全具备者，可批准其筹建（筹建期为 2 年），筹建期内达到设置条件者可批准其招生，否则取消筹建资格。

普通高等学校在专业目录所列的本门类所属的二级类范围内调整专业的，经本校学术委员会或其他相应组织讨论通过，由学校自主审定，学校主管部门核报国家教育委员会备案。国家重点普通高等学校具有除上述专业调整权限外，也有权调整专业目录内其他专业，但是要求在学校的学科性质、在学校主管部门核定的本科专业数和相关学科门类内。

对于不属于专业目录所列的本门类所属的二级类范围内的专业设置与调整，以及国家重点普通高等学校设置、调整下列类型专业的，均由学校主管部门审批并报国家教委备案。

综合大学设置、调整非哲学、经济学、法学、历史学、文学、理学门类专业；理工院校设置、调整非理学、工学门类专业；农林院校设置、调整非农学门类专业；医药院校设置、调整非医学门类专业；师范院校设置、调整非教育门类专业或其他非师范性质专业；外语院校设置、调整非外国语言文学类专业；财经院校设置、调整非经济学门类专业；政法院校设置、调整非法学门类专业；体育院校设置、调整非体育学类专业；艺术院校设置、调整非艺术类专业。

普通高等学校设置专业目录以外的专业，须由学校主管部门组织专家论证并按规定程序审批，报国家教育委员会备案。

由学校主管部门负责审批的专业，须经本地区（部门）设置的高等学校专业设置评议委员会评议。

高等专科学校和短期职业大学不得设置本科专业，个别特殊情况需要设置的，须由主管部门报国家教育委员会审批。

专业设置评议委员会系学校主管部门的咨询、审议机构，由本地区（部门）高等学校、教育行政部门、计划部门、人事部门及其他有关单位的专家、学者组成，委员由学校主管部门聘任，任期4年。

国家教育委员会对学校主管部门及其所属普通高等学校的专业设置实行指导、检查和监督。普通高等学校专业设置审批和备案工作由国家教委高等教育司归口管理。

《普通高等学校本科专业设置规定》的颁布将本科专业设置的审批权由国家教委下放到了学校主管部门，专业设置的审定权在于高等学校，这是邓小平南方谈话以后新一轮的教育管理权下放的重要举措之一，从此，高等学校的专业设置权回归到了高等学校自身。

10.颁布《民办高等学校设置暂行规定》

1993年8月17日，国家教委颁布了《民办高等学校设置暂行规定》。《民办高等学校设置暂行规定》强调，民办高等学校的设置标准应有别于普通高等学校和成人高等学校，但是也必须满足一些办学的基本条件。

民办高等学校的设置分为筹办和正式建校两个阶段，达到设置标准要求的，可直接申请正式建校，未达到设置标准要求的，可以先申请筹办，筹办条件由省级人民政府规定。

申请筹办民办高等学校，由申办者向省级教育行政部门提出，经省级教育行政部门组织专家按照相关规定进行评议，报省级人民政府审批，并抄送国家教育委员会备案。申请正式建校的，由申办者向省级教育行政部门提出申请，经省级人民政府审核同意后，报国家教育委员会审批。

民办高等学校的设置申请经国家教育委员会形式审查后，对于符合相关规定的申请，委托全国高等学校设置评议委员会进行评议，然后根据评议委员会的评议结论进行审批，并将结论意见通知省级人民政府。

民办高等学校由所在地方省级教育行政部门负责管理。《民办高等学校设置暂行规定》还对民办高等学校享有的办学职权进行了详细规定。民办高等学校的变更、调整应按申报设置学校的程序办理。

11. 继续扩大高等学校职称评审改革，下放职称评审权力

我国高等学校职称评审改革是从 1986 年开始的。1986 年，国家教委批准了北京大学等 32 所高等学校具备教授任职资格评审权，重庆建筑工程学院等 9 所高校具备副教授任职资格评审权；1988 年，批准了华南理工大学等 48 所高校具有教授任职资格评审权，北京化工学院等 60 所高校具有副教授任职资格评审权。到 1993 年 10 月底，又批准了暨南大学等 4 所高校具有教授任职资格评审权，华北电力学院等 34 所高校具有副教授任职资格评审权。1993 年 11 月 30 日，国家教委、人事部公布了这些高等学校的名单。公布名单的通知强调，未取得教授、副教授任职资格评审权的高校及学科，仍应送学校所在地高等教育行政部门组织的高等学校教师职务任职资格评审组织进行评审。

1994 年 3 月 1 日，国家教委、人事部发出《关于进一步做好授予高等学校教授、副教授任职资格评审权工作的通知》，继续下放高等学校教师职称的评审权。该通知就高等学校获得教授、副教授任职资格的各方面事项做了较为详细的规定。

（1）授予副教授任职资格评审权的学校必须具备的条件：

①经国家批准主要培养本科合格人才十届以上，教学梯队健全，教学质量高。

②具有博士学位授予权和若干硕士学位授予权学科专业点，或综合、理工、农业、师范院校具有 10 个以上硕士学位授予权学科专业点，医学院具有 15 个，其他院校具有 5 个（体育、艺术等特殊科类学校，经国家教委同意可酌情放宽要

求），并培养过两届以上合格的硕士毕业生。

③承担过国家级、省（部）级科研项目或其他具有重大经济效益和社会效益的科研项目，并获得过省部级以上的奖励。

④学校组建的副教授职务任职资格评审委员会及其下设的学科（一般指一级学科，单科学校可按二级学科）评议组符合国家有关文件规定，评审委员会由在职教授、副教授和有教授、副教授职务的学校党政负责人组成，其中教授人数占比不得少于2/3，学科评议组全部由在职教授、副教授组成，其中教授人数占比不少于1/2。

（2）授予教授任职资格评审权的高等学校必须取得副教授任职资格评审权 5 年以上，在教师任职资格评审中能正确使用权力；有一定数量的博士学位授予权的学科专业点，在国内有较大影响；教授资格任职评审委员会由在职教授和有教授职务的学校党政主要负责人组成，学科评议组都应由在职教授组成。

（3）授予高等学校教授、副教授任职资格评审权审批方法：

①教授任职资格评审权由学校提出申请，由省（自治区、直辖市）和国务院有关部委、直属机关教育主管部门和人事（职称改革领导小组办公室）部门审核，报国家教委批准，并抄报人事部备案。

②副教授任职资格评审权由学校提出申请，省（自治区、直辖市）和国务院有关部委、直属机构教育行政部门审核，报经国家教委同意后，由各省市、各部委职改领导小组批复。

③获得副高以上任职资格评审权的高等学校应在批准授予的学科进行评审，暂不具备条件的学校，仍由学校所在地高校教授任职资格评审组织评审，待条件具备后，申请报批。

（4）建立检查监督制度。相关省（部）级机构要加强对教师职务评聘工作的领导，做好任职资格评审权的授予工作，并对教师职称评审工作行使检查监督的权力。

教师职务职称的评审权是高等学校办学的自主权之一，这次继续扩大高校教师职称评审权的范围是我国高等教育管理体制改革的重要举措，标志着越来越多的办学自主权将下放到高校，政府教育行政机关将充分发挥其宏观管理的职能。

12.国家教育委员会印发《普通高等教育学历证书管理暂行规定》，明确了国家教育委员会、省或国务院有关部委及高等学校在颁发学历证书方面的具体职责

1993 年 12 月 29 日，国家教育委员会印发了《普通高等教育学历证书管理暂行规定》，指出高等教育学历证书分为毕业证书、结业证书和肄业证书三种，其中毕业证书和结业证书由国家教育委员会统一印制，肄业证书由学校自行印制并颁发。

普通高等教育学历证书实行国家、省（自治区、直辖市）或国务院有关部门、学校三级管理，各自的职责说明如下。

（1）国家教育委员会对地区、部门按招生计划及实际毕业（结业）人数进行总量控制，统一印制普通高等学校毕业证书和结业证书或证书内芯；制定有关学历证书的管理规定和实施办法；对学生毕业、结业资格审查和证书的颁发工作进行检查、监督。

（2）省（自治区、直辖市）教育行政部门或国务院有关部委对所属高等学校录取新生和学籍管理工作进行监督和检查，省级教育行政部门对所在地区的普通高等学校的每届毕业生和结业生进行资格审查，将学历证书按相应年份，并按招生计划数发给有关高校。

（3）学校每学年将毕业和结业人数报所在省教育行政部门审查后，领取该年度所需的证书，填写并颁发给学生。

13. 国家教育委员会在对高等教育的管理手段上，继续扩大使用评估手段，使管理手段多元化

《中国教育改革和发展纲要》中明确指出，"各地教育部门要把检查评估学校教育质量作为一项经常性的任务"。1993 年 12 月 30 日，国家教育委员会发布了《关于各类成人高等学校评估工作的意见》，并公布了《成人高等学校评估的基本内容和准则》。《关于各类成人高等学校评估工作的意见》要求逐步建立各类成人高等学校评估制度，要根据国家对各类成人高等学校办学的有关规定，制定科学的评估方案，明确评估标准、评估指标体系和评估方法。

对成人高等学校的评估分为综合评估和单项评估，综合评估主要是对学校办学方向、办学水平和教学质量的全面检查。由省（自治区、直辖市）、计划单列市或国务院有关部委教育行政（主管）部门组织实施，一般 4~5 年进行一次。单项评估是对学校某一项教育工作的评估，由各级教育行政（主管）部门或学校组织实施。

《关于各类成人高等学校评估工作的意见》还要求逐步建立国家、地方（或部门）和学校三级评估制度，并对国家教育委员会、省级机构和学校在评估工作中的职责进行了如下规定。

（1）国家教育委员会负责制定评估的基本内容和准则；指导、协调、检查各部门、各地区的评估工作。

（2）省（自治区、直辖市）、计划单列市和国务院有关部委根据《关于各类成人高等学校评估工作的意见》和国家教育委员会有关文件，制定本地区、本部门的评估方案、评估指标体系，报国家教育委员会备案；指导、组织本地区、本

部门所属成人高等学校的评估工作，并作出结论。

（3）学校自我评估工作，由校长组织学校有关部门进行。

《关于各类成人高等学校评估工作的意见》还对评估工作的一般程序做出了具体规定：由省（自治区、直辖市）、计划单列市或国务院有关部委组成教育评估领导小组布置评估任务和要求；学校在完成自我评估的基础上，做好接受上级评估的各项准备工作；教育评估领导小组派出由教育行政（主管）部门、学校办学单位和有关方面的专家、教授组成的评估组到现场评估，写出评估报告，并提出改进意见；教育评估领导小组复核报告，提出正式评估结论。评估领导小组应及时公布评估结果，接受社会对评估工作的监督。

国家教育委员会办公厅还同时印发了《成人高等学校评估的基本内容和准则》，对成人高等学校综合评估的内容做出了原则性的规定，其主要内容如下表所示。

表7-1 成人高等学校评估的基本内容和准则

一级指标	二级指标	具体内容
办学条件（30分）	领导班子	班子构成、学历、职称、年龄结构；热爱成人教育事业，办学思想端正等
	师资队伍	政治、业务素质好；专兼职比例适当；学历、职称结构合理；队伍相对稳定
	办学经费	经费来源稳定
	教学设施	校舍、活动场所、图书馆、实验室及实践教学基地等满足办学要求
	专业设置与学校规模	3个以上专业，在校生达到一定规模
学校管理（25分）	办学指导思想和思想政治工作	遵守有关规定、坚持标准；有精干的思想政治工作队伍；对学生进行思想政治教育
	教学管理	教学管理机构健全；教学管理制度完备；有经过审定的教学计划、教学大纲和教材；有严格的考核制度；学校定期进行教学质量检查与质量分析
	师资管理	建立教师业务档案；制定教师培训计划；组织教师开展科研活动，制定严格的兼职教师管理办法；建立教师奖励制度

一级指标	二级指标	具体内容
学校管理（25分）	学生管理	制定学生守则、考勤、奖惩制度；执行学生学籍管理制度；建立学生组织；有良好的校风校纪
	行政与后勤管理	有专门的行政、后勤机构，人员配备适应工作需要；行政管理的规章制度健全
教学质量（30分）	教学计划、大纲及教材	制订有经过审定的教学计划；制订有各专业的课程教学大纲；编写或选用各专业的教科书
	教师	具备较高的专业素养和学术水平
	学生	达到一定的条件要求
办学效益（15分）	主动为经济建设服务	充分利用办学条件不断扩大学校的办学规模和服务范围；办学形式灵活多样；主动与企业和社会联合办学

　　1994 年 10 月 17 日，国家教育委员会办公厅根据《关于各类成人高等学校评估工作的意见》的要求，发布了《普通高等学校函授教育评估基本内容和准则》《普通高等学校夜大学评估基本内容和准则》，并颁布了《普通高等学校函授教育评估指标体系（试行）》《普通高等学校夜大学评估指标体系（试行）》。通过颁布这些文件继续对普通高等学校的成人教育工作进行宏观管理，并从学校投入、教育管理、教育质量 3 个方面对高校进行评估。

　　根据《普通高等学校函授教育评估指标体系（试行）》，学校投入占 320 分，教育管理占 380 分，教育质量占 300 分，共 1 000 分，共有评估指标 14 项，评估要素 66 项。指标体系如下表所示。

表7-2　普通高等学校函授教育评估指标体系

学校投入（320分）	学校办学指导思想（70分）
	教育管理服务机构、队伍和办学条件（80分）
	办学规模、函授站布局和专业设置（50分）
	师资队伍（90分）
	办学经费（30分）

	规章制度（40分）
	学生管理（40分）
教育管理（380分）	对承担教学任务的系（院）和教师的管理（50分）
	教学过程管理（160分）
	函授站管理（90分）
	思想政治教育（60分）
教育质量（300分）	教学计划、大纲、教材和试题的水平（110分）
	学生学习效果（70分）
	社会用人单位对学生的评价（60分）
附加项目	学校函授教育的社会信誉（加减100～200分）

根据《普通高等学校夜大学评估指标体系（试行）》，学校投入占230分，教育管理占130分，教育质量占240分，共600分，其中评估指标11项，评估要素45项。指标体系如下表所示。

表7-3　普通高等学校夜大学评估指标体系

	学校办学指导思想（70分）
	教育管理服务机构、队伍和办学条件（60分）
学校投入（230分）	办学规模和专业设置（40分）
	师资队伍（30分）
	办学经费（30分）
教育管理（130分）	规章制度（40分）
	教学管理（90分）
	思想政治教育（50分）
教育质量（240分）	教学计划、大纲、教材和试题的水平（90分）
	学生学习效果（40分）
	社会用人单位对学生的评价（60分）

改革开放 40 年我国高校政策的变化路径研究

142

　　1995 年 6 月 14 日，国家教育委员会发布了《国家教委关于做好普通高等学校函授、夜大学教育评估工作的通知》，针对这次评估工作做了较为详细的规定。

　　首先，建立国家、地方（或部门）、学校三级评估体制，国家教育委员会成立普通高等学校函授、夜大学教育评估工作领导小组及评估工作专家组，负责研究、部署评估工作，指导、协调全国评估工作的开展，参与、监督、检查地方和部门组织的评估工作，实施对地方、部门和学校的检查性评估；省、自治区、直辖市、计划单列市和国务院有关部委在教育评估领导小组内设立普通高等学校函授、夜大学评估小组，负责组织本地区、本部门所属普通高等学校函授、夜大学教育的评估工作，对学校做出评估结论，完成本地区、本部门的评估工作总结，接受国家教委评估组织的指导和检查；高等学校成立由校领导参加的自评工作领导小组，小组负责本校函授、夜大学教育的全面评估工作，在自查自评的基础上，写出自评报告，提出接受上级评估组织检查评估的申请。

　　其次，具体规定了评估工作步骤及时间安排。评估工作分为启动试点、全面展开、检查总结三个阶段，从 1995 年起至 1997 年 5 月底结束。在启动试点阶段（1995 年 12 月底前完成），各省、自治区、直辖市、计划单列市和国务院有关部委教育行政（主管）部门制订评估工作计划与工作进程，部署评估工作，并进行试点评估工作；在全面展开阶段（1996 年 1 月至 1996 年 12 月底），各省、自治区、直辖市及计划单列市和国务院有关部委教育行政（主管）部门组织评估工作，做出评估结论建立评估档案，完成评估报告。在检查总结阶段（1997 年 1 月至 1997 年 5 月底），各省、自治区、直辖市、计划单列市和国务院有关部委教育行政（主管）部门将评估结果送达国家教委，国家教委组织抽查性评估，并进行全国评估工作总结，向社会公布评估结果并公布具有函授、夜大学教育办学资格的普通高等学校名单。

　　14. 国务院颁布《教学成果奖励条例》

　　1994 年 3 月 14 日，国务院发布第 151 号令《教学成果奖励条例》。《教学成果奖励条例》对国家级、省（部）级教学成果奖申请、评审、批准、授予等方面做了详细规定。

　　该条例规定国家级教学成果奖的评审、批准和授予的工作由国家教育委员会负责，其中授予特等奖的，应当报国务院批准；省、自治区、直辖市人民政府教育行政部门或者国务院有关部门教育管理机构负责向国家教育委员会推荐其所属高等学校的教学成果，国务院有关部门所属单位或个人也可以向所在地省、自治区、直辖市人民政府教育行政部门提出申请，由受理申请的教育行政部门向国家教育委员会推荐，即省级教育行政机构拥有推荐权；高等学校及其个人则根据隶属关系向省级教育行政部门提出申请，即具有申请权。国家教学成果奖每 4 年评审一次。

省（部）级教学成果奖的评奖条件、奖励等级、奖金数额、评审组织和办法，由省、自治区、直辖市人民政府，国务院有关部门参照《教学成果奖励条例》制定。

15. 国家教育委员会颁布《关于加强普通高等学校教学工作的意见》

1994 年 6 月 10 日，国家教育委员会颁布《关于加强普通高等学校教学工作的意见》。该意见强调随着高等教育体制改革的不断深化，国家教育委员会将转变职能，采取宏观调控措施，加强对高等学校教学工作的宏观指导，所采取的措施主要有以下几个。

（1）建立高等学校教学工作状态数据的统计与公布制度，以此分析和掌握我国高等教育教学工作的宏观运行状态。

（2）制定各类学校的教学工作评价指标体系，分类开展高等学校教学工作的评价检测，公布评价结果。

（3）加快各科类主干基础课程国家计算机试题库的建设，逐步做到各校自行利用试题库组织考试，国家教育委员会将不定期地利用题库检测各校教学效果。

（4）对专业发展的数量、结构进行宏观调整，对少数基础理论专业和特殊专业实行重点保护。

16. 国务院发布《关于〈中国教育改革和发展纲要〉的实施意见》，并转发了国家教育委员会《关于深化高等教育体制改革的若干意见》，继续推动中国高等教育管理体制改革走向深入

在《中国教育改革和发展纲要》颁布了近一年半以后，国务院于 1994 年 7 月 3 日发布了《关于〈中国教育改革和发展纲要〉的实施意见》。《关于〈中国教育改革和发展纲要〉的实施意见》对《中国教育改革和发展纲要》进行了更为详细、具体的解释与补充。针对高等教育体制改革问题，《关于〈中国教育改革和发展纲要〉的实施意见》指出，要"深化高等教育体制改革，建立政府宏观管理、学校面向社会自主办学的体制"，并对中央、地方及学校的职责与权限做了以下详细规定。

通过立法，明确高等学校的权利和义务，扩大学校的办学自主权，使学校真正成为面向社会自主办学的法人单位。高等学校自主组织实施教学、科研工作及相应的人、财、物配置，包括制定年度招生方案、自主调节系科招生比例、调整或扩大专业范围、确定学校内部机构设置、决定教职工聘任与奖惩、经费筹集和使用、津贴发放及国际交流等。同时深化校内管理体制的改革，建立和完善面向社会自主办学和自我约束的机制。

政府要切实转变职能，改善对高校的宏观管理。政府拥有以下职能：制订教育方针、政策和法规；制订各类高校设置标准和学位标准；制订教育事业发展规划和审批年度招生计划；提出教育经费预算并统筹安排和管理及通过建立基金制等方式，发挥拨款机制的宏观调控作用；逐步建立支持教育改革和发展的服务体系；组织对各类高校教育质量的检查和评估等，对高校进行宏观管理。属于学校的权限，坚决下放给学校。为了确保政府职能的转变，要建立健全包括教育决策咨询研究机构、高等学校设置和学位评议与咨询机构、教育评估机构、教育考试机构、资格证书机构在内的社会中介组织，发挥社会各界参与教育决策和管理的作用。

高等教育逐步实行中央和省、自治区、直辖市两级管理，以省级政府为主的体制。逐步扩大省级政府的教育决策权和统筹权。高等学校设置的审批权仍归国家教育委员会所有，积极做好高等专科学校和高等职业学校审批权下放的试点工作。

逐步改变高等学校条块分割、"小而全"的状况。从长远来看，中央业务部门继续负责办好少量行业特点明显、有特殊需要的高等学校。中央各部门所属高校的管理体制要根据不同情况，采取中央部门办、中央和地方政府联合办、地方政府办、企业集团参与管理、学校之间的联合或合并等方法，进行改革。争取到2000 年或稍长一点时间基本形成以省级政府为主的办学与管理的条块结合的新体制框架。

1995 年 7 月 19 日，国务院办公厅转发了国家教委《关于深化高等教育体制改革的若干意见》，继续深化高等教育管理体制的全面改革。《关于深化高等教育体制改革的若干意见》认为，改革开放以来，特别是近几年来，高等教育体制改革取得了不同程度的进展，政府职能正向宏观转移，高校的办学自主权也在进一步扩大。但是，从总体上说，高等教育体制改革的进程仍然滞后于经济体制改革和社会发展，与社会主义市场经济体制的建立不相适应，如高等学校的举办者、管理者、办学者之间的责、权、利没有明确的划分和规范，政府直接管理的职能没有完全转变，学校仍缺乏面向社会自主办学的权力和自我约束机制；中央教育行政部门、其他业务部门以及地方政府教育行政部门、其他业务部门分别办学与管理形成的条块分割局面尚未根本扭转等等。为了从根本上解决这些问题，要特别抓好高等教育管理体制改革。

《关于深化高等教育体制改革的若干意见》认为当前高等教育管理体制改革的目标是"争取到 2000 年或稍长一点时间，基本形成举办者、管理者和办学者职责分明，以财政拨款为主，多渠道经费投入，中央和省、自治区、直辖市人民政府两级管理、分工负责，以省、自治区、直辖市人民政府统筹为主，条块有机结合的体制框架"。高等学校的举办者、管理者、办学者的相关责任和权力规定如下。

（1）举办者就是高等学校的投资者，可以是各级政府及有关部门，也可以是企业、事业、具有法人资格的社会团体或公民个人；举办者的责任是投资举办学校、提供必要的办学条件、提出学校主要学科和专业的服务面向及人才培养要求、对办学实施目标监督；举办者应有代表参加高校的相应的管理机构（如校董会等）。

（2）教育行政管理者主要是国务院和省、自治区、直辖市两级教育行政部门，其管理职责是统筹规划和宏观管理全国或本省、自治区、直辖市的高等教育，行使教育行政管理权。政府部门的教育行政管理要转变职能，由直接行政管理转变为运用规划、法律、经济、评估、信息服务及必要的行政手段进行宏观管理，要逐步扩大省、自治区、直辖市人民政府对本地区所有高等学校的统筹、协调管理权。

（3）办学者是具有法人资格的高等学校，高校在专业设置、招生、指导毕业生就业、教育教学、科学研究、技术开发、筹措和使用经费、机构设置、人事安排、职称评定、工资分配、对外交流和学校管理等方面拥有法律、法规规定的权限，真正实行面向社会依法自主办学。

为了解决条块分割的痼疾，《关于深化高等教育体制改革的若干意见》还规定中央相关部门举办与管理的高等学校交由省级地方政府举办与管理，或者采用中央与地方政府共建共管的方式，逐渐形成条块有机结合的体制。《关于深化高等教育体制改革的若干意见》还对合作办学与高等学校合并的工作做了具体规定。

17. 颁布《中华人民共和国教育法》

1995年3月18日，第八届全国人民代表大会第三次会议通过了《中华人民共和国教育法》，并于1995年9月1日起施行。这是中华人民共和国成立以来的第一个教育大法，在我国教育法制化进程中具有里程碑式的意义，标志着我国教育事业已经进入全面法制化的阶段。

《中华人民共和国教育法》共分10章，分别是总则、教育基本制度、学校及其他教育机构、教师及其他教育工作者、受教育者、教育与社会、教育投入与条件保障、教育对外交流与合作、法律责任和附则。

《中华人民共和国教育法》第32条规定，"学校及其他教育机构具备法人条件的，自批准设立或者登记注册之日起取得法人资格。"

第29条规定学校及其他教育机构可以行使以下权利。

（1）按照章程自主管理。

（2）组织实施教育教学活动。

（3）招收学生或者其他受教育者。

（4）对受教育者进行学籍管理，实施奖励或者处分。

（5）对受教育者颁发相应的学业证书。

（6）聘任教师及其他职工，实施奖励或者处分。

（7）管理、使用本单位的设施和经费。

（8）拒绝任何组织和个人对教育教学活动的非法干涉。

（9）法律、法规规定的其他权利。

《中华人民共和国教育法》还具体规定了学校及其他教育机构应当履行的 6 项义务。

《中华人民共和国教育法》的颁布与实施使我国教育事业走上了有法可依之路。该法也是处理高等学校、政府与社会之间关系的主要法律依据。

18. 中共中央颁布《中国共产党普通高等学校基层组织工作条例》

为了加强和改进中国共产党对普通高等学校的领导，加强和改进高等学校党的建设，中共中央于 1996 年 3 月 18 日印发了《中国共产党普通高等学校基层组织工作条例》。《中国共产党普通高等学校基层组织工作条例》明确规定："高等学校实行党委领导下的校长负责制。校党委统一领导学校工作，支持校长按照《中华人民共和国教育法》的规定积极主动、独立负责地开展工作，保证教学、科研、行政管理等各项任务的完成。"《中国共产党普通高等学校基层组织工作条例》的颁布标志着我国所有普通高等学校都要实行党委领导下的校长负责制，也标志着高校校长负责制试验的终结。

《中国共产党普通高等学校基层组织工作条例》明确规定了中国共产党普通高校基层组织拥有以下职责。

（1）执行党的路线、方针、政策，坚持社会主义的办学方向；

（2）加强学校党组织的思想建设、组织建设、作风建设，发挥党的政治核心作用；

（3）讨论、决定学校改革和发展以及教学、科研、行政管理中的重大问题；

（4）领导学校的思想政治工作和德育工作；

（5）按照干部管理权限，负责干部的选拔、教育、培训、考核和监督；

（6）领导学校的工会、共青团、学生会等群众组织和教职工代表大会；

（7）做好统一战线工作，对学校内民主党派的基层组织实行政治领导。

《中国共产党普通高等学校基层组织工作条例》还就"党员的教育、管理与发展，干部工作，思想政治工作，党组织对群众组织的领导"等方面的工作做了详细而又具体的规定。

《中国共产党普通高等学校基层组织工作条例》明确了中国共产党在普通高等学校中的领导地位，其基层组织在高等学校拥有各个方面的领导权。

19. 对高等学校本、专科招生计划的管理进行改革

1996 年 8 月 16 日，国家教育委员会印发了《普通高等学校本、专科招生计划管理意见》，规定了普通高等学校本、专科招生计划的制定流程。

根据 1990 年 11 月 25 日国家教育委员会和国家计划委员会联合发布的《普通高等学校、中等专业学校招生计划管理暂行办法》规定，高校本、专科招生计划的制定流程如下。

（1）根据国务院的统一部署，由国家计划委员会、国家教育委员会联合下发关于编报年度普通高等学校、中等专业学校招生计划的通知，就全国普通高等学校、中等专业学校招生总规模、有关方针政策及编报计划的具体要求进行部署。

（2）根据上级要求，各地区、各部门及时研究制定高校招生计划（草案），按时间和要求报送国家计划委员会和国家教育委员会。省、自治区、直辖市、计划单列市的招生计划（草案），要由计划部门和教育部门联衔上报。

（3）国家教育委员会对各部门、各地区报送的招生计划（草案）进行综合研究，提出分部门、分地区招生计划初步方案，报送国家计划委员会。

（4）国家计划委员会对初步方案进行综合平衡，结合各部门、各地区上报的招生计划（草案），提出分部门、分地区招生计划（草案），征得国家教育委员会同意，提交全国计划会议讨论，通过国务院审定后，由国家计划委员会下达各地区、各部门，待全国人大审议批准后执行。

（5）国家教育委员会根据国家计划委员会正式下达的高校招生计划（草案），编制分学校招生计划，会同国家计划委员会下达。

《普通高等学校本、专科招生计划管理意见》对高等学校招生计划的编制流程进行了修改，在编制招生计划时，国家计划委员会的权限被大大削减，高等学校及省级教育行政部门的权限则被大幅度提高。

（1）国家教育委员会和国家计划委员会提出年度全国高等学校招生总量、发展速度和有关方针政策，综合研究确定各省市、部门年度高校招生规模。

（2）普通高校的办学条件必须达到国家确定的标准，1978 年以后建立的本科院校，原则上应通过国家教委组织的本科教学工作合格评估，国家教育委员会制定的核定普通高等学校招生规模的办学条件标准，是测算各省、部所属高校招生容量的一个依据。

（3）各省、市、各部门根据办学条件标准等因素确定分学校的年度最大招生容量，并据此提出地方、部门年度招生总规模的安排意见。

（4）部属高等院校在安排年度招生计划时，要统筹好本行业与地方经济、社会发展的关系，可以接受驻地的培养任务，但要列入学校招生计划的总规模内，报经主管部门审核，经同意后列入本部门招生计划统一上报、下达。招生计划下达后，教育行政部门不能跨越隶属关系对高校的招生计划进行调整。

（5）普通高校应坚持社会需求与办学条件可能相结合的原则，按照国家制定的办学条件标准，提出年度招生方案。对于办学条件达不到国家标准的高等学校，其年度招生计划要进行限制，不得增加招生规模；被国家确定为"红牌"的学校，暂停招生，确定为"黄牌"的学校，减少招生，连续 3 年被确定为"黄牌"的学校，第 4 年暂停招生，连续 3 年被确定为"红牌"的学校，原则上撤销或合并。学校的最大招生规模由主管部门予以核定，核定时要将所有占用办学条件的学生统一核算在内。

高等学校招生计划由国家教育委员会在每年 4 月下达，各地区、各部门要遵照执行，不得随意扩大。但是，各地区、各部门可以根据需要，按照一定规定对当年的招生计划做出适当调整：所属学校招生计划未达到最大招生容量的省、市和部门，可以在最大容量以内调整招生计划，但须在每年 4 月 10 日前报国家教育委员会审核备案。

国家及各级教育管理部门要综合运用各种可能的调控手段，逐步建立和完善普通高等学校招生计划管理的宏观调控机制。

（1）国家教育委员会采用公布名单的手段，加强宏观调控，即每年在招生前向社会公布当年有资格招生、进行学历教育的普通高等学校名单（包括标注"黄牌"学校）和校外办学点名单，其中"黄牌"学校要限制招生。

（2）国家教育委员会采用发布统计信息、公布学校办学条件状况等手段，对高等教育的发展进行监测和引导。

（3）采用评估的手段，逐步对普通高等学校的教学质量进行评估，向社会公布评估结果，作为确定学校规模发展的重要依据。

（4）各级教育管理部门对高校招生计划安排和执行情况进行定期检查，每年 9 月 20 日之前，各地、各部门须将截至 9 月 10 日的招生计划执行数报国家教育委员会。

（5）每年 12 月份，国家教育委员会将向社会公布经国家核准的当年各省、各部门高校招生计划执行结果。

（6）运用必要的行政手段，加强宏观调控力度，对于严重违反国家有关招生计划管理政策、规定的单位，通过行政手段进行干预，除通报批评外，必要时将在招生指标安排、院校审批、经费投资补助等方面进行适当限制。

20. 国家教育委员会印发《招收攻读硕士学位研究生管理规定》《招收攻读硕士学位研究生管理规定实施细则》等文件

1996 年 11 月 5 日，国家教育委员会颁布了以上文件，对在硕士研究生的招生、录取等工作中，国家教育委员会、各省高等学校招生办公室、高校的主管部门及高等学校各自的职责与权限做了详细规定。

国家教育委员会主管全国硕士生招生工作，其主要职责与权限如下。

（1）制定招生工作的方针、政策、规定和办法。

（2）会同国家有关部门制定并下达年度招生计划，部署全国的招生工作，发布年度招生简章。

（3）组织硕士生全国统一入学考试中全国统考科目的命题工作。

（4）调查处理或授权有关部门调查处理招生工作中发生的重大问题。

（5）组织开展招生宣传和科学研究工作。

省、自治区、直辖市高等学校招生委员会负责本地硕士生招生管理工作，其主要职责与权限如下。

（1）执行国家教育委员会相关的方针、政策、规定和办法，并结合本地区的实际情况制定必要的补充规定，并印发年度招生简章。

（2）协调并监督招生单位的招生工作，审核并组织编印本地招生单位招生专业目录。

（3）组织报名、体检、考试、评卷和录取工作。

（4）调查处理招生工作中发生的问题，重大问题要向国家教育委员会报告。

（5）开展招生宣传、咨询和科学研究工作。

招生单位的主管部门的主要职责与权限：制定本部门所属招生单位的招生计划，根据国家教育委员会有关规定和本部门的实际情况，调整所属招生单位的招生计划，调查处理本部门所属招生单位招生工作中发生的问题。

招生单位负责组织实施本单位招生工作，其主要职责与权限如下。

（1）编制本单位招生计划。

（2）遴选指导教师。

（3）编制招生专业目录。

（4）审查考生报考资格。

（5）组织命题、考试、考核、评卷和录取工作。

（6）审查新生思想政治、业务和身体健康状况。

（7）开展招生宣传、咨询和科学研究工作。

从管理规定及实施细则中可以看出，在硕士研究生招生管理中，国家教育委员会、省级高等学校招生委员会、主管部门的权限还是很大的。

就招生计划而言，招生单位的计划是在主管部门的领导下编制的，招生单位在上级的要求和相关规定下编制本单位的招生计划，并上报主管部门会同人事部门审核，主管部门有权力调整所属招生单位的招生计划，主管部门应按规定时间将本部门所属招生单位的招生计划上报国家教育委员会，由国家教育委员会统一下达。

就招生简章而言，招生单位并没有编制招生简章的权限，招生简章由省级高等学校招生委员会负责印发，由国家教育委员会统一发布。

就招生专业目录而言，招生单位负责编制专业目录，省级高校招生委员会有审核、印发招生专业目录的权力。

就考生报名而言，《招收攻读硕士学位研究生管理规定》详细规定了报名条件，报名条件的制定权限归国家教育委员会所有，报名日期由国家教育委员会公布；报名、体检工作由省级高校招生委员会负责，报名地点由省级高校招生委员会公布；考生报名条件的审查工作由招生单位负责。

就考试的组织工作而言，国家教育委员会的权限与职责有公布全国统一考试初试日期，初试的政治理论课，非外语专业的英语、俄语、日语和部分科目的基础课（如理工类、经济类的数学）由国家教委组织统一命题；省级高校招生委员会的权限与职责包括确定考试地点，组织全国统一命题的考试科目的评卷工作；招生单位的职责与权限是组织自行命题的科目的评卷工作。

就录取工作而言，招生单位根据相关规定与成绩，确定录取名单，省级高校招生委员会拥有对招生单位录取工作进行监督检查的权力。

硕士研究生的招生也是高等学校的办学自主权之一，高校应该拥有更多的权限与职责。

21. 在全国范围内成立省级学位委员会，充分发挥省级地方政府在学位与研究生教育方面的统筹权，全面落实省级政府在学位与研究教育工作上的管理权力，建立健全中央和省两级管理体制

成立省级学位委员会的试点工作可以追溯到 1989 年。国务院学位委员会第八次会议决定在有条件的省、自治区、直辖市试行成立省一级学位委员会，并承担一定的职责与权限。从 1991 年到 1995 年，先后批准成立了江苏、四川、上海、陕西、湖北、广东 6 个省一级学位委员会。为了适应高等教育体制改革的需要，加强省级学位委员会的建设，1995 年 5 月 30 日，国务院学位委员会发布了《关于加强省级学位委员会建设的几点意见》，对省一级学位委员会的性质、职责与权限等做了详细规定，具体体现在以下几个方面。

（1）省级学位委员会是由省、自治区、直辖市人民政府商国务院学位委员会同意后批准建立并由其领导的、主管本省、自治区、直辖市（简称本地区）学位工作的机构，在业务上受国务院学位委员会的领导。

（2）认真贯彻执行上级有关学位工作的方针、政策和规定，结合本地区的情况统筹本地区的学位工作。

（3）根据有关规定，负责对本地区普通高等本科学校（含主管部门委托的部委属高等学校）申请学士学位授予单位及学士学位授权学科、专业进行审批，报国务院学位委员会备案并抄送有关部委。并对已有硕士学位授予权的本区所属单位和有关主管部门委托的在本地区的中央部委及解放军所属单位申请新增硕士学位授予学科、专业进行审批，报国务院学位委员会备案并抄送有关部委。

（4）根据有关规定，管理本地区各学位授予单位的学士学位授予、硕士学位授予、博士学位授予等工作。负责对研究生课程进修班的管理和监督。

（5）按有关规定对本地区学士学位（含普通高等教育本科毕业生和成人高等教育本科毕业生）、硕士学位授权学科、专业学位授予质量，以及本地区有关学位授予单位授予具有研究生毕业同等学力的在职人员硕士、博士学位质量进行检查和评估。对不能确保所授学士学位质量的高等学校，有权暂停或撤销其相应学科、专业或单位的授予学位的资格；对不能确保所授硕士、博士学位质量的学位授予单位，有权对其有关学科、专业或单位提出暂停或撤销其授予学位资格的建议。

（6）国务院学位委员会授权或委托的其他工作。

到1997年，建立省一级学位委员会省份已经达到16个。为适应学位与研究生教育改革和发展的需要，推动高等教育管理体制改革的进一步发展，健全中央、省两级管理，以省级统筹为主的高等教育管理体制，国家教育委员会、国务院学位委员会于1997年3月5日发布了《国家教委、国务院学位委员会关于加强省级人民政府对学位与研究生教育工作统筹权的意见》，推动了在全国有条件的省份建立省一级学位委员会的工作。《国家教委、国务院学位委员会关于加强省级人民政府对学位与研究生教育工作统筹权的意见》主要包含以下内容。

（1）除试行建立省级学位委员会的16个省、市、自治区外的其他地区，可以根据需要自行建立省级学位委员会或其他形式的学位与研究生教育管理机构，其章程、议事规则应抄报国务院学位委员会。

（2）自行建立的省级学位委员会或其他形式的学位与研究生教育管理机构具有以下职责：第一，根据有关法律法规、工作方针、决议及规定，结合本地区社会发展的需要，统筹规划本地区学位与研究生教育工作；第二，上述1995年5月颁布的《关于加强省级学位委员会建设的几点意见》中所规定的第四条权限；第三，上述《关于加强省级学位委员会建设的几点意见》中规定的第五条权限；第四，国务院学位委员会授权或委托的其他工作。

（3）省级学位委员会或其他形式的学位与研究生教育管理机构，接受国务院学位委员会的领导或指导，并依据有关规定开展工作，对国务院学位委员会授权或委托的工作应及时报告。

（4）自行建立的省级学位委员会或其他形式的学位与研究生教育管理机构，国务院学位委员会暂不给予开展学位授权审批工作的授权，今后将视所在地区学位与研究生教育改革和发展以及建立省级学位委员会日常办事机构，人员编制、办公经费落实情况，由国务院学位委员会决定是否在一定范围给予开展学位授权审批工作的授权。

（5）对于所有省级的学位委员会和其他形式的学位与研究生教育管理机构（包括试行的和自行建立的），不能按照国务院学位委员会的统一部署和有关规定开展工作的机构，国务院学位委员会有权暂停或撤销对其已有的授权。

1995 年 5 月发布的《关于加强省级学位委员会建设的几点意见》和 1997 年 3 月发布的《关于加强省级人民政府对学位与研究生教育工作统筹权的意见》，标志着在学位与研究生教育工作方面，中央、省级两级管理，主要由省级统筹的管理体制已经初步形成，《中国教育改革和发展纲要》确定的改革目标，在一步步地实现和达成。

22. 国家教委颁布《普通高等学校毕业生就业工作暂行规定》

20 世纪 90 年代以前，我国高等学校毕业生实行分配制度，《关于教育体制改革的决定》颁布以后，经过 3 年时间的调查研究，国家教委于 1989 年 3 月 2 日发布了由国务院批转的《关于改革高等学校毕业生分配制度的报告》，在分析了此前实行的以"统"和"包"为特征的高校毕业生分配制度的弊端之后，提出了要逐步实行毕业生自主择业、用人单位择优录取的"双向选择"的制度。在经历了改革开放中期（1989 年至 1992 年）的徘徊与调整阶段，高等学校毕业生就业工作逐步按照《关于教育体制改革的决定》及《关于改革高等学校毕业生分配制度的报告》的基调开展起来了。为了明确在毕业生就业工作中国家教委、国务院有关部委主管部门、省级主管部门和高等学校的职责、权利与义务，进一步规范毕业生的就业工作，国家教委于 1997 年 3 月 24 日颁发了《普通高等学校毕业生就业工作暂行规定》。《普通高等学校毕业生就业工作暂行规定》是有关高等学校毕业生就业工作的法律法规性的文件，各级教育行政机关、高等学校及用人单位应依据该法律性文件的规定开展工作，这也是政府教育行政机关改变单一的行政管理手段，运用多元化管理措施，对高等学校实行宏观管理的具体表现（法律手段）。

《普通高等学校毕业生就业工作暂行规定》明确规定：国家教委归口管理全国毕业生就业工作，国务院其他部委和各省、自治区、直辖市负责本部门、本地方毕业生的就业工作。在毕业生就业工作中，国家教委、国务院有关部委、省级主管部门和高等学校的职责与权限分别如下。

（1）国家教委的主要职责与权限：

①制定全国毕业生就业工作的法规和政策，部署全国毕业生的就业工作；

②组织研究并指导实施全国毕业生就业制度改革；

③收集和发布全国毕业生供需信息，组织指导和管理毕业生就业供需见面、双向选择活动；

④编制全国毕业生就业计划，制订直属高校毕业生就业计划和部委、地方所属高校抽调计划；

⑤负责全国毕业生就业计划协调工作，管理全国毕业生调配工作；

⑥指导、检查毕业生就业工作，授权各省、自治区、直辖市调配部门派遣本地区高校毕业生；

⑦组织开展毕业教育、就业指导和人员培训工作；

⑧开展毕业生就业工作的科学研究和宣传工作；

⑨检查毕业生的使用情况。

（2）国务院有关部委主管部门的主要职责与权限：

①根据国家的有关方针、政策和国家教委的统一部署，提出本部门毕业生就业的具体工作意见；

②及时向国家教委报送所属院校毕业生就业计划和本部委需求信息；

③组织协调所属院校的毕业生供需信息交流活动；

④制订并组织实施所属院校的毕业生就业计划；

⑤组织开展所属院校毕业教育、就业指导工作；

⑥负责本部门毕业生的接收工作，了解和掌握毕业生的使用情况；

⑦开展有关毕业生就业工作改革的研究和宣传工作。

（3）省、自治区、直辖市主管部门的主要职责与权限：

①根据有关方针、政策和国家教委的统一部署，提出本地区毕业生就业的具体工作意见；

②负责本地区毕业生的资源统计工作，并按时报送国家教委；

③收集本地区毕业生的需求信息并及时报送国家教委；

④制订本地区所属院校毕业生的就业计划并及时报送国家教委；

⑤组织管理本地区毕业生就业供需见面和双向选择活动；

⑥受国家教委委托组织实施本地区高校毕业生的资格审查，并负责毕业生的调配派遣和接收工作；

⑦组织开展毕业教育、就业指导工作；

⑧检查、监督本地区用人单位和高等学校的毕业生就业工作；

⑨开展毕业生就业制度改革的研究和宣传工作；

⑩完成国家教委交办的其他工作。

（4）高等学校的主要职责与权限：

①根据国家的就业方针、政策和规定及学校主管部门的工作意见，制定本学校的工作细则；

②负责本校毕业生的资格审查工作，及时向主管部门和地方调配部门报送毕业生资源情况；

③收集需求信息，开展毕业生就业供需见面和双向选择活动，负责毕业生的推荐工作；

④按照主管部门的要求提出毕业生就业建议计划；

⑤开展毕业教育和就业指导工作；

⑥负责办理毕业生的离校手续；

⑦开展与毕业生就业有关的调查研究工作；

⑧完成主管部门交办的其他工作。

（5）用人单位的职责：

①及时向主管部门报送毕业生需求计划，向有关高等学校提供需求信息；

②参加供需见面和双向选择活动，如实介绍本单位，积极招聘毕业生；

③按照国家下达的就业计划接收、安排毕业生；

④负责毕业生见习期间的管理工作；

⑤向有关部门和学校反馈毕业生的使用情况。

根据《普通高等学校毕业生就业工作暂行规定》，由国家教委统一部署全国高校毕业生就业工作程序和时间安排，各部委和地方应按照国家教委的统一部署指导所属院校毕业生的就业工作。

《普通高等学校毕业生就业工作暂行规定》明确指出，各部委、各地方主管毕业生就业工作的部门负责管理和举办本部门、本地区的毕业生供需见面和双向选择活动，其他部门不得举办。举办省以上的上述活动要报国家教委备案，跨省区、跨部门的有关活动须报国家教委审批。有条件的高等学校要举办或校际联办毕业生供需见面和双向选择活动，高等学校在毕业生供需见面和双向选择活动中起主导作用。

《普通高等学校毕业生就业工作暂行规定》规定：国家教委直属高校面向全国就业，其他部委所属高校毕业生面向本系统、本行业就业，地方所属学校主要面向本地区就业；随着招生并轨改革的不断深入，各部委和各地区可根据本部门、本地区的实际情况确定所属高校毕业生的就业范围。

毕业生就业计划的制订还应遵循相关的原则：要遵循国家有关方针、政策和规定；依据国民经济和社会发展的需要；优先保证国防、军工、国有大中型企业、重点科研和教学单位的需要；来源于边远省区的本、专科毕业生，只要边远省区急需的，原则上回来源省区就业；师范类毕业生原则上在教育系统内就业；定向生、委培生按合同就业；实行招生并轨改革的高校毕业生，在一定范围内自主择业；毕业研究生在国家规定的服务范围内就业。

毕业生就业计划按部委、地方和高校各自的职责分工，经上下结合、充分协商形成，高等学校制定就业建议计划，由有关部委和地方负责审核、汇总，国家教委审核、编制，并下达毕业生就业计划。

毕业生的调配、派遣工作由地方主管毕业生调配的部门和高等学校负责，"派遣报到证"由地方主管毕业生调配的部门审核签发，特殊情况由国家教委直接签发。自主择业的自费生在规定时间内找到工作的，由地方主管调配部门开具"派遣报到证"。毕业生需要调整、改派的，在本地区用人单位之间调整的，由地方主管毕业生调配部门审批并办理改派手续，跨部委、跨省调整的，由学校主管部门审核同意之后，统一报国家教委审批并下达调整计划，学校所在地方主管毕业生调配部门按照调整计划办理改派手续。

这次颁布的《普通高等学校毕业生就业工作暂行规定》是招生并轨改革进行之初的产物，可以看出，毕业生就业方面还存在着严重的权力较为集中的情况，国家教育委员会、各部委、各地区主管部门拥有较大的权力，高等学校的办学自主权并未得到很好体现，随着招生并轨改革的不断深入，权力下放、高校自主权的充分发挥依然是大势所趋。

23. 国务院颁布《社会力量办学条例》

1997年7月31日，国务院颁布了《社会力量办学条例》。社会力量办学事业是社会主义教育事业的组成部分，国家允许社会力量办学对于吸引社会资金、促进高等学校多元化有着重要意义。《社会力量办学条例》明确规定，国家严格控制社会力量举办高等教育机构；实施高等学历教育学校的设置标准，由国务院教育行政部门（国家教育委员会）制定，根据随后发布的《国家教委关于实施〈社会力量办学条例〉若干问题的意见》规定，在国家教委颁布新规定之前，按《民办高等学校设置暂行规定》执行；国家保障社会力量举办的教育机构的合法权益，社会力量举办的教育机构依法享有办学自主权。

尽管国家对于社会力量举办高等教育机构依然采取严格控制的政策，但是，有了《社会力量办学条例》，私立高等学校的举办就有了法律条例的依据，也为以后的《中华人民共和国民办教育促进法》的颁布奠定了基础。我国高等学校清一色的国有性质的局面将会得到改善。

24. 实行以"共建、调整、联合、合并"为指导方针的高等学校管理体制改革

1993 年以来，为了逐渐解决高等教育管理体制中条块分割的问题，中央政府采取了国家教委及相关部委与地方共建高等学校的措施，并取得了明显效果。

20 世纪 90 年代的高校共建工作，在形式上主要是部委与省、自治区、直辖市共建共管原部委所属高等学校，还有一些是部委与所在城市共建或与省、市共建。广东省是全国最早推进共建的地区。1993 年，广东省政府与国家教委共建中山大学和华南理工大学，为全国高等教育管理体制改革起到了带头和示范作用，省政府对共建学校的经费逐年增加。1994 年，国家教委与厦门市开始共建厦门大学。到 1998 年，已有近 20 个省市与 10 多个部委（总公司）参与了对有关院校的共建，还出现了一些县市与大学共建校内二级学院的新形式。中央有关部委与省市共建高校有助于改变过去高校隶属关系单一的问题，对于中央部委所属院校来说，由于长期隶属于单一部门，学校只服务于某一领域，并且与所在地政府及经济建设很少发生关系，严重束缚了高等学校职能的发挥，最终造成了条块分割的局面。实行共建以后，部门所属高校可以面向社会自主办学，多渠道筹措办学经费，加强与地方政府及经济发展的联系，逐步实现条块有机结合。

合作办学也在全国各地普遍开展，高校之间采取联合招生、部分班合班上课、互聘教师、图书馆共用、计算机联网、联合举办文化体育活动等形式开展合作办学，这种形式打破了原来各自封闭办学的限制，有利于高等教育结构的改善，有助于各个学校学科氛围的互相促进，有利于提高高校的办学水平和办学效益。

高校合并是 20 世纪 90 年代高等教育体制改革的主旋律，被称为是继 1952 年以来的又一次的院系调整。1992 年 5 月 19 日，扬州市的 6 所涉及师范、农学、工学、商业、医学、水利等不同学科专业的高校合并组建了综合性的扬州大学，成为当时较早由多所高校合并组建的高等学校之一，随后南昌大学、青岛大学、四川联合大学、上海大学、天津医科大学等经过合并而新组建的高等学校挂牌成立。20 世纪 90 年代中后期到 21 世纪之初，高校合并成为一种潮流，据不完全统计，涉及合并的高校不少于 400 所。高校合并形成了一大批规模大、学科全的综合性大学。

25. 为了进一步发挥教育行政部门以法律的手段管理各类学校的职能，国家教

育委员会颁布《教育行政处罚暂行实施办法》

《中国教育改革和发展纲要》明确指出，要转变政府职能，由对学校的直接行政管理转变为运用立法、拨款、规划、信息服务、政策指导和必要的行政手段进行宏观管理，使得政府管理学校的手段多元化。1998 年 3 月 6 日颁布的《教育行政处罚暂行实施办法》属于行政法规，在实施该办法时，要按照《中华人民共和国教育法》和其他教育法律、法规、规章的规定，依据《中华人民共和国行政处罚法》及《教育行政处罚暂行实施办法》对相关行为实施处罚。

这是利用法律手段管理学校的新尝试之一，也是贯彻《中国教育改革和发展纲要》的具体举措。根据《教育行政处罚暂行实施办法》的规定，"实施教育行政处罚的机关，除法律、法规另有规定的外，必须是县级以上人民政府的教育行政部门"，教育行政部门还可以根据法律规定委托一定的组织实施处罚行为。根据《中华人民共和国行政处罚法》第 19 条规定，受委托的组织必须符合以下条件：必须是"依法成立的管理公共事务的事业组织"；必须"具有熟悉有关法律、法规、规章和业务的工作人员"；"对违法行为需要进行技术检查或者技术鉴定的，应当有条件组织进行相应的技术检查或者技术鉴定"。根据《教育行政处罚暂行实施办法》，受委托组织应以委托教育行政部门的名义做出处罚决定，委托教育行政部门应对受委托组织的处罚行为进行监督，并对其处罚行为的后果承担法律责任。

教育行政处罚由违法行为发生地的教育行政部门管辖。对给予撤销学校或者其他教育机构处罚的案件，由批准该学校或者其他教育行政机构的教育行政部门管辖。根据《教育行政处罚暂行实施办法》及有关法律法规的规定，对于撤销高等学校或者其他教育机构的案件，其管辖权应该在国家教育委员会；而对于高等学校或者其他高等教育机构及其内部人员的处罚，其管辖权应该在省级人民政府教育行政部门；上一级教育部门认为必要时，可以将下一级教育行政部门管辖的处罚案件提到本部门处理，对于重大、复杂或超出本部门行政职权范围的案件，下一级教育行政部门也可报请上一级教育行政部门处理。

根据《教育行政处罚暂行实施办法》，教育行政处罚的种类包括：警告；罚款；没收违法所得，没收违法颁发、印制的学历证书、学位证书及其他学业证书；撤销违法举办的学校和其他教育机构；取消颁发学历、学位和其他学业证书的资格；撤销教师资格；停考，停止申请认定资格；责令停止招生；吊销办学许可证；法律法规规定的其他教育行政处罚。

《教育行政处罚暂行实施办法》的颁布为处理高等学校与其上级主管部门的关系提供了法律途径，随着我国教育法律法规的不断完善，法律手段将在处理大学与政府的关系方面发挥越来越重要的作用。

26. 为了进一步发挥教育行政部门以评价的手段管理高校的职能，教育部发布了《关于进一步做好普通高等学校本科教学工作评价的若干意见》

1998 年 3 月，第九届全国人民代表大会胜利召开，在这次会议上，国家教育委员会完成了自己的历史使命，新的教育部代替了国家教育委员会的职能。新教育部成立伊始，就在武汉召开了第一次全国普通高等学校教学工作会议，会议确定了"转变教育观念、深化教学改革、加强教学建设、提高教育质量"的工作主题，颁布了一系列关于教学改革的文件与政策。其中，《关于进一步做好普通高等学校本科教学工作评价的若干意见》就是其中的主要文件之一。《关于进一步做好普通高等学校本科教学工作评价的若干意见》既是深化普通高等学校教学改革、提高教育教学质量的保障措施，又是充分发挥教育行政机关以评价的手段宏观管理高校的具体做法。

原国家教育委员会早在 1990 年 10 月 31 日就发布了《普通高等学校教育评估暂行规定》，评估（价）逐渐成为政府教育行政机关宏观管理高等学校的措施之一。从 1995 年开始，原国家教委分期分批对普通高等学校进行了本科教学工作评价，到 1998 年 3 月，已经组织专家对 110 所普通高校进行了本科教学工作合格评估，对 4 所学校进行了本科教学工作优秀评价的试评，本科教学工作的评价取得了显著的成效。

对高等学校开展教学工作评价，既有利于高等教育教学改革事业的不断推进，又有利于加强和改善政府教育行政部门对高等学校教学工作的宏观管理和指导，也有利于形成高等学校自我发展、自我约束的办学机制，落实高等学校的办学自主权。高等学校教学工作评价的依据是教育部或原国家教委颁布的《普通高等学校本科教学工作评价方案》，该评价方案由有关专家研制，将根据我国一定时期内高等教育改革、发展的目标和要求，适时地进行调整和修订。

高等学校本科教学工作评价的形式主要有 3 种：合格评价、优秀评价和随机性评价。其中，合格评价主要针对本科教育历史较短、基础比较薄弱的学校，目的是使学校能够达到国家基本的办学水平和质量标准，被评学校由教育部确定，目前（1998 年）主要是对"文革"后新建或升格的学校分两批进行，除已经进行的 110 所高校外，还有 54 所学校将在 1998 年和 1999 年完成评价工作；优秀评价主要针对本科教育历史较长、基础较好、工作水平较高的学校，目的在于促进学校深化改革和办出特色，被评学校由教育部根据学校申请确定，目前（1998 年）主要是针对进入"211 工程"重点建设的学校进行，计划在 1998 年到 2002 年分两批完成部分学校的评价工作；随机性水平评价适用于上述两类学校之间的学校，目的在于促进学校不断改进工作，提高教学质量和办学水平，被评学校由教育部采取随机抽样的方式确定，目前（1998年）主要是研制评价方案，计划1999年开始试点随机性评价。

本科教学工作评价由教育部统一领导，1998年时的评价工作由教育部高等教育司组织专家组实施，以后将委托高等学校教学工作评价专家委员会实施，同时吸收社会力量参与，评价结论由教育部审定，并以适当的方式对外公布。

本科教学工作评价的结论是学校增设本科专业、新增硕士、博士学位授予权单位及其学位授予权学科、专业点等有关工作资格审查的依据之一，本科教学工作未达到合格的学校，要区别情况，令其限期整顿、停止招生或撤销学士学位授权单位资格；"211工程"重点建设学校应成为本科教学工作优秀学校。本科教学工作的结论实行有效期制，有效期暂定为6年，有效期内可根据需要，组织对学校教学工作的某些方面进行抽查，如发现有严重问题的，通过一定程序重新组织对学校的教学工作评价。

本科教学工作评价分为3个阶段：自评阶段、专家组进校考察阶段和整改阶段。《关于进一步做好普通高等学校本科教学工作评价的若干意见》要求学校认真搞好每个阶段的评建工作，通过自评工作，扎实推进教学改革和建设，为评价工作和学校持续发展打下坚实基础；学校要积极配合专家组的工作，如实反映学校情况，认真听取专家组的意见和建议；在认真研究专家组意见的基础上，制定整改计划，促进学校教学工作向更高水平迈进。

学校主管部门和学校所在地教育管理部门要进一步加强对学校教学工作评价的领导和统筹，制定有关政策和措施，帮助学校解决领导班子建设、办学指导思想、学校与社会结合、教育资源合理配置与利用、教学经费投入等方面的问题，及时检查和指导被评学校的评建工作。

教育部要加快高校教学工作评价的制度建设，改进和完善高校本科教学工作评价方案，建立高校教学工作评价信息系统，加强评价理论研究，逐步建立起适合我国国情的高等教育质量宏观调控体系与评价制度。

27. 教育部颁布《高等学校教学管理要点》

为了进一步加强和完善高等教育宏观管理体制，充分发挥高等学校的办学自主权，强化高等学校教学工作的重要性，规范高等学校教学管理工作，1998年4月10日，教育部印发了《高等学校教学管理要点》。

《高等学校教学管理要点》指出，高等学校教学管理的内容一般包括教学计划管理、教学运行管理、教学质量管理与评价和教学基本建设管理，各高等学校要建立健全教学管理组织系统，保障教学投入与教学条件，加强教学管理研究工作。

教学计划管理：教学计划是学校在教育部宏观指导下，由各学校组织专家自主制订，既要符合教育教学规律，保持一定的稳定性，又要根据社会的新需要，适时进行调整和修订；教学计划的制订，首先要确定专业培养目标，在广泛调查的基础上，由教务处提出制订教学计划的实施意见及要求，由系（院）主持制订教学计划方案，经系（院）教学工作委员会讨论审议，校教学工作委员会审定，主管校长审核签字后下发执行。教学计划一经制订完成，教学单位和教师要严格按照计划实施，不得随意改动，需要调整的，要经过一定的程序。

教学运行管理：教学运行管理包括教学过程的组织管理与教学行政管理，具体的管理内容有课堂教学环节的组织管理、实践性教学环节的组织管理、科学研究训练的组织管理、日常教学管理、学籍管理、教师工作管理、教学资源管理和教学档案管理等。

教学质量管理与评价：教学管理的最终目的就是保证和提高教学质量，要科学地运用教学评价手段，改善影响教学的各种内外部因素，从而不断提高教学质量。在教学管理中，要树立全过程质量管理的理念，从招生、教学计划的实施、教学及教学辅助过程、考试等方面对教学进行全过程管理；加强教学质量的检查工作，使得教学评价工作制度化、常规化，重视教学信息化管理。

教学基本建设管理：教学基本建设包括学科建设、专业建设、课程建设、教材建设、实践教学基地建设、学风建设、教学队伍建设、管理制度建设等内容，这些基本建设是教学质量的基础与保证，高校要做好教学基本建设工作，加强管理，提高教学及办学质量。

教学管理组织系统：高校要健全教学工作的校级领导体制，教学工作要由校长全面负责，分管教学的校长主持常规工作，要在党委的统一领导下，由校务会议讨论决定有关教学的重大事宜，要建立教学工作会议制度及校领导定期听课、学习、调研的制度；高校要建立校、系（院）教学工作委员会，以研究、决定教学工作中的一些重大问题；高校要健全校、系（院）教学管理组织机构，充分发挥学校教务处等职能部门的作用，形成校教务处、系（学院）主任（院长）、主管教学的副系主任（或副院长）、教学工作委员会、教研室、教学秘书等在内的健全的教学管理队伍。

《高等学校教学管理要点》是在充分发挥政府教育行政部门的宏观管理作用，落实高等学校的法人地位，增强高校自主办学能力的背景下由教育部出台的政策性文件，既为高等学校的教学管理确立了规范（宏观管理），又给广大高校的教学管理人员和教师提供了发挥作用的空间。

三、改革开放中后期我国高等教育政策的特点

1992 年，邓小平南方谈话标志着我国高等教育走出了体制改革的徘徊期，重启了高等教育的管理体制改革，在大学与政府关系的调整方面，表现出以下特点。

1. 以法治建设为手段，密集出台各种相关的高等教育政策、法律法规，以法律的形式规范大学与政府的关系

经过了从 1989 年到 1992 年近 3 年时间的调整与徘徊时期，从 1993 年年初开始，全国人大、国务院及其相关部门颁布了一系列关于高等教育体制改革的政策性文件与法律文书，拉开了高等教育体制改革的序幕：1993 年 1 月 12 日，国务院批转了《国家教委关于加快和积极发展普通高等教育的意见》，确立了突破国家包办高等教育的单一体制与模式、高等学校走内涵发展的道路、进行"211 工程"建设、加快高等教育的相关法律建设、推进高等学校内部管理体制改革等有关高等教育体制改革的方向。1993 年 2 月 8 日，在当年召开的全国高等教育工作会议以后，颁布了关于高校领导管理体制、招生就业、内部管理体制、教学改革、研究生教育改革和科技工作等 6 个方面的政策文件。2 月 13 日，国务院颁布《中国教育改革和发展纲要》，这是当时最为重要的全面教育改革的指导性文件，标志着我国教育全面改革的正式展开。

在 1993 年年初到 1999 年的不到 8 年的时间里，我国由全国人民代表大会及其常务委员会颁布了《中华人民共和国教育法》（1995 年 3 月）、《中华人民共和国高等教育法》（1998 年 8 月）两部重要的教育大法，还由国务院及其教育行政机关颁布了《民办高等学校设置暂行规定》（1993 年 7 月）、《社会力量办学条例》（1997 年 7 月）等法律条例，出台了一系列关于高等教育的政策性文件。这些法律、法令条例和政策性文件的出台，说明我国高等教育的改革与发展正在走上法制化的轨道，大学与政府的关系也逐渐由行政的上下级关系向法律关系转化。

2. 进一步下放权力，扩大省级教育行政机关的管理权限

《中国教育改革和发展纲要》明确规定：高等教育实行中央与地方分级管理、分级负责的管理体制，"扩大省（自治区、直辖市）的教育决策权包括对中央部门所属学校的统筹权"，具体有以下几个方面的举措。

（1）在研究生教育方面，成立省级的学位委员会。早在 20 世纪 80 年代末期，国务院学位委员会就开始了建立省级学位委员会的试点工作。1992 年 3 月 17 日，国家教委、国务院学位委员会联合印发的《研究生教育和学位工作"八五"计划和十年规划要点》中就提出"在少数研究生教育和学位工作任务较重的省（市），建立地方学位委员会。健全基层研究生教育和学位工作管理机构，继续办好研究

生院"；1995 年 5 月 30 日，国务院学位委员会发布了《关于加强省级学位委员会建设的几点意见》，进一步扩大建立省级学位委员会的范围与数量；1997 年，试点省份已达 16 个。1997 年 3 月 5 日，国家教委与国务院学位委员会发布了《关于加强省级人民政府对学位与研究生教育工作统筹权的意见》，规定在 16 个试点省份之外的省份也要成立省级学位委员会，并对省级学位委员会的职责权限及与国务院学位委员会的关系进行了进一步的明确划分。这些政策文件的颁布标志着在研究生教育方面，中央、地方分级管理，以省级统筹为主的高等教育管理体制已经初步形成。

（2）在成人高等教育管理体制方面，1992 年 8 月，全国成人教育工作会议召开，国家教委副主任朱开轩在会议上提出了成人高等教育"一要改革，二要发展"的指导思想，重新调整了中央政府与省级人民政府在成人高等教育方面的职责。国家教育委员会的主要职责在于成人学历教育的规格、质量、总体规划及新办成人学校和普通高等学校举办成人教育的审批、加强宏观指导，而省、自治区、直辖市、计划单列市和国务院业务部门的管理权限主要在于调整学校布局，制定培养规划，确定专业设置、办学形式、招生计划、招生对象，以及所有的非学历教育。国家教委还选择了一些经济发展较快、成人高等教育管理基础好的地区作为试点地区，赋予这些地区更加广泛的权力，并使之担负起相应的职责。1992 年 12 月 7 日，国家教委又发布了《关于普通高等学校函授、夜大学办学资格审批和专业备案工作的通知》，规定省、自治区、直辖市及计划单列市和国务院有关部委教育主管部门拥有对所属高等学校举办函授专科和夜大学本、专科的办学资格；而普通高校举办函授本科的办学资格则由国家教育委员会审批。国家教委将以公布名单的形式确认函授和夜大学本、专科办学资格，未确认资格的，学校不得安排招生。1993 年 1 月，国务院办公厅转发了《国家教委关于进一步改革和发展成人高等教育的意见》，对于国家教委与省级人民政府在成人高等教育方面的管理权限又做了详细的划分，以前属于国家教育委员会的一些权限正式划归省、自治区、直辖市、计划单列市和国务院相关部委。

（3）在高等学校专业设置方面，1993 年 7 月 16 日，国家教委颁布了《普通高等学校本科专业设置的规定》及"专业目录"等相关文件，将原属于国家教育委员会审批的高等学校本科专业设置的权力下放。文件指出，普通高等学校的专业设置由普通高等学校根据该文件规定的设置条件负责审定，由学校主管部门（省级教育主管部门和中央部委教育行政部门）负责审批，国家教育委员会备案。国家教育委员会对学校主管部门及其所属普通高等学校的专业设置实行指导、检查和监督。

（4）在招生计划管理权限方面，1996 年 8 月 16 日，国家教育委员会颁布了《普通高等学校本、专科招生计划管理意见》，对于高等学校招生计划管理的权限重新进行了划分。这次招生计划管理体制的改革具有以下几个特点：一是国家计委在招生计划的编制与下达中的权限大幅度削减；二是地方教育行政机关和高校在招生计划的编制及调整中的权限大大增强；三是国家教委及各省教育行政部门增强了宏观管理的职能，采用公布名单、发布数据、评估、检查等多元化手段对高校招生计划的执行情况进行宏观管理。

（5）在高等职业技术教育方面，允许省、自治区、直辖市试行举办高等职业技术教育。1999 年 1 月 11 日，教育部、国家计委联合发布《试行按新的管理模式和运行机制举办高等职业技术教育的实施意见》，规定部分省（市）可以试行与现行办法有所不同的管理模式和运行机制举办高等职业技术教育，并安排 10 万人招生计划用于试办高等职业技术教育，高等职业技术教育的管理重心在于省级人民政府，国家教委主要承担对高等职业技术教育的统筹规划、综合协调和宏观管理。

3. 继续扩大高等学校的办学自主权

《中国教育改革和发展纲要》颁布以后，新一轮的高等学校管理体制改革的序幕已经全面拉开，在加强政府宏观管理职能的同时，进一步扩大高等学校的办学自主权，从立法的角度确认高等学校的办学自主权，将高校办成"面向社会自主办学的法人实体"。

在全面改革之前进行必要的试点改革是中央政府经常采用的方式之一，早在《中国教育改革和发展纲要》颁布之前，国家教育委员会就在 1992 年 8 月发布了《关于直属高等学校内部管理体制改革的若干意见》，明确规定国家教委直属高校在机构设置、人员配备、用人机制、管理体制、学校各类人员的比例、专业技术岗位的设置与调整、职称评聘、校内收入分配、住房、医疗、退休保险等方面拥有一定的自主权。1997 年 1 月，国家教委又发布了《关于转变职能，加强宏观管理，扩大直属高校办学自主权的若干意见》，进一步下放直属高等学校的管理权，在拥有上述原有办学自主权的同时，在学校事业发展和年度事业计划管理、地方共建等方面赋予直属高校更多的办学自主权，涉及本专科招生计划的调整、学生录取、委培生等方面。

进一步扩大高等学校职称评审方面的权力。原国家教委从 1986 年开始，陆续批准了一批高水平大学拥有评定教授与副教授的权力；1993 年，中央教育行政机关再次启动了下放职称评审权的工作；1994 年 3 月 1 日，国家教委、人事部发出《关于进一步做好授予高等学校教授、副教授任职资格评审权工作的通知》，对于高校取得高级职称评审权的程序做了详细规定，由具备评审资格的高校提出申请，经省级教育行政机关审核批准，报国家教委同意，即可取得相应的职称评审权。

4. 加强中央教育行政机关的宏观管理职能

新一轮高等教育体制改革的主旋律是进一步下放省级教育行政机关的权限、增加高等学校的办学自主权，与此同时，中央政府也出台了一系列的措施，加强中央教育行政机关的宏观管理权。

（1）针对高等教育改革过程中出现的一些"乱象"（一些地方与高校中出现的乱招生、乱收费的问题，成人高等学校在办学中出现的乱招生、乱办班的现象，当时出现的一些普通高等学校和成人高等学校更名现象，在合作办学方面出现的一些学校利用合作办学的名义，在低层次的专科或中专开展本科教育的现象），社会力量办学方面出现的问题，以及高等教育自学考试中出现的问题，国家教委及时颁布有关规定或下发通知，对这些"乱象"进行了整治。

（2）继续扩大使用评估手段，使政府宏观管理高等教育的手段多元化。国家教委出台了相关规定，并制定了成人高等学校及普通高校成人教育（包括函授教育和夜大学）相关的评价指标体系，明确中央、省与相关高校在评估工作中的地位与责任，充分发挥评估在高等教育发展中的作用。

（3）加强对普通高等学校教学工作的宏观管理。1994 年 6 月国家教委颁布的《关于加强普通高等学校教学工作的意见》指出，今后国家教委将逐渐减少对高等学校教学工作的直接、具体的管理措施，而是采取高等学校教学工作状态数据库建设、制定各类高校教学工作评价指标体系并开展教学工作评价、加快各科类主干基础课的国家计算机试题库建设、宏观调控专业发展的数量与结构等具体举措，加强对高等学校教学工作的宏观指导与管理。

1998 年 4 月，教育部又颁布了《高等学校教学管理要点》，该文件为高等学校的教学管理工作提出了统一的要求与规范，同时为高等学校的教学工作提供了一定的自由发挥空间，体现了既扩大高等学校的办学自主权，又加强政府的宏观管理职能的高等教育体制改革的方向。

（4）规范中国共产党的高校基层组织的权限。中共中央于 1996 年 3 月印发了《中国共产党普通高等学校基层组织工作条例》，对党的高校基层组织的相关权限进行了详细划分。

5. 逐步实现高等教育管理体制由条块分割向条块结合的转化

新中国成立以来，由于历史的原因，我国的高等教育管理体制形成了较为严重的条块分割问题，国务院所属很多行业部委拥有自己所属的行业高等学校，这些学校各自为政，分别办学，出现了严重的重复办学的问题，影响了我国高等教育的投资效率。改革开放以来，由条块分割向条块结合过渡，一直是我国高等教育管理体制改革的目标。1998 年 7 月，借国务院机构改革的东风，颁布了相关规定，将原属于 9 个部委的 93 所高等学校实行中央与地方共建，原则上以地方为主的管理体制（其中 81 所确定由地方管理为主），72 所成人高等学校大多数转为地方管理。

6. 实施"211 工程"与"985 工程"高等学校重点建设方略

集中力量，办好重点学校是新中国成立以来一贯采用的教育投资与办学模式，从邓小平南方谈话以后到 20 世纪末，国家教委（或教育部）实施的"211 工程"与"985 工程"也是这种投资办学理念的延续。"211 工程"于 1993 年提出，1995 年正式启动，希望通过一个阶段的建设，重点建设 100 所左右的高水平大学，是具有新中国投资办学特色的一项工程。"985 工程"名称源于江泽民同志在 1998 年 5 月 4 日北京大学百年校庆上的讲话："为了实现现代化，中国要有若干所具有世界先进水平的一流大学。"1999 年 1 月发布的《面向 21 世纪教育振兴行动计划》中提出，重点支持北京大学、清华大学等部分高等学校创建世界一流大学和高水平大学，并命名为"211 工程"。

重点学校的投资办学模式是 20 世纪 50 年代形成的，当时的背景是办学经费特别紧张，具有社会主义性质的高等教育体系尚未形成。在这种境况下，实施重点学校的建设方略，一方面能充分提高本就有限的教育投资的效率，另一方面也能为其他学校的改革与建设提供参考。所以说，这种投资办学模式和当时的社会发展的环境与背景吻合。随着社会经济水平的进一步发展和我国社会主义高等教育制度的不断完善与成熟，继续采用这种重点建设的办学模式，依然可以发挥保证投资效率、树立榜样的作用，但是也会出现"马太效应"，拉大重点高校与大多数普通院校的差距，对于我国高等教育整体水平的发展与提高是很不利的。

第八章　全面深化高等教育管理体制改革时期（1998—2018）高等教育的政策

一、社会背景

从邓小平同志南方谈话到 1997 年年底，中央政府对我国高等教育管理体制进行了全面改革。进入 1998 年，高等教育管理体制的改革进入深化阶段，其主要标志之一就是借助于政府机构改革的东风，对隶属于中央 9 个部委的 93 所高校实行中央与地方共建，另一个主要标志就是《中华人民共和国高等教育法》的颁布。1999 年开始实施的高等学校扩大招生规模的政策使得我国高等教育又一次实现了跨越式的发展，很快实现了高等教育"大众化"的梦想，这不仅在一定程度上满足了广大人民群众接受高等教育的需求，而且拉动了内需，促进了国家经济的大发展。

1998 年，我国高等教育的毛入学率仅有 9.8%，不仅与世界经济发达国家有一定的差距，甚至比一些经济落后的国家还要低。1999 年，中共中央采纳了经济学家汤敏的建议，决定实施以"拉动内需、刺激消费、促进经济增长、缓解就业压力"为目标的扩大高等学校招生规模的计划。1999 年 6 月，朱镕基同志在第三次全国教育工作会议上指出：我国"高等学校的规模普遍偏小，造成图书资料利用率低下，部分教室利用率只有 60%，教学仪器设备的 20% 处于闲置状态。……我国普通高校提高规模效益的潜力还很大。同时，我国普通高等学校学生与教师的比例偏低，总体上教师课时负担不足"。

在这种形势下，1999 年高等学校招生 159.7 万人，比 1998 年的 108 万人增长了 47.9%，以后几年招生规模不断扩大，2002 年的毛入学率已达 15%，标志着我国的高等教育正式进入"大众化"发展阶段。

有研究者认为，高等教育规模的变化与高等教育管理权限的变革有着密切的关联。新中国成立以来，高等教育规模的几次重大变化都伴随着高等教育管理权的变化，"相对分权的情况下，无论是中央向地方分权还是政府向高校分权，高等教育规模都会迅猛扩张"。[1]

伴随着部属院校实行中央与地方共建,《中华人民共和国高等教育法》的颁布及 1999 年后的扩招政策,中央政府同时开始加速调整高等教育管理权限的改革。中央与地方(省级)分级管理,以地方统筹为主的高等教育管理体制改革进一步深化,条块分割的管理体制开始向条块结合、以地方管理为主转化。政府宏观管理,采用法律的、经济的、评估的及行政管理的多元化管理措施得以实施,高等学校的办学自主权也进一步得到落实。

2010 年以后,我国高等教育规模已经得到了较大幅度的提高,国家更加重视高等教育内涵的提高与发展,注重高等教育质量的提升,颁布了《国家中长期教育改革和发展规划纲要(2010—2020 年)》。高等教育开始走上了新的发展阶段。

二、该时期高等教育的相关政策及其影响

1. 在中央与地方共建的基础上,调整中央有关部委所属高等学校的管理体制

自《国家中长期教育改革和发展规划纲要(2010—2020 年)》颁布以来,为了解决高等教育管理体制条块分割的问题,在"共建、合并、合作、调整"的指导思想下,我国政府对高等学校的管理体制逐渐走向条块结合。1998 年 3 月,第九届全国人民代表大会胜利召开,并开始对国务院机构进行大幅度改革,原机械工业部、煤炭工业部、冶金工业部、化学工业部、国内贸易部、中国轻工业总会、中国纺织总会、国家建设材料工业局、中国有色金属工业总公司等 9 个部门改组或组建为国家经济贸易委员会所属的国家局。在此背景下,国务院于 1998 年 7 月 1 日发布了《国务院关于调整撤并部门所属学校管理体制的决定》;7 月 3 日,《国务院办公厅转发教育部等部门关于调整撤并部门所属学校管理体制实施意见的通知》发布。根据《国务院关于调整撤并部门所属学校管理体制的决定》的精神,原 9 个中央部委所属的 93 所普通高等学校原则上都实行中央与地方共建,以地方管理为主,72 所成人高等学校除几所由中央财政负担的干部管理学院,原则上就地并入普通高等学校或改制为培训教育机构外,其余由企事业单位举办的,一律划转地方管理。

根据《国务院办公厅转发教育部等部门关于调整撤并部门所属学校管理体制实施意见的通知》,93 所普通高等学校中,除中国矿业大学、华北矿业高等专科学校暂时仍由国家煤炭工业管理局管理之外(华北矿业高等专科学校后更名为华北科技学院,一直隶属于国家煤炭管理局),东北大学、北京科技大学、吉林工业大学、湖南大学、中南工业大学、中国纺织大学、北京化工大学、无锡轻工大学、武汉工业大学、合肥工业大学 10 所高校与其他 81 所高校有所不同,这 10 所

高校日常管理以地方为主，重大事项以中央为主，其余81所普通高校则实行中央与地方共建，以地方管理为主。

中国矿业大学于2000年整体划转为教育部直属高等学校，而根据教育部1999年5月7日发布的《关于东北大学等10所学校的管理实施意见》，东北大学等"10所学校为教育部直属高校，实行教育部与省级人民政府共建共管的管理体制"。其他81所高等学校全部实行中央与地方共建，以地方管理为主，这81所高校涉及9个原中央部委、23个省（市、自治区），详见表8-1所示。

表8-1　1998年中央与地方共建并以地方管理为主的高校状况表

国内贸易部	11	其中北京7所，天津3所，河北3所，山西1所，内蒙古1所，辽宁7所，吉林5所，黑龙江5所，上海1所，江苏6所，浙江3所，安徽3所，江西2所，山东5所，河南8所，湖北5所，湖南3所，广西1所，重庆2所，四川2所，云南1所，陕西5所，甘肃2所
化学工业部	7	
机械工业部	15	
煤炭工业部	12	
冶金工业部	11	
中国纺织总会	6	
中国轻工总会	7	
中国有色金属工业总公司	9	
国家建筑材料工业局	3	
总计	81	

《国务院办公厅转发教育部等部门关于调整撤并部门所属学校管理体制实施意见的通知》还就这81所学校的国有资产管理、人员编制管理、经费管理、招生计划管理等具体事宜做了规定。而《教育部关于东北大学等10所学校的管理实施意见》则对10所中央与地方共建的学校的具体事宜做了详细规定。

改革开放以来，特别是《国家中长期教育改革和发展规划纲要（2010—2020年）》颁布以来，条块分割的高等教育管理体制一直是我国高等教育体制改革的对象，政府一直努力实现高等教育管理体制由条块分割过渡到条块结合。这次借着国务院机构改革的东风，将93所部委所属高校转为教育部与地方共建（以教育部为主）或部委与地方共建（以地方为主），这是实现高等教育条块结合管理的重要一步。

1998年底到1999年初，中央政府再次对原属于兵器、航空、航天、船舶、核工业等五大军工总公司所属的 25 所普通高校、34 所成人高校及中等专业学校进行管理权限的重新划分，新组建的国防科工委只管理 7 所高等学校，其余学校全部由地方管理为主或划转地方管理。

2000 年 2 月，中央政府又一次进行条块分割向条块结合的高校管理体制改革，对涉及 49 个国务院相关部委、161 所普通高等学校和 97 所成人高校实行中央与地方共建。

经过这 3 次大调整，国务院部委所属院校由 1996 年的 336 所减少到 140 所，其中 100 所为教育部直属高校，国务院其他十几个部委只管理了 40 所左右的高校，涉及公安、国安、外交、民委、侨办等特殊部门。后来经过合并调整，教育部直属高校又由 100 所减少为 71 所。至此，适应计划经济的条块分割的高等教育管理体制得到了重大改革，条块结合、以地方统筹为主的适应社会主义市场经济体制的高等教育管理体制逐渐形成。

2.1998 年 8 月 29 日，第九届全国人大常委会第四次会议通过了《中华人民共和国高等教育法》

《中华人民共和国高等教育法》的颁布，是新中国成立以来高等教育发展中的一件大事，这是我国高等教育走上法制化轨道的标志，也是调整政府与大学关系的主要依据之一。

《中华人民共和国高等教育法》首先规定了我国高等教育的指导思想、办学原则、办学方向、办学任务等原则性的问题。

"总则"的第 10 条规定："国家依法保障高等学校中的科学研究、文学艺术创作和其他文化活动的自由。"同时还规定，"在高等学校中从事科学研究、文学艺术创作和其他文化活动，应当遵守法律。"该条规定保障了国家（政府）与大学的关系确定在法律规定的范围之内。

"总则"第 13 条规定："国务院统一领导和管理全国高等教育事业。省、自治区、直辖市人民政府统筹协调本行政区域内的高等教育事业，管理主要为地方培养人才和国务院授权管理的高等学校。"第 14 条规定："国务院教育行政部门主管全国高等教育工作，管理由国务院确定的主要为全国培养人才的高等学校。国务院其他有关部门在国务院规定的职责范围内，负责有关的高等教育工作。"这两条规定明确了我国实行中央与省（自治区、直辖市）两级管理高等学校的高等教育管理体制，少部分关键行业（如军事院校）的国务院有关部门，负责相关的高等学校管理工作。

《中华人民共和国高等教育法》规定的中央、地方教育行政机关拥有以下有关权力与职责：

关于高等学校的设立与终止。第 3 章第 25 条规定："设立高等学校的具体标准由国务院制定。设立其他高等教育机构的具体标准，由国务院授权的有关部门或者省、自治区、直辖市人民政府根据国务院规定的原则制定。"第29条规定："设立高等学校由国务院教育行政部门审批，其中设立实施专科教育的高等学校，经国务院授权，也可以由省、自治区、直辖市人民政府审批；设立其他高等教育机构，由国务院授权的有关部门或省、自治区、直辖市人民政府审批。对不符合规定条件审批设立的高等学校和其他高等教育机构，国务院教育行政部门有权予以撤销。""高等学校和其他高等教育机构分立、合并、终止，变更名称、类别和其他重要事项，由原审批机关审批；章程的修改，应当报原审批机关核准。"

高等学校的办学经费。第7章第60条规定："国家建立以财政拨款为主、其他多种渠道筹措高等教育经费为辅的体制，使高等教育事业的发展同经济、社会发展的水平相适应。国务院和省、自治区、直辖市人民政府依照教育法第55条的规定，保证国家举办的高等教育的经费逐步增长。"第61条规定："高等学校的举办者应当保证稳定的办学经费来源，不得抽回其投入的办学资金。"第62条规定："国务院教育行政部门会同国务院其他有关部门根据高校在校学生年人均教育成本，规定高等学校年经费开支标准和筹措的基本原则；省、自治区、直辖市人民政府教育行政部门会同有关部门制定本行政区域内高等学校年经费开支标准和筹措办法，作为举办者和高等学校筹措办学经费的基本依据。"

《中华人民共和国高等教育法》第39条规定："国家举办的高等学校实行中国共产党高等学校基层委员会领导下的校长负责制。""社会力量举办的高等学校的内部管理体制按照国家有关社会力量办学的规定确定。"根据当时的有关法律、法令、条例，应该按照《社会力量办学条例》的有关规定，2003年9月1日以后则应按照《中华人民共和国民办教育促进法》的有关规定执行。

《中华人民共和国高等教育法》规定，高等学校具有以下办学自主权：

（1）高等学校根据社会需求、办学条件和国家核定的办学规模，制定招生方案，自主调节系科招生比例。

（2）高等学校依法自主设置和调整学科、专业。

（3）高等学校根据教学需要，自主制定教学计划、选编教材、组织实施教学活动。

（4）高等学校根据自身条件，自主开展科学研究、技术开发和社会服务。

（5）高等学校按照国家有关规定，自主开展与境外高等学校之间的科学技术文化交流与合作。

（6）高等学校根据实际需要和精简、效能的原则，自主确定教学、科学研究、行政职能部门等内部组织机构的设置和人员配备；按照国家有关规定，评聘教师和其他专业技术人员的职务，调整津贴及工资分配。

（7）高等学校对举办者提供的财产、国家财政性资助、受捐赠财产依法自主管理和使用。高等学校不得将用于教学和科学研究活动的财产挪作他用。

《中华人民共和国高等教育法》颁布以后，我国大学与政府的关系就有了法律依据，标志着我国大学与政府的关系进入了法制化的轨道。

3.适度下放管理权限，允许省、自治区、直辖市试行举办高等职业技术教育

1999年1月11日，教育部、国家计委联合发布《试行按新的管理模式和运行机制举办高等职业技术教育的实施意见》指出："在1999年普通高等教育年度招生计划中，安排10万人专门用于部分省（市）试行与现行办法有所不同的管理模式和运行机制举办高等职业技术教育。"

新中国成立以来，我国全日制的高等教育包括高等专科教育、本科教育和研究生教育3个层次，另外还有一些非全日制的职工大学、成人高校等教育形式，是否属于正规的高等教育，并没有明确的法律与政策规定，在1996年5月15日颁布的《中华人民共和国职业教育法》中规定："职业学校教育分为初等、中等、高等职业学校教育。""高等职业学校教育根据需要和条件由高等职业学校实施，或者由普通高等学校实施。"《中华人民共和国教育法》中又规定："本法所称高等学校是指大学、独立设置的学院和高等专科学校，其中包括高等职业学校和成人高等学校。"高等职业学校才正式以法律的形式被纳入高等教育体系。

尽管高等职业学校在法律上已经被纳入了高等教育体系，但是有相当一些高等职业学校及成人高等学校在办学条件上并不能达到举办高等教育的基本条件，《试行按新的管理模式和运行机制举办高等职业技术教育的实施意见》的颁布也是为了解决这个实际操作问题。1999年1月20日教育部办公厅下发了《关于〈试行按新的管理模式和运行机制举办高等职业技术教育的实施意见〉中有关问题的通知》指出，可以安排少量合格的成人高校单独承担此项试办任务，但需报经教育部批准，这在实际操作上解决了承担此项试办任务的机构基本条件不足的问题。

《试行按新的管理模式和运行机制举办高等职业技术教育的实施意见》规定，按新的管理模式和运行机制举办高等职业教育，应由短期职业大学、职业技术学院、具有高等学历教育资格的民办高校、普通高等专科学校、本科院校内设立的高等职业教育机构（二级学院）、经教育部批准的极少数国家级重点中等专业学校、办学条件达到国家规定合格标准的成人高校等教育机构承担。试办的省市包括北京、天津、河北、辽宁、黑龙江、上海、江苏、浙江、福建、山东、河南、湖北、湖南、广东等（中央部委与计划单列市不在试办之列）。

《试行按新的管理模式和运行机制举办高等职业技术教育的实施意见》对国

家、省级政府和举办学校的职责做了详细的规定：

"国家主要负责高等职业技术教育的统筹规划、综合协调和宏观管理，制订基本统一的质量标准、管理办法，编制年度指导性计划，审定举办学校的资格，以及对试办情况进行监督检查。对这部分高等职业技术教育，国家不再统一印制毕业证书内芯。

"在国家宏观政策的指导下，省级政府根据本地区经济和社会发展的实际需要、产业结构特点、招生能力、就业状况和国家下达的指导性计划等综合情况，确定年度招生计划、招生办法、专业设置、收费标准和户籍管理，监督检查学业证书发放，指导毕业生就业，确定生均教育事业费的补贴标准等，并同时负有保证教学质量、规范办学秩序和改善办学条件的职责。

"举办学校应根据社会需求和自身办学条件的可能，编制年度招生计划，并按高等职业技术教育的特点，认真组织教学，保证教学质量。举办学校除按国家有关规定进行学籍管理外，还应就毕业证书的发放、办学秩序的稳定制定严格的管理措施，同时负责毕业生的就业指导和服务。"

2000 年 1 月 14 日，国务院办公厅下发了《关于国务院授权省、自治区、直辖市人民政府审批设立高等职业学校有关问题的通知》，正式将审批高等职业学校的权限由试点省份推广到所有省份。该通知规定，省级人民政府自行审批设立高等职业学校，须履行必要的申请报批程序。省级人民政府"提出自行审批设立高等职业学校的申请，国务院委托教育部审核批复"。《关于国务院授权省、自治区、直辖市人民政府审批设立高等职业学校有关问题的通知》还要求省级人民政府要成立高等职业学校设置评议机构，聘请有关专家担任成员，对拟设立的高等职业学校进行考察和评议，合格后方可批准设立。省级人民政府对高等职业学校要加强督导和评估。教育部也要对省级人民政府批准设立的高等职业学校的状况进行督查，对办学条件和教育质量进行评估。《关于国务院授权省、自治区、直辖市人民政府审批设立高等职业学校有关问题的通知》要求高等职业学校的名称"一律不得冠以'中华''中国''国际''国家'等字样，也不得使用学校所在省、自治区、直辖市以外的地域名称，并注意避免同外地区的高等职业学校重名。一般也不以个人姓名命名"。《关于国务院授权省、自治区、直辖市人民政府审批设立高等职业学校有关问题的通知》还规定了师范、医药类高等职业学校及由国务院有关部门和单位举办的高等职业学校，其设立和调整仍由教育部负责。省级人民政府审批设立的高等职业学校须报教育部备案。

至此，高等职业教育的管理权限下放给了省级人民政府，教育部主要承担统筹规划、综合协调和宏观管理的职能，管理权限的下放促进了我国高等职业教育的大发展。与高等职业教育管理权限下放的同时，教育部还陆续出台了《关于组织实施〈新世纪高职高专教育人才培养模式和教学内容体系改革与建设项目计划〉的通知》《关于加强高职高专教育人才培养工作的意见》《关于制订高职高专教育专业教学计划的原则意见》《高等职业学校、高等专科学校和成人高等学校教学管理要点》等政策文件，这些政策文件也大大促进了我国高等职业教育的发展。

4. 2000 年 1 月 13 日，教育部下发《关于实施"新世纪高等教育教学改革工程"的通知》

实施高等教育教学改革工程不仅是中央政府加强对高等教育宏观管理的措施之一，也是高等教育拨款方式的一种新尝试，以"工程项目"的方式引导、督促高等学校开展教学改革，对于转变政府职能、提高高等教育经费的使用效率来说，都有着积极的意义。

"新世纪高等教育教学改革工程"包括"高等教育人才培养战略规划研究""本科及高职高专教育教学改革与实践""现代远程教育资源建设""高校中青年骨干教师培训""基础教学实验室改造与建设"等方面的内容。这些工程由教育部高等教育司负责组织实施及结题验收，设立专项经费支持项目的实施。该工程的实施既有利于加强政府对高等教育的宏观管理，又大大调动了高等学校实行教育教学改革的积极性。

2000 年 8 月，教育部下发《关于批准"新世纪高等教育教学改革工程"本科教育教学改革立项项目的通知》；2001 年 8 月 28 日，教育部又下发了《关于加强高等学校本科教学工作提高教学质量的若干意见》，全面推进了高等教育教学改革与教学质量工程，通过建设"精品课程""教学名师""实验教学示范中心""人才培养模式改革创新实验区"及"教师教学能力提升"等改革项目，采用全新的高等教育教学拨款机制，对于激励高等学校提高教学质量的积极性，提升高校教育教学质量，起到了积极的推进作用。2007 年 1 月 22 日，教育部和财政部联合下发了《关于实施高等学校本科教学质量与教学改革工程的意见》，继续实施本科教学质量工程。2 月 17 日，教育部又颁布了《关于进一步深化本科教学改革全面提高教学质量的若干意见》，以保证和提高高等学校的本科教学质量。7 月 13 日，教育部、财政部又印发了《高等学校本科教学质量与教学改革工程项目管理暂行办法》，以确保"教学质量工程"开展的质量与效率。2010 年以后，随着《国家中长期教育改革和发展规划纲要（2010—2020 年）》的颁布，国家更加重视高等教育质量的提升，坚持内涵式发展的道路，既重视高等教育规模的扩大，又注重高等教育教学质量的提高。2012 年 3 月 16 日，教育部颁发《关于全面提高高等教育质量的若干意见》，对高等教育质量的提升提出了指导性意见。

5. 全面开展高等学校本科教学水平合格评估工作

评估的方式是政府转变职能，加强对高校宏观管理所采用的较为有效的方式之一。早在 1985 年，原国家教育委员会就从高等工程教育入手，开始对一些高校实行办学水平、专业、课程的评估试点工作，并颁布了文件《关于开展高等工程教育评估研究和试点工作的通知》。1990 年，国家教育委员会颁布了第一部高等教育评估的法规性文件《普通高等学校教育评估暂行规定》，就高等教育评估的性质、目的、任务、指导思想、基本形式等做了明确规定。自 1994 年开始，根据《普通高等学校教育评估暂行规定》，开始有计划、有组织地实施对普通高等学校的本科教学工作水平评估。评估分为合格评估、优秀评估和随机性水平评估。2002 年，教育部出台了《普通高等学校本科教学工作水平评估方案（试行）》，将合格评估、优秀评估和随机性水平评估 3 种方案合并为一个方案，评估结果分为优秀、良好、合格和不合格 4 种。2004 年 8 月，教育部对《普通高等学校本科教学工作水平评估方案（试行）》进行了修订，明确指出该方案适用于各类高等学校，并建立五年一轮的高等学校评估制度。2004 年 4 月 19 日，教育部办公厅发布《关于全面展开高职高专院校人才培养工作水平评估的通知》，并重新制订《高职高专院校人才培养工作水平评估方案（试行）》《高职高专院校人才培养工作水平评估工作指南（试行）》和《高职高专院校人才培养工作水平评估专家组工作细则（试行）》等文件，从 2004 年开始，省级教育行政部门负责对本地区高职高专院校分批开展评估。由此，第一轮评估工作如火如荼地在全国开展，成为当时几乎所有高等学校的头等大事，很多高校特别是地方高等学校的所有工作都围绕着评估工作展开，"以评促建、以评促改、以评促管、评建结合、重在建设"的 20 字评估方针成了每一个高校师生耳熟能详的话语。

6. 继续扩大高等学校的办学自主权

进入 21 世纪，政府一方面加强对高等学校的宏观管理，一方面继续扩大高等学校的办学自主权，具体体现在招生录取改革试点与普通高校试办独立学院两个方面。

2003 年 2 月 24 日，教育部办公厅发布《关于做好高等学校自主选拔录取改革试点工作的通知》，在北京大学、清华大学、中国人民大学等 22 所国家重点普通高等学校试点开展自主选拔招生工作，赋予这些高校更多的招生权。该通知指出，试点学校和有关省级招生办要积极探索以统一考试录取为主、与多元化考试评价和多样化选拔录取相结合，学校自主选拔录取、自我约束，政府宏观指导、服务，社会有效监督的选拔优秀创新人才的新机制。要求自主选拔录取招生人数应控制在学校当年招生计划总数的 5% 以内，这些招生计划由试点学校及有关省级招生办单独公布，并报教育部备案。如表8-2所示。《关于做好高等学校自主选拔录取改革试点工作的通知》要求试点学校在制订自主选拔录取方案、确定标准与考核办法、测试考核等方面要公开透明，及时向社会公布，并接受省级招生办及社会的监督。

表8-2 2003年开展自主选拔录取改革试点工作的高等学校名单

北京大学	中国人民大学
清华大学	北京师范大学
中国政法大学	复旦大学
同济大学	上海交通大学
华东理工大学	华东师范大学
南京大学	东南大学
南京航空航天大学	南京理工大学
河海大学	中国药科大学
南京农业大学	浙江大学
中国科学技术大学	华中科技大学
中山大学	重庆大学

2005年12月26日，教育部办公厅就高等学校自主选拔录取改革工作下发了《关于进一步做好高等学校自主选拔录取改革试点工作的通知》，进一步扩大具有自主招生权限的学校规模，并加强管理。2012年12月4日，教育部又一次下发《关于进一步深化高校自主选拔录取改革试点工作的指导意见》，自主选拔录取试点学校增加到了90所。

自1999年高等学校扩大招生规模以来，一些地方与普通高等学校按照新的办学机制与模式试办了相对独立的二级学院，为了保证办学质量，促进独立学院持续、健康发展，教育部于2003年4月23日发布了《关于规范并加强普通高校以新的机制和模式试办独立学院管理的若干意见》。该意见肯定了普通高校以新机制举办的独立学院是新形势下高等教育办学机制与模式的一项探索和创新，是扩大高等教育资源的一种有效途径。普通高校试办独立学院一律采用民办机制，其建设发展经费均由合作方（企事业单位、社会团体或个人及其他有合作能力的机构）承担或以民办机制筹措解决。举办本科层次的独立学院，现阶段仍由教育部负责审批，今后逐步将审批权下放到有条件的省级政府。《关于规范并加强普通高校以新的机制和模式试办独立学院管理的若干意见》还对独立学院的办学条件，如规划面积、建筑面积、教学仪器、图书、师资队伍等都做了详细规定。教育部及省级教育行政部门将加强对独立学院的监督和评估，以确保独立学院的办学质量。独立学院的招生计划由省级政府在国家下达的本科招生计划总数内统筹安排，招生标准不得低于当地本科最低录取控制线。收费标准由当地省级政府按照国家有关民办学校收费政策制定。

7. 出台相关政策与法规，确保教育行政部门依法行政

2004 年 6 月 9 日，教育部办公厅下发的《关于印发国务院决定取消的教育部第三批行政审批项目目录的通知》指出，为了贯彻十六大报告提出的"完善政府的经济调节、市场监督、社会管理和公共服务的职能，减少和规范行政审批"，根据《中华人民共和国行政许可法》和《全面推进依法行政实施纲要》的要求，取消了包括在京教育机构设立无线电台（站）审核、自费出国留学中介服务机构跨省开展业务活动审批、具有研究生单独命题考试资格的高等学校确定、具有研究生推荐免试入学资格的高等学校确定、省级对实施高等教育学历文凭考试试点学校的资格审批等 15 项教育部审批项目。这一举措对于规范各级教育行政机关依法行政、建设法治政府、确保高等学校办学自主权、建立合理的政府与大学的关系而言有着重要的促进意义。

为了贯彻落实国务院《全面推进依法行政实施纲要》（国发〔2004〕10 号），2005 年 12 月 6 日，教育部颁布了《关于全面推进依法行政工作的实施意见》。《关于全面推进依法行政工作的实施意见》从进一步完善依法、科学和民主决策机制；大力推进教育立法工作；转变政府职能，加强教育行政执法；加强行政监督工作等几个方面明确了教育行政部门依法行政的任务和措施。

8. 转变教育行政机关职能，实施宏观管理

进入 21 世纪以后，教育部一方面扩大了高等学校的办学自主权，另一方面出台政策，对高等学校实施宏观管理。2006 年 2 月 7 日，教育部办公厅发布《关于进一步加强高校网络教育规范管理的通知》，加强对高校网络教育的管理。2006 年 5 月 10 日，教育部发布《关于进一步加强高等学校学生资助工作机构建设的通知》，以此规范学生的资助工作。2006 年 5 月 29 日，教育部出台《普通高等学校人文社会科学重点研究基地管理办法》和《教育部人文社会科学研究项目管理办法》，加强对人文社会科学研究的管理工作。2006 年 7 月 23 日，教育部出台了《普通高等学校辅导员队伍建设规定》，加强高校辅导员队伍建设。2006 年 10 月 27

日，教育部又出台了《关于加强国家重点学科建设的意见》和《国家重点学科建设与管理暂行办法》，加强对重点学科的宏观管理工作。2007 年 2 月 3 日，教育部出台了《民办高等学校办学管理若干规定》，加强对民办高等学校的宏观管理。2007 年 4 月 6 日，教育部出台了《关于进一步规范中外合作办学秩序的通知》，对中外合作办学中出现的问题进行宏观规范化管理。2007 年 5 月 7 日，教育部与人事部联合下发《关于高等学校岗位设置管理的指导意见》，对高等学校各个岗位人员的设置从等级、类别、设置条件、审核、聘用等方面做了指导性的规定。2007 年 11 月 15 日，教育部出台了《关于加强成人高等教育招生和办学秩序管理的通知》，以规范成人高等教育的工作。为了加强对高等学校的宏观管理，教育部还于 2016 年 6 月 16 日颁布了《高等学校预防与处理学术不端行为办法》，对于在学术研究中出现的学术不端行为做出了指导性的处理规定。2017 年 2 月 4 日，为了适应社会发展的新需要，教育部重新颁布了《普通高等学校学生管理规定》，对于高校学生管理事务做出了指导性的管理规定。

9. 出台了《普通高等学校设置暂行规定》

2006 年 9 月 28 日，教育部印发了《普通高等学校设置暂行规定》，从设置标准、学校名称、设置申请等方面做出了详细规定，对普通本科学校的办学规模、学科数量、师资队伍、教学科研水平，包括科研经费、基础设施、办学经费等方面都做了详细而具体的规定，并对学校名称也做了规范，最后对申请的程序做了规定。

10. 出台了一系列有关奖助学体系建设的文件，推进教育公平发展

2007 年 5 月 9 日，教育部颁布《教育部直属师范大学师范生免费教育实施办法（试行）》，确定北京师范大学、华东师范大学、东北师范大学、西南师范大学、华中师范大学、陕西师范大学 6 所教育部直属师范大学实施师范生免费培养工作。这项工作既体现了国家对师范工作的重视，又有利于一些贫困的优秀学生接受高等教育。在 2007 年，教育部还出台了一系列关于奖助学金（包括励志奖助学金）管理暂行办法，并于 2007 年为新生入学开辟"绿色通道"，落实学生资助政策，同时，教育部与财政部发布了《关于认真做好高等学校家庭经济困难学生认定工作的指导意见》。这些政策的出台对于推进教育公平，关注弱势群体有着非常重要的促进意义。

11. 建设具有中国特色的现代大学制度

进入 21 世纪的第二个十年，我国开始注重现代大学制度的建设。2011 年 11 月 28 日，教育部颁布了《高等学校章程制定暂行办法》，要求各级各类高等学校制定章程。《高等学校章程制定暂行办法》规定："章程是高等学校依法自主办学、

实施管理和履行公共职能的基本准则。高等学校应当以章程为依据，制定内部管理制度及规范性文件、实施办学和管理活动、开展社会合作。"

为了在建设现代大学制度过程中充分体现民主、科学的原则，充分发挥学校教职员工的集体智慧，体现我国社会主义民主建设的特色，2011 年 12 月 8 日，教育部颁布了《学校教职工代表大会规定》。《学校教职工代表大会规定》指出："学校教职工代表大会是教职工依法参与学校民主管理和监督的基本形式。"

2014 年 1 月 29 日，教育部发布《高等学校学术委员会规程》，这是我国现代大学制度建设中又一个重要的政策文件。长期以来，受到我国政治体制与高度集权的高校管理体制的影响，高等学校内部行政权力与学术权力也长期处于不平衡的状态，行政权力远大于学术权力。为了进一步发挥高等学校学术权力在大学发展中的作用，充分体现高等学校的学术特点，教育部颁布了《高等学校学术委员会规程》，规定学术委员会是高等学校的最高学术机构，并对其组成人员的条件做了限制性的规定："担任学校及职能部门党政领导职务的委员，不超过委员总人数的四分之一；不担任党政领导职务及院系主要负责人的专任教授，不少于委员总人数的二分之一。"这项规定确保了学术委员会的学术权力不被行政权力所遮蔽。

在现代大学制度建设过程中，教育部还于 2014 年 7 月 16 日颁布了《普通高等学校理事会规程（试行）》，指出："本规程所称理事会，系指国家举办的普通高等学校根据面向社会依法自主办学的需要，设立的由办学相关方面代表参加，支持学校发展的咨询、协商、审议与监督机构，是高等学校实现科学决策、民主监督、社会参与的重要组织形式和制度平台"。

三、该时期我国高等教育政策的特点

1999 年扩招以后，我国高等教育迅速由"精英阶段"跨入"大众化阶段"，高等教育得到了跨越式的发展，取得了前所未有的成就。在这个阶段，我国的高等教育有如下特点。

1. 高等教育管理体制的条块分割问题得到彻底解决

新中国成立以来，我国长期形成了高等教育条块分割的管理体制，国务院下属的各个部委几乎都有自己所属的高校，这些部委所属的高等学校，由于所属不同，教育部的有些政令得不到充分贯彻，重复设置高校及专业的现象层出不穷，大大降低了管理效率。进入世纪之交，国务院乘机构改革之东风，将绝大多数部属高等学校划归教育部或省市管理，条块分割的管理体制得到了较为彻底的改革。条块结合的管理体制既提高了管理效率，又解决了重复设置高校与专业的问题。

2. 较好地实现了政府宏观管理的职能

从 1985 年《中共中央关于教育体制改革的决定》出台以后，扩大高等学校办学自主权，转变政府宏观管理职能就成了我国高等教育管理体制改革的方向。但是，在 20 多年的改革过程中，"一抓就死、一放就乱"的问题一直困扰着我国的高等教育改革。进入 21 世纪，国家一方面扩大高等学校的办学自主权，另一方面加强宏观管理，在网络教育、民办教育、教育收费等方面出台一系列的政策性文件。同时，采取院校评估的方式，加强对本科院校和高职高专院校的宏观管理。既切实落实了高等学校的办学自主权，又避免了由于放权而出现的乱象问题，很好地解决了"放权与乱象"并存的问题。

3. 注重教育公平问题

改革开放之初，我国高等教育亟待解决的问题是效率问题，注重高等学校的办学效率，加快实现高等教育大众化，让更多的人接受高等教育。进入 21 世纪，在迅速实现高等教育大众化之后，国家开始关注高等教育的公平问题。加强了国家助学贷款体系的建设及奖助学金制度的建设，开辟了高等学校新生入学的"绿色通道"。一方面让更多的人接受高等教育，另一方面保障弱势群体不因家庭经济困难而上不起学，充分体现了高等教育的公益性。

4. 保障高等学校教育教学质量

世纪之交，国家一方面采取扩招的方式扩大高等学校的办学规模，让更多的民众接受高等教育；另一方面，采取"高等学校教育教学质量改革工程"的方式，保证高等学校的教育教学质量。在扩大办学规模的同时，确保教育质量。扩招以后，高等教育的办学质量在一个时期的确遭受到了社会各界的质疑，国家并没有因此而放慢高等教育大发展的步伐，而是采用"教育教学质量工程"的方式，规模与内涵并重，既扩大了高等教育的规模，又保证了高等学校的办学质量。

参考文献

[1] 周太军. 高等教育管理权限划分对高等教育规模的影响分析 [J]. 清华大学教育研究，2006（6）：58-64.

后　记

　　改革开放以来，我国高等教育政策的发展与演变，是对新中国成立以后逐渐建立起来的高等教育体系的革新。新中国成立以后，我国的高等教育经历了初创、院系调整、"大跃进"、20 世纪 60 年代初的调整等阶段的发展，形成了适应计划经济体制的中央高度集权、条块分割的高等教育体制。随着改革开放和社会主义市场经济的不断深入，我国的高等教育政策在发展中不断完善，在曲折中不断前进，高等教育逐渐由精英阶段迈入大众化发展阶段，到 2020 年，我国的高等教育将进入普及发展的阶段。改革开放以来，我国的高等教育逐渐形成了适应社会主义市场经济发展的、具有我国特色的高等教育新体制，高等学校具有越来越多的办学自主权，政府发挥宏观管理职能，高校面向社会自主办学，充分发挥了高等学校在社会发展中的"发动机"作用。面向未来，我国的高等教育政策将逐步走向民主、科学、法治的轨道，在发展中不断走向完善。